Interreligiöses Lernen durch Perspektivenübernahme

Glaube – Wertebildung – Interreligiosität
Berufsorientierte Religionspädagogik

herausgegeben von

Reinhold Boschki
KIBOR – Katholisches Institut für
Berufsorientierte Religionspädagogik Tübingen

Michael Meyer-Blanck
bibor – Bonner evangelisches Institut für
berufsorientierte Religionspädagogik

Friedrich Schweitzer
EIBOR – Evangelisches Institut für
Berufsorientierte Religionspädagogik Tübingen

Band 10

Friedrich Schweitzer, Magda Bräuer,
Reinhold Boschki (Hrsg.)

Interreligiöses Lernen
durch Perspektivenübernahme

Eine empirische Untersuchung
religionsdidaktischer Ansätze

Waxmann 2017
Münster • New York

Bibliografische Informationen der Deutschen Nationalbibliothek
Die Deutsche Nationalbibliothek verzeichnet diese Publikation in
der Deutschen Nationalbibliografie; detaillierte bibliografische
Daten sind im Internet über http://dnb.d-nb.de abrufbar.

Glaube – Wertebildung – Interreligiosität
Berufsorientierte Religionspädagogik, Band 10

ISSN 2195-3023
Print-ISBN 978-3-8309-3573-5
E-Book-ISBN 978-3-8309-8573-0

© Waxmann Verlag GmbH, 2017
Steinfurter Straße 555, 48159 Münster

www.waxmann.com
info@waxmann.com

Umschlaggestaltung: Pleßmann Design, Ascheberg
Umschlagabbildung: © Ralf Gosch - shutterstock.com
Satz: Sven Solterbeck, Münster

Gedruckt auf alterungsbeständigem Papier,
säurefrei gemäß ISO 9706

Printed in Germany

Vorwort

Ein Buch zum interreligiösen Lernen bedarf kaum mehr einer besonderen Empfehlung. Das Thema brennt gleichsam auf den Nägeln. Besonders der Islam ist immer wieder Gegenstand heißer Debatten. Soll er zu Deutschland gehören? Und welche Aufgaben ergeben sich hier für Schule und Bildung? Wie lassen sich die Verhältnisse zwischen Christentum und Islam so gestalten, dass der Beitrag der Religionen zu einem Leben und Zusammenleben in Frieden und Toleranz, Respekt und wechselseitiger Anerkennung sichtbar werden kann?

Der vorliegende Band legt seinen Schwerpunkt auf die empirische Unterrichtsforschung. Die Möglichkeiten empirischer Bildungsforschung sollen auch zur Verbesserung des Religionsunterrichts genutzt werden. Das ist heute besonders wichtig, auch im Blick auf interreligiöse Lernaufgaben. Denn darüber, ob und wie interreligiöses Lernen wirklich funktioniert und welche Wirkungen damit tatsächlich erzielt werden können, ist noch sehr wenig bekannt. Empirische Einsichten stellen aber auch in diesem Fall eine notwendige Voraussetzung für zielführendes pädagogisches Handeln dar.

Im engeren Sinne bezieht sich die Studie, die im vorliegenden Band vorgestellt wird, auf den Religionsunterricht im Bereich des beruflichen Bildungswesens. Der dort erteilte Religionsunterricht findet noch immer zu wenig Beachtung, und selbst in der wissenschaftlichen Religionspädagogik gibt es noch kaum empirische Untersuchungen zu diesem Bereich. Dabei ist davon auszugehen, dass gerade im beruflichen Bildungswesen eine besonders stark durch Migration und unterschiedliche Religionszugehörigkeiten geprägte Schülerschaft anzutreffen ist und dass sich auch im Arbeitsleben beispielsweise Formen der Zusammenarbeit in multikulturellen und multireligiös zusammengesetzten Teams ergeben. Insofern sind die Möglichkeiten interreligiösen Lernens für den Berufsschulreligionsunterricht von besonderer Bedeutung.

Dem Band liegt ein von der Deutschen Forschungsgemeinschaft (DFG) gefördertes Projekt zugrunde, das in der Zusammenarbeit zwischen Friedrich Schweitzer und Albert Biesinger als Leitern des evangelischen und des katholischen Instituts für berufsorientierte Religionspädagogik in Tübingen (EIBOR und KIBOR) entwickelt wurde. Während der Durchführung des Projekts kam Reinhold Boschki als Nachfolger Albert Biesingers mit hinzu – als neuer Lehrstuhlinhaber und zugleich Leiter des KIBOR sowie in der Leitung des Projekts.

Forschungsprojekte lassen sich nur im Team durchführen. Alle im vorliegenden Band als Autorinnen oder Autoren vertretenen Mitarbeiterinnen und Mitarbeiter waren auch aktiv an der Durchführung beteiligt. Magda Bräuer war über die gesamte Laufzeit hinweg Hauptmitarbeiterin, weshalb sie den Band auch mit herausgibt. Matthias Gronover und Hanne Schnabel-Henke sowie – bis zum Wechsel ihres Arbeitsplatzes – Simone Hiller und Claudia Märkt waren von Anfang an mit dabei und haben das Projekt in wichtigen Aspekten mitgestaltet. Die Hauptlast der aufwändigen statistischen Auswertungen lag bei Martin Losert als Psychologen. Besonders wichtig war es auch, dass über die gesamte Laufzeit des Projekts verschiedene muslimische Mitarbeiterinnen und Mitarbeiter gewonnen werden konnten, vor allem mithilfe des Zentrums für Islamische Theologie an der Universität Tübingen. Zu nennen sind hier Murat Kaplan, Simone Trägner-Uygun, Gökcen Sari-Keskingöz, Emsad Cosic und Mehmet Parmak. Auch wenn es sich dabei zum Teil um noch studierende Mitarbeiterinnen und Mitarbeiter handelte, war deren Vertrautheit mit dem Islam vor allem in seinen in Deutschland gelebten Formen für die Arbeit im Projekt besonders wertvoll. Im Bereich der christlichen Theologie und Religionspädagogik sind Annette Bohner, Christine Lanz und Joachim Schmidt als weitere Mitarbeiterinnen und Mitarbeiter zu nennen, die in unterschiedlicher Weise am Projekt beteiligt waren. Zudem haben die wissenschaftlichen und studentischen Hilfskräfte an den beiden Instituten in wesentlicher Weise zum Gelingen beigetragen: Judith Dubiski, Sven Bischoff, Laura Tuttas und Lydia Hüsemann sowie Yvonne Gärtner, Benjamin Ahme, Sebastian Kläger und Frank Echsler. Ihnen allen gilt unser herzlicher Dank! Ohne ein solches Team hätte sich das Projekt nicht durchführen lassen!

Unser besonderer Dank gilt auch Herrn Ministerialdirigent Klaus Lorenz im Stuttgarter Kultusministerium, der sich nicht nur immer wieder für die beiden Tübinger Institute nachhaltig einsetzt, sondern auch die Genehmigung des Forschungsprojekts unterstützt hat. Der entsprechende Dank gilt auch den Kirchen, die die Arbeit der Institute in wesentlicher Weise tragen und insofern auch die Infrastruktur, in der ein solches Projekt erst möglich wurde. Die Deutsche Forschungsgemeinschaft (DFG) förderte das Vorhaben in Gestalt von zwei Einzelförderungen bzw. aufeinander bezogenen Einzelanträgen von Albert Biesinger und Friedrich Schweitzer (GZ: BI 674/4-1 | SCHW 568/17, Laufzeit 2013–2017). Für die großzügige Unterstützung des Projekts, einschließlich eines Zuschusses zu den Druckkosten, sind wir der DFG sehr verbunden!

Tübingen, im Herbst 2016
Friedrich Schweitzer, Albert Biesinger, Reinhold Boschki

Inhalt

Anhang

Friedrich Schweitzer, Magda Bräuer, Martin Losert

Einführung und zusammenfassende Darstellung des Forschungsprojekts

Dieses Buch ist aus einem Forschungsprojekt hervorgegangen, das mithilfe empirischer Forschungsmethoden Erkenntnisse zu Möglichkeiten und Grenzen interreligiösen Lernens erzielen soll. Im Zentrum steht dabei der schulische Religionsunterricht, insbesondere im Bereich des beruflichen Bildungswesens, aber die Befunde sind für Religionsunterricht und Religionspädagogik auch weit darüber hinaus von Bedeutung. Die einzelnen Kapitel des Buches nehmen zunächst verschiedene Aspekte des thematischen Zusammenhangs auf und bieten dann eine Darstellung des Forschungsprojekts und seiner Befunde. Das vorliegende Kapitel enthält in Gestalt einer Einführung einen Überblick zum Vorhaben sowie eine zusammenfassende Darstellung der Ergebnisse, die sich besonders auch an solche Leserinnen und Leser wendet, die beispielsweise weniger an Einzelfragen der empirischen Forschung und der statistischen Analyse interessiert sind.

1. Das Forschungsprojekt: Begründung, Stand der Forschung, erwarteter Erkenntnisgewinn

Begründung

Erschien es noch vor wenigen Jahren eigens begründungsbedürftig, dass interreligiöses Lernen oder überhaupt die intensivere Beschäftigung mit verschiedenen Religionen im Religionsunterricht verstärkt wahrgenommen werden sollten, so wird dies in der Gegenwart zunehmend als ganz selbstverständlich vorausgesetzt. Dafür ist gewiss an erster Stelle die gesellschaftliche Situation verantwortlich. Durch verschiedene Formen der Migration hat sich die Zusammensetzung der Bevölkerung in Deutschland und Europa stark verändert – mit der Folge, dass von einer im grundlegenden Sinne multikulturellen und auch multireligiösen Situation auszugehen ist. Auf diese Situation bezieht sich auch der Bildungsauftrag der Schule, zumal sich das Zusammenleben in einer multikulturellen und multireligiösen Gesellschaft keineswegs automatisch konfliktfrei darstellt. Deshalb wird nun auch beispielsweise in politischen Äußerungen ausdrücklich ein Beitrag von Schule und Religionsunterricht zu einem Zusammenleben in Frieden und Toleranz, Anerkennung und wechselseitigem Respekt erwartet.

In der Erziehungswissenschaft hat sich im Laufe der letzten 30 oder 40 Jahren aus den Anfängen einer sogenannten Ausländerpädagogik der Ansatz eines interkulturellen Lernens entwickelt (vgl. als Überblick etwa Auernheimer, 1990). Schon der Begriff macht deutlich, dass es nun nicht mehr um einseitige Integrations- oder Anpassungsforderungen gehen soll, sondern um einen wechselseitigen Prozess, bei dem die sogenannte autochthone Bevölkerung – in nicht sehr präziser Weise oft als „deutsche Bevölkerung" bezeichnet – und der Bevölkerungsanteil mit Migrationshintergrund zunehmend gemeinsam und dialogisch offen das Zusammenleben in Deutschland und Europa gestalten. Interkulturelles Lernen verweist dabei auf neue Aufgaben des wechselseitigen Kennenlernens und Verstehens sowie weiterreichend auf die Herausforderung, auch entsprechend offene Haltungen oder Einstellungen aufzubauen, die das friedliche und konstruktive Zusammenleben fördern.

In der Diskussion zum inter*kulturellen* Lernen spielen *religiöse* Themen herkömmlicherweise kaum eine Rolle (kritisch dazu etwa Amos, 2015). Zum Teil wird davon ausgegangen, dass Religion eben ein Teil der Kultur und der Kulturen sei, um die es beim interkulturellen Lernen geht. Zum Teil folgen erziehungswissenschaftliche Ansätze wohl aber auch dem Vorurteil, dass Religion für Kinder und Jugendliche ohnehin keine Rolle mehr spiele, eben weil die Gesellschaft säkular geworden sei (vgl. kritisch dazu Schweitzer, 2003; Oelkers, Osterwalder & Tenorth, 2003) und dass es sich deshalb auch als überflüssig erweise, sich genauer mit Religionsfragen zu befassen. Im Blick auf entsprechende Säkularisierungsannahmen findet die Erziehungswissenschaft allerdings in den Sozialwissenschaften, aus denen der Säkularisierungsbegriff ursprünglich übernommen wurde, heute kaum mehr Unterstützung für ihre diesbezüglichen Erwartungen. Der Säkularisierungsbegriff gilt wissenschaftlich als kaum mehr brauchbar (so dezidiert etwa Luhmann, 2000, S. 278; vgl. auch Berger, 1999), und vor allem wird nicht mehr einfach davon ausgegangen, dass Religion ihre Bedeutung für das gesellschaftliche Zusammenleben, aber auch für die individuelle Lebensgestaltung verloren habe. In interkulturellen Zusammenhängen, wie sie in Deutschland aktuell diskutiert werden, liegt zudem auf der Hand, dass beispielsweise die türkische Kultur oder auch arabische Kulturen ohne den Einfluss des Islam gar nicht zu verstehen sind. Die Ausblendung der religiösen Dimension führt vielmehr zu einem defizitären Verständnis entsprechender Kulturen.

Das Verhältnis zwischen Religion und Kultur ist allerdings komplex und kann hier nicht im Einzelnen ausgeleuchtet werden. Deutlich ist aber, dass von einer wechselseitigen Beeinflussung auszugehen ist: Religion beeinflusst Kultur und umgekehrt. Auf den Einfluss des Islam auf die arabische Welt wurde bereits hingewiesen, und ähnlich steht zumindest geschichtlich gesehen der kulturprägende Einfluss von Christentum und Judentum auf weite Teile Europas und der westlichen Welt außer Frage. Zugleich unterscheiden sich beispielsweise afrikanische oder asiatische Formen des Christentums manifest vom europäischen Christentum, was in der Vergangenheit durchaus zu Spannungen und Konflikten innerhalb der weltweiten Christenheit geführt hat, etwa im Umkreis des Weltkirchenrats oder im Horizont der katholischen Weltkirche. Ähnlich stellt sich der Islam beispielsweise in den Balkanstaaten deutlich anders dar als etwa in Saudi Arabien. Insofern ist von vielfältigen wechselseitigen Einflüssen auszugehen und macht es wenig Sinn, Religion einfach als Teil der Kultur zu verstehen, zumal dies auch dem Selbstverständnis der Religionen widerspricht. Christentum und Islam, die im Zentrum des vorliegenden Bandes stehen, verstehen sich als eigenständige Größen, die sich auf den Gottesglauben und die religiöse Lebensführung beziehen. Die jeweiligen gesellschaftlichen und kulturellen Voraussetzungen stehen dabei nicht an erster Stelle. Auch insofern ist von einem Wechselverhältnis zwischen Kultur und Religion auszugehen. Beide gehören zusammen, gehen aber nicht einfach ineinander auf.

Seit ungefähr 25 Jahren wird der Ansatz eines *interreligiösen Lernens* und später, wie in Hervorhebung der Bedeutung dieser Thematik und Lerndimension formuliert wird: einer *interreligiösen Bildung* in der Religionspädagogik diskutiert (Überblick: Schweitzer, 2014b). Das Verständnis interreligiösen Lernens bezieht sich zum Teil ausdrücklich auf die Ansätze interkulturellen Lernens in der Erziehungswissenschaft und soll diese im Blick auf die religiöse Dimension ergänzen und erweitern (vgl. Rickers, 2001). Religionspädagogisch und theologisch geht es um eine Fortentwicklung traditioneller missionstheologischer und apologetischer, also einseitig die Vorzugswürdigkeit oder Überlegenheit der eigenen Religion betonender Sichtweisen, die auch als Weltreligionenansatz bezeichnet werden. Auch in früherer Zeit kamen die verschiedenen Religionen im Lehrplan für den evangelischen oder den katholischen Religionsunterricht durchaus vor, aber eben nur selten in einem dialogischen Sinne. Mit dem interreligiösen Lernen hingegen verbindet sich konstitutiv ein solches dialogisches Anliegen. Eine eigene Frage erwächst dabei aus den religiösen Wahrheitsansprüchen der verschiedenen Religionen, die sich nicht einfach zum Ausgleich bringen lassen. Ein bloßes Ausklammern solcher Ansprüche führt aber ebenfalls nicht weiter, weshalb heute der Umgang gerade mit konfligierenden Wahrheitsansprüchen für den Religionsunterricht zu einem zentralen Ziel geworden ist. In diesem Sinne wird auch von Pluralitätsfähigkeit als Bildungsziel im Religionsunterricht ausgegangen, wobei diese Fähigkeit im Sinne eines reflektierten und prinzipienorientierten Umgangs mit religiösen Wahrheitsansprüchen ausgelegt werden soll (vgl. Schweitzer, Englert, Schwab & Ziebertz, 2002; EKD, 2014).

Insgesamt kann die Bedeutung interreligiösen Lernens vor dem beschriebenen gesellschaftlichen Hintergrund der vor allem durch Migration, aber auch durch andere Dimensionen der Globalisierung bedingten Multikulturalität und Multireligiosität wahrgenommen werden. Die Bedeutung interreligiöser Bildung lässt sich dabei in verschiedenen Hinsichten weiter konkretisieren:

- Interreligiöses Lernen bezeichnet eine *gesellschaftliche Aufgabe*, die sich auf die Gestaltung des Zusammenlebens in einer zunehmend durch religiöse und weltanschauliche Vielfalt bestimmten Situation bezieht. Die dafür erforderlichen Fähigkeiten und Fertigkeiten, aber auch entsprechende Einstellungen müssen eigens erlernt oder erworben werden, was ohne eine kompetente (religions-)pädagogische Begleitung nicht gelingen kann.
- Auf der *individuellen Ebene* stehen Kinder, Jugendliche und Erwachsene vor der Herausforderung, in einer kulturell, religiös und weltanschaulich vielfältigen Gesellschaft Orientierung für ihr eigenes Leben und Handeln zu gewinnen. Diese Aufgabe wird vielfach durch eine Abgrenzung von Fundamentalismus einerseits

und Relativismus andererseits bestimmt: Orientierung lässt sich weder durch eine Vergleichgültigung aller Unterschiede gewinnen noch durch einen mitunter aggressiven Rückzug auf Überzeugungen, die nicht mehr in Frage gestellt werden dürfen. Zunehmend wird auch wahrgenommen, dass interreligiöse Kenntnisse und Fähigkeiten eine eigene, als interreligiös zu bezeichnende Kompetenz konstituieren, die bis hinein in berufliche Zusammenhänge für eine gelingende Lebensführung oder auch für die Erfüllung beruflicher Aufgaben erforderlich ist. Diese Kompetenz entspricht also keineswegs allein gesellschaftlichen Anforderungen, sondern sie ist auch individuell begründet und markiert insofern einen Bildungsanspruch und eine Bildungsaufgabe für jeden einzelnen Menschen.

- Eine dritte Begründung ergibt sich im Blick auf die *Kirchen und Religionsgemeinschaften*, die sich in einer multikulturellen und multireligiösen Gesellschaft neu positionieren müssen. Dazu sind zumindest nach kirchlichem Verständnis nicht nur Orientierungsleistungen auf institutioneller Ebene erforderlich. Anzustreben ist aus dieser Sicht vielmehr auch, freilich in Abhängigkeit vom jeweiligen Selbstverständnis der Religionsgemeinschaft, eine auf interreligiöse Fragen bezogene Befähigung der Kirchenmitglieder bzw. der Mitglieder der entsprechenden Religionsgemeinschaften. In diesem Sinne kann dann von Pluralitätsfähigkeit als Bildungsziel gesprochen werden.

- Im Hintergrund all dessen stehen nicht zuletzt die Begründungen aus der Wissenschaft, im vorliegenden Zusammenhang also besonders aus *Theologie, Erziehungswissenschaft* und *Religionspädagogik*, die sich ebenfalls zunehmend in einem dialogischen Sinne verstehen und verstehen lassen. Die schulische Bildung wiederum muss diesen Stand der wissenschaftlichen Entwicklung wahrnehmen und für entsprechende Bildungsprozesse fruchtbar machen, im Religionsunterricht, aber auch in anderen Fächern der Schule sowie in der Schule insgesamt.

Stand der Forschung

Angesichts der Aktualität und Dringlichkeit der Aufgaben, die sich heute und in absehbarer Zukunft wohl noch mehr mit dem interreligiösen Lernen verbinden, ist es wohl nur als erstaunlich zu bezeichnen, dass die Wirksamkeit dieses Ansatzes bislang kaum einmal wirklich auf die Probe gestellt worden ist. Dies gilt umso mehr, als die Frage nach einer evidenzbasierten Abschätzung von Wirkungen im Bildungsbereich inzwischen zumindest im Blick auf die Schule durchweg gestellt wird, nicht zuletzt im Anschluss an die PISA-Studien. Zugleich hat die Empirische Bildungsforschung auch Möglichkeiten bereitgestellt, wie diese Frage zumindest in bestimmten Hinsichten und im Blick auf manche Schulfächer beantwortet werden kann. Nimmt man die für Deutschland sowie für die internationale Religionspädagogik als repräsentativ gedachten Handbücher zum interreligiösen Lernen als Maßstab, so lässt sich bislang im Blick zumindest auf empirische Untersuchungen zur Wirksamkeit interreligiösen Lernens bestenfalls ansatzweise von einem Stand der Forschung in diesem Bereich sprechen (vgl. Schreiner, Sieg & Elsenbast, 2005; Engebretson, de Souza, Durka &

Gearon, 2010). Die Diskussion wird bislang noch fast vollständig von theoretischen Entwürfen bestimmt, in denen allerdings grundlegende theologische und religions-pädagogische Klärungen erzielt werden konnten (vgl. Willems, 2011; Schambeck, 2013; Schweitzer, 2014b). Dazu kommen kleinere, vor allem explorativ ausgerichtete qualitative Studien (vgl. etwa Biesinger, Kießling, Jakobi & Schmidt, 2011). Auf die Ergebnisse von auf Religionsunterricht bezogenen Untersuchungen repräsentativer Art kann im Blick auf interreligiöses Lernen bislang aber nicht zurückgegriffen wer-den. Die Befunde aus den wenigen dazu verfügbaren Studien unterstreichen jedoch, dass keineswegs automatisch davon ausgegangen werden darf, dass die mit dem interreligiösen Lernen verbundenen Ziele im Unterricht tatsächlich erreicht werden (vgl. Sterkens, 2001; Ziebertz, 2010). Die entsprechenden Untersuchungen werden im vorliegenden Band dargestellt und für das eigene Vorhaben wo immer möglich fruchtbar gemacht (vgl. unten, S. 43 ff.).

Der Stand der religionspädagogischen Diskussion stellt sich so gesehen noch eher disparat dar. In theoretischer Hinsicht besteht kaum mehr ein Zweifel an der zentralen Bedeutung interreligiösen Lernens oder interreligiöser Bildung. Über die Konfessionen und Religionen hinweg wird davon ausgegangen, dass der Religions-unterricht entsprechende Aufgaben übernehmen und erfüllen soll, und auch in der bildungspolitischen Diskussion werden im Blick auf den Religionsunterricht immer mehr interkulturelle, einschließlich interreligiöser Lern- und Erziehungsaufgaben hervorgehoben. Zugleich fehlt es aber weithin an empirischen Untersuchungen, die auch die Wirksamkeit solcher Ansätze belegen könnten.

Für die Gestaltung von Unterricht kommt es allerdings nicht nur auf die Wirksam-keit interreligiösen Lernens im Allgemeinen an, sondern insbesondere auch darauf, wie in der jeweiligen Lerngruppe möglichst fruchtbare Lernerfolge und Kompetenz-zuwächse erzielt werden können. Insofern setzt die Praxis des Religionsunterrichts differenzierende Erkenntnisse über unterschiedliche Vorgehensweisen beim inter-religiösen Lernen voraus oder begründet jedenfalls den Bedarf an entsprechenden Erkenntnissen. In der jüngeren Diskussion kann hinsichtlich unterschiedlicher Ausge-staltungsmöglichkeiten etwa auf den Übergang von einem traditionellen Weltreligio-nenansatz zu neueren, stärker auf die gelebten Formen von Religion eingestellten An-sätzen verwiesen werden (u. a. im Anschluss an Jackson, 1997; vgl. auch Schweitzer, 2014b). In den Lehr- oder Bildungsplänen ist der traditionelle Weltreligionenansatz in seiner Reinform wohl auch kaum mehr zu finden, wohl aber werden Weiterentwick-lungen empfohlen oder verbindlich vorgesehen, die sich im Horizont der problemori-entierten Religionsdidaktik oder auch der Korrelationsdidaktik verstehen lassen. Im vorliegenden Projekt wurde in diesem Sinne eine Unterrichtseinheit „Religionen und Gewalt" entwickelt, die in diesem Band mit einer Kurzformel als „themenbezogener Unterricht" zu Religionen bezeichnet wird. Als Kontrast dazu steht eine zweite Unter-richtseinheit, die einen deutlichen Berufsbezug aufweist – eine Unterrichtseinheit zu „Islamic Banking", also zu einem islamkonformen Bankwesen, das nicht von Zinsen abhängig ist. Wiederum mit einer Kurzformel wird dies als ein „lebensweltbezogener Ansatz" bezeichnet, wobei der Lebenswelt- oder Erfahrungsbezug in diesem Falle

durch den Bezug auf die berufliche Ausbildung oder Identität der Lernenden konkretisiert wird (beide Unterrichtseinheiten sind in diesem Band dokumentiert, vgl.
S. 147 ff.).

Kontrastierende empirische Vergleichsuntersuchungen zu unterschiedlichen Ausgestaltungsformen von Religionsunterricht oder zu konkurrierenden didaktischen Ansätzen stehen in der Religionspädagogik bislang ebenfalls noch nicht zur Verfügung.
Es liegt jedoch auf der Hand, dass solche Untersuchungen in wesentlicher Weise zu
einer Verbesserung des Unterrichts beitragen könnten. Ein im engeren Sinne evi-
denzbasierter Religionsunterricht ist heute gewiss nicht möglich. Vielleicht handelt
es sich dabei auch um eine Vorstellung, die sich für den Unterricht ohnehin kaum in
einer Weise erreichen lässt, die mit anderen Handlungsfeldern etwa in der Medizin
vergleichbar wäre. Es kann auch gefragt werden, ob Evidenzbasierung im Unterricht
tatsächlich als ein Ideal anzusehen wäre oder ob dies auf Kosten des Unterrichtsge-
schehens als eines immer auch spontan bestimmten Handlungsprozesses gehen müs-
te. Im vorliegenden Zusammenhang müssen so weitreichende Fragen freilich nicht
entschieden werden. Sie betreffen ohnehin kaum die Gegenwart oder Realität der
bislang verfügbaren religionspädagogisch-empirischen Forschung, für die vielmehr
schon der Gewinn einiger empirisch fundierter Einsichten ein großer Fortschritt wäre.

Eine Abschätzung der Wirksamkeit von Unterricht setzt Maßstäbe voraus, die im
Rahmen von Kompetenzmodellen ausgewiesen werden können. Auch in dieser Hin-
sicht kann im Bereich der Religionspädagogik bislang kaum auf empirisch validierte
Modelle verwiesen werden. Die einzige größere Ausnahme stellt hier das Berliner
Forschungsprojekt von Dietrich Benner u. a. dar, bei dem jedoch die interreligiöse
Kompetenz nur am Rande Berücksichtigung fand (vgl. Benner, Schieder, Schluß &
Willems, 2011). Auch im Blick auf interreligiöse Kompetenz ist deshalb festzuhalten,
dass hier dringend erste Schritte der empirischen Überprüfung von kompetenzbezo-
genen Annahmen und Erwartungen anstehen. Grundlage dafür müssen die theoretisch
erarbeiteten Kompetenzdarstellungen sein, die sich inzwischen auch in der religionspädagogischen – oben bereits zitierten – Literatur finden. Eine theoretische Ableitung
von Kompetenzmodellen ist aber nur ein erster Schritt, da der in der Pädagogischen
Psychologie und Empirischen Bildungsforschung entwickelte Kompetenzbegriff konstitutiv auf empirische Validierung zielt. Insofern helfen auch die in fast allen Bundesländern inzwischen in Kraft getretenen Bildungs- und Lehrpläne mit der dort für den
(Religions-)Unterrichts geforderten Kompetenzorientierung nicht weiter. Denn auch
bei diesen Lehr- und Bildungsplänen fehlt es an einer empirischen Grundlage. In der
Regel basieren sie auf Vorannahmen theoretischer und mitunter allein bildungspoli-
tischer Art, nicht jedoch auf empirischen Untersuchungen oder wissenschaftlichen
Erkenntnissen. Solche Untersuchungen werden am Berliner Institut für Qualitätsent-
wicklung nur für bestimmte Fächer durchgeführt, zu denen der Religionsunterricht
ebenso wie zahlreiche andere Fächer bislang nicht zählt.

Anforderungen und erwarteter Erkenntnisgewinn

Nach dem Gesagten stellen sich Anforderungen vor allem in vier Hinsichten, die auch die Richtung des möglichen Erkenntnisgewinns des im vorliegenden Band beschriebenen Forschungsprojekts angeben:

- In einem übergreifenden Sinne geht es darum, die *Wirksamkeit interreligiösen Lernens* auf die Probe zu stellen. Konkreter ausgedrückt, soll Religionsunterricht zu interreligiösen Themen durchgeführt und sollen die dabei erzielten Lernerfolge erfasst und gemessen werden.
- Die Anlage des Projekts soll es zugleich erlauben, die *Wirksamkeit unterschiedlicher Ausgestaltungsformen von Religionsunterricht zu interreligiösen Themen* zu untersuchen. Dazu werden Unterrichtseinheiten entwickelt, die im Sinne von Kurzbeschreibungen als „themenorientiert" im einen und als „lebensweltorientiert" im anderen Falle bezeichnet werden. Von dieser Anlage der Untersuchung wird ein Beitrag zu einer gezielteren Unterrichtsplanung und -gestaltung erhofft.
- Weitere Untersuchungsziele beziehen sich auf die Bestimmung *interreligiöser Kompetenz*. Eine einzelne Untersuchung kann allerdings von vornherein nicht in Anspruch nehmen, ein abgerundetes Kompetenzmodell zu validieren. Deshalb soll es um ausgewählte, gleichzeitig aber zentrale Aspekte oder Komponenten interreligiöser Kompetenz gehen. In diesem Sinne stehen im Zentrum der Untersuchung die Komponenten religionsbezogenes Wissen, religionsbezogene Perspektivenübernahme sowie religionsbezogene Einstellungen. Die Auswahl und das Verständnis der einzelnen Komponenten werden in einem eigenen Kapitel genauer beschrieben (s. u., S. 62 ff.). An dieser Stelle kommt es lediglich auf die Erwartung an, dass alle drei Komponenten auf der Grundlage empirischer Befunde präziser bestimmt werden können und dass die Möglichkeit von Zugewinnen bei der interreligiösen Kompetenz durch Religionsunterricht untersucht wird.
- Nicht zuletzt verbindet sich mit dem vorliegenden Projekt die grundsätzliche Erwartung, *Möglichkeiten der religionspädagogisch-empirischen Unterrichtsforschung im Bereich des interreligiösen Lernens* aufzuzeigen und die wenigen dazu bislang zur Verfügung stehenden Untersuchungsansätze weiterzuführen bzw. weiterzuentwickeln, auch als Grundlage für die zukünftige Forschung.

Vor diesem Horizont lässt sich nun auch das Vorgehen im Projekt im Einzelnen beschreiben.

2.   Durchführung der Studie: Forschungsmethode, Fragestellungen und Hypothesen, Stichprobe

Forschungsmethode

Zur Erforschung der Wirksamkeit didaktischer Ansätze interreligiösen Lernens, welches das Hauptanliegen der vorliegenden Studie darstellt, wurde das Design einer Interventionsstudie gewählt. Dieses erlaubt den Vergleich zwischen verschiedenen Untersuchungsgruppen und gilt daher als besonders dazu geeignet, mögliche Effekte pädagogischer Ansätze zu untersuchen (vgl. Hascher & Schmitz, 2010). Zur Anlage einer Interventionsstudie gehören im Allgemeinen ein Treatment und ein Messinstrument, welches vor Beginn und nach Abschluss der Intervention zur Überprüfung der Wirksamkeit des Treatments eingesetzt wird (vgl. die Darstellung unten, S. 48 ff.). Hierbei ist es entscheidend, dass nur in der Experimentalgruppe das Treatment durchgeführt wird. Eine weitere Teilnehmergruppe, die sogenannte Kontrollgruppe, erhält das Treatment hingegen nicht, sodass ersichtlich wird, welche Effekte tatsächlich auf das Treatment zurückgeführt werden können.

Im Fall der hier dargestellten Studie wurden – wie oben beschrieben – zwei verschiedene Treatments in Form von interreligiös ausgerichteten Unterrichtseinheiten vergleichend untersucht. Folglich umfasst das Untersuchungsdesign im Blick auf das Treatment zwei Experimentalgruppen sowie eine Kontrollgruppe. Für die Auswertung erwies sich die weitere Unterteilung der Experimentalgruppen anhand des Ausbildungsgangs als sinnvoll, so dass für jedes Treatment zwei unterschiedliche Experimentalgruppen zur Verfügung standen. Insgesamt gehören zum Design der Studie also vier Experimentalgruppen und die Kontrollgruppe (vgl. S. 104 ff.).

Die Unterrichtseinheiten unterscheiden sich einerseits thematisch und andererseits in ihrer religionsdidaktischen Ausrichtung. So weist die Unterrichtseinheit „Islamic Banking", im Gegensatz zur Einheit „Religionen und Gewalt", einen klaren Berufsbezug für Schülerinnen und Schüler aus Bankklassen auf. Als zweiter Ausbildungsgang wurden Industrieklassen gewählt, für die der Berufsbezug bestenfalls schwach ausgeprägt ist. Die Unterrichtseinheit „Religionen und Gewalt" ist rein themenbestimmt und weist insofern keinen besonderen Lebenswelt- oder Berufsbezug auf. Beide Unterrichtseinheiten basieren auf Anforderungssituationen und folgen dem Bemühen, die interreligiöse Kompetenzentwicklung durch die Vermittlung interreligiösen Wissens und anhand von Übungen zur religionsbezogenen Perspektivenübernahme zu fördern. Jede teilnehmende Schulklasse wurde entweder einer Experimentalgruppe zugeteilt, sodass sie eine der beiden Unterrichtseinheiten erhielten, oder der Kontrollgruppe, in welcher keine speziell entwickelte Unterrichtseinheit, sondern „normaler" Religionsunterricht durchgeführt wurde.

Die Untersuchung der Wirksamkeit der Treatments erfolgte anhand eines Fragebogens, welcher zu drei Messzeitpunkten eingesetzt wurde (vgl. unten, S. 102 ff.; der Fragebogen ist ebenfalls dokumentiert, vgl. S. 233 ff.). Zunächst wurden vor Beginn der Unterrichtseinheiten die Lernvoraussetzungen erhoben. Direkt nach der

Durchführung der Einheiten wurde eine zweite Befragung durchgeführt, um mögliche Kompetenzzuwächse erfassen zu können. Diese beiden ersten Messzeitpunkte lagen zwischen Herbst und Winter 2014/2015. Zur Überprüfung von längerfristigen Veränderungen bzw. nachhaltigen Kompetenzzuwächsen erfolgte etwa fünf Monate nach Abschluss der Unterrichtseinheit (Sommer 2015) eine weitere Befragung. Da im Rahmen der Studie religionsbezogenes Wissen, religionsbezogene Perspektivenübernahme und religionsbezogene Einstellungen als zentrale Komponenten interreligiöser Kompetenz angesehen werden, bezieht sich auch der hier verwendete Fragebogen insbesondere auf diese Dimensionen. Dieser baut zwar auf verschiedenen früheren Studien auf (z. B. Sterkens, 2001; Ritzer, 2010; Shell Deutschland Holding, 2015; Ziebertz, 2010) und umfasst auch Items, die in modifizierter Form aus diesen Untersuchungen übernommen wurden, zur Erhebung des religionsbezogenen Wissens und der religionsbezogenen Perspektivenübernahme mussten hingegen eigene Aufgaben entworfen werden. Bezüglich des religionsbezogenen Wissens konnten zum Teil einfach formulierte Fragen, die sich auf die Inhalte der Treatments beziehen, eingesetzt werden. Für das Erfassen der Fähigkeit zur religionsbezogenen Perspektivenübernahme mussten jedoch grundsätzlich komplexere Aufgaben entwickelt werden, bei welchen sich die Befragten in fiktive Personen hineinversetzen müssen, um sie richtig lösen zu können (vgl. Kapitel 2.1). Der Fragebogen umfasst außerdem noch weitere Items, die sich auf die Religiosität und soziodemografische Merkmale der Schülerinnen und Schüler beziehen. Um die Eignung bzw. Qualität des Messinstruments sicherzustellen, wurde dieses mehrfach in Vorstudien getestet und pilotiert. Eine große Herausforderung bestand zudem darin sicherzustellen, dass die Treatments in den verschiedenen Klassen möglichst identisch, dem vorgegebenen Unterrichtsstrukturplan entsprechend, durchgeführt wurden. Aus diesem Grund wurden die Unterrichtseinheiten mehrfach erprobt und videografiert sowie anschließend in Expertenteams ausgewertet.

Fragestellungen und Hypothesen

Neben dem zentralen Forschungsinteresse, die Wirksamkeit der beiden Treatments zu untersuchen, bestand ein Anliegen dieser Studie darin herauszufinden, wodurch sich interreligiöse Kompetenz genau auszeichnet und wie diese durch bestimmte Unterrichtseinheiten gefördert werden kann. Hieraus ergaben sich folgende Forschungsfragen: Haben die speziell entwickelten Unterrichtseinheiten eine Wirkung auf die interreligiöse Kompetenz der Schülerinnen und Schüler? Wenn ja, haben die Unterrichtseinheiten, je nach religionsdidaktischer Ausrichtung oder aufgrund bestimmter Merkmale der jeweiligen Schulklassen, unterschiedliche Wirkungen? Können diese Wirkungen empirisch erfasst werden? In welcher Beziehung stehen die einzelnen Komponenten interreligiöser Kompetenz miteinander?

Auf Basis dieser Forschungsfragen, dem theoretischen Diskussionsstand zum interreligiösen Lernen und eigener Pilotierungen wurden zu Beginn der Studie mehrere Hypothesen formuliert, deren Gültigkeit überprüft wurde. Im Einzelnen liegen der Studie folgende Hypothesen zugrunde:

1. Beide Treatments haben eine positive Wirkung auf das religionsbezogene Wissen und die religionsbezogene Perspektivenübernahme.
2. Das berufsbezogene Treatment („Islamic Banking") bewirkt einen größeren Zuwachs des religionsbezogenen Wissens und der Fähigkeit zur religionsbezogenen Perspektivenübernahme als das nicht berufsorientierte Treatment („Religionen und Gewalt").
3. Zwischen dem religionsbezogenen Wissen und der religionsbezogenen Perspektivenübernahme besteht ein positiver Zusammenhang (Wissen als notwendige, aber nicht hinreichende Voraussetzung religiöser Perspektivenübernahme).
4. Die Einstellungen der Schülerinnen und Schüler werden nicht durch die Treatments beeinflusst.
5. Die Wirkungen der beiden Treatments fallen bei muslimischen Schülerinnen und Schülern geringer aus als bei christlichen Schülerinnen und Schülern.

Die Stichprobe

Wie bereits oben angedeutet, ist die Studie auf Klassen des ersten und zweiten Ausbildungsjahrs von kaufmännischen Berufsschulen aus Baden-Württemberg ausgerichtet. Konkret bezieht sie sich auf die Ausbildungsgänge „Bankkauffrau/-mann" und „Industriekauffrau/-mann". Um einen direkten Berufsbezug ermöglichen zu können, war zu Beginn der Studie die Teilnahme zunächst ausschließlich auf Bankfachklassen eingegrenzt. Es stellte sich jedoch heraus, dass durch diese Eingrenzung die angestrebte Stichprobengröße (N = 1800) aufgrund verschiedener schulischer Rahmenbedingungen, wie z. B. dem Nichtstattfinden des Religionsunterrichts, nicht erreicht werden konnte. Infolgedessen wurden zusätzlich Industriefachklassen einbezogen, die ebenfalls dem kaufmännischen Ausbildungsbereich angehören, wodurch die Vergleichbarkeit zu angehenden Bankkaufleuten gewährleistet werden konnte. Nachdem sich 67 Lehrpersonen aus 44 Schulen mit insgesamt 114 Schulklassen für die Studie angemeldet hatten, konnte schließlich eine Stichprobengröße von N = 1105 Auszubildenden realisiert werden, die an allen drei Messzeitpunkten teilnahmen. Hiervon nahmen 759 Schülerinnen und Schüler im Rahmen der Experimentalgruppen teil ($N_{Islamic Banking}$ = 345 und $N_{Religionen und Gewalt}$ = 414). Die Teilnehmeranzahl der Kontrollgruppe beläuft sich auf $N_{Kontrolle}$ = 346. Insgesamt N_{Bank} = 469 der Schülerinnen und Schüler stammten aus Bankfachklassen und $N_{Industrie}$ = 636 aus Industriefachklassen.

Zur Auswertung

Für die quantitative Datenauswertung wurde das beschriebene Design mit vier Experimentalgruppen und einer Kontrollgruppe zugrunde gelegt. Auf diese Weise konnten ebenso die Unterschiede zwischen den beiden Unterrichtseinheiten wie auch die ausbildungsgangspezifischen Unterschiede konsequent berücksichtigt werden. So konnte zum einen jede einzelne Experimentalgruppe mit der Kontrollgruppe verglichen werden, zum anderen aber auch die einzelnen Experimentalgruppen miteinander. Die große Stichprobe erlaubte es zudem, mehrebenenanalytische Berechnungen durchzuführen, um beispielsweise mögliche Klasseneffekte und damit auch den Einfluss unterschiedlicher Lehrkräfte zu untersuchen (eine detaillierte Darstellung der Projektdurchführung findet sich unten, S. 101 ff.).

3.   Ergebnisse

Die Darstellung der Ergebnisse an dieser Stelle legt den Schwerpunkt auf zwei Aspekte. Zunächst werden die wichtigsten empirischen Erkenntnisse zu den Komponenten interreligiöser Kompetenz vorgestellt. Dabei werden die für die identifizierten Komponenten relevanten Aufgaben des Fragebogens überblicksartig vorgestellt (vollständiger Abdruck des Fragebogens s. unten, S. 233 ff.). Anschließend werden die fünf oben aufgeführten Hypothesen aufgegriffen und die dazugehörigen zentralen Ergebnisse beschrieben. Dabei wird weder eine vollständige Darstellung aller durchgeführten Analysen und der jeweils verwendeten Methodik noch eine umfassende Wiedergabe der einzelnen Ergebnisse angestrebt (eine weiterreichende Darstellung findet sich unten, S. 101 ff.).

Zur empirischen Bestimmung der Komponenten interreligiöser Kompetenz wurden zwei Faktorenanalysen mit den Daten des ersten Messzeitpunktes durchgeführt. Die erste Faktorenanalyse lieferte für die Aufgaben zu den Komponenten „religionsbezogenes Wissen" und „religionsbezogene Perspektivenübernahme" eine Struktur, in der sich diese beiden Komponenten wiederfanden. Der zentrale Faktor zu religionsbezogenem Wissen umfasste neun Aufgaben, die in Tabelle 1 dargestellt sind. Die Aufgaben erfassen wesentliche Lerninhalte zum Islam, die in den beiden Unterrichtsmodulen vermittelt werden.

Für die religionsbezogene Perspektivenübernahme ließen sich zwei Faktoren identifizieren, deren Aufgaben in den Tabellen 2 und 3 zusammengestellt sind. Während der erste Faktor die Fähigkeit zur Perspektivenübernahme in einem beruflichen Kontext misst, lässt sich der zweite Faktor als ein Messinstrument für religionsbezogene Perspektivübernahme im Privatleben interpretieren. Die Aufgaben beider Faktoren beziehen sich auf Übungen zur Perspektivenübernahme, die in beiden Unterrichtseinheiten gleichermaßen stattfinden.

Tabelle 1:   Die Aufgaben des Faktors religionsbezogenes Wissen zum Islam.

Nummer	Fallgeschichte[c]	Einleitungsfrage	Aufgabe
F3.1[a]	-	Was trifft zu?	Im Koran wird von Jesus erzählt.
F5.2[b]		Mohammed lehrte …	… dass keiner sich um seine Mitmenschen kümmern muss, weil Allah sich um sie kümmert.
F7.1[b]		Entscheiden Sie, welche der folgenden Elemente zu den fünf Säulen des Islam gehören.	Kopftuch
F7.2[b]			Koranstudium
F7.3[b]			Heiliger Krieg
F7.4[a]			Glaubensbekenntnis
F7.5[a]			Armensteuer
F8.5[b]		Sind die folgenden Aussagen richtig?	Dem Koran zufolge ist die Ehe zwischen einem Muslim und einer Christin verboten.
F17.1[b]	Meryem, eine muslimische Schülerin, möchte nicht an dem Weihnachtsgottesdienst in ihrer Schule teilnehmen.	Welche Gründe könnten zu dieser Entscheidung geführt haben? Sie möchte nicht daran teilnehmen, weil …	… zu Gott gebetet wird.

[a] Korrekte Antwort: „stimmt"
[b] Korrekte Antwort: „stimmt nicht"
[c] Wird für F17 verkürzt wiedergegeben. Vollständiger Wortlaut siehe S. 238.

Tabelle 2:   Die Aufgaben des Faktors religionsbezogene Perspektivenübernahme im Beruf.

Nummer	Fallgeschichte	Einleitungsfrage	Aufgabe
F22.1[b]	Ertan arbeitet in einem produzierenden Unternehmen. Er würde gerne seiner täglichen Gebetspflicht auch im Betriebsalltag nachkommen. Eines Tages vertraut Ertan einem Kollegen an, dass er unglücklich damit ist, dass er während der Arbeit nicht beten kann. Andere Arbeitskollegen bekommen dies mit und diskutieren Ertans Anliegen.	Folgende Äußerungen werden gemacht. Welche ist im Blick auf Ertan geeignet?	Ertan hätte sich in der Firma erst gar nicht bewerben sollen.
F22.2[a]			Die Teamleitung soll versuchen, eine Lösung zu finden, die den Betriebsablauf nicht stört.
F22.3[b]			Am besten wechselt Ertan seine Stelle.
F22.4[a]			Ertan soll prüfen, ob er Möglichkeiten hat, sein Gebet in den Arbeitsablauf zu integrieren oder nachzuholen.
F22.5[b]			Ertan soll am Wochenende beten.

[a] Korrekte Antwort: „geeignet"
[b] Korrekte Antwort: „nicht geeignet"

Tabelle 3: Die Aufgaben des Faktors religionsbezogene Perspektivenübernahme im Privatleben.

Nummer	Fallgeschichte	Einleitungsfrage	Aufgabe
F24.1[b]	Ayse ist die 20-jährige Tochter religiös engagierter muslimischer Eltern, die aus der Türkei stammen. Sie möchte Malte, einen 25-jährigen Büroangestellten, Sohn bewusst evangelischer deutscher Eltern heiraten. Jetzt denkt sie nach, wie die Eltern wohl reagieren werden, wenn sie sich auf den Koran bzw. die Bibel berufen.	a) Wie könnten Ayses Eltern reagieren, wenn sie sich auf den Koran berufen?	Ayses Eltern werden jede türkisch-deutsche Ehe ablehnen.
F24.3[b]			Ayses Eltern lehnen muslimisch-christliche Ehen generell ab.
F24.4[b]		b) Wie könnten Maltes Eltern reagieren, wenn sie sich auf die Bibel berufen?	Maltes Eltern werden jede türkisch-deutsche Ehe ablehnen.
F24.5[b]			Maltes Eltern lehnen muslimisch-christliche Ehen generell ab.
F24.6[a]			Maltes Eltern sehen keine Gründe, die gegen die geplante Eheschließung sprechen.

[a] Korrekte Antwort: „stimmt"
[b] Korrekte Antwort: „stimmt nicht"

Eine weitere Faktorenanalyse diente der Untersuchung der Struktur religionsbezogener Einstellungen. Dabei wurden mehrere Faktoren identifiziert, die starke Überschneidungen mit den Skalen aus früheren empirischen Untersuchungen aufweisen. Der erste Einstellungsfaktor (s. Tabelle 4) erfasst die Offenheit gegenüber anderen Kulturen und Religionen und umfasst eine Teilmenge der Aufgaben der Skala „Akzeptanz" von Ziebertz (2010). Als zweiter Faktor ergab sich ein Messinstrument für Patriotismus (s. Tabelle 5), welches in dieser Form ebenfalls bereits bei Ziebertz vorlag. Der dritte identifizierte Faktor (s. Tabelle 6), welcher soziokulturelle Toleranz erfasst, geht auf die Skala zur Haltung gegenüber Fremden aus der Shell-Jugendstudie (Shell Deutschland Holding, 2015) zurück.

Tabelle 4: Die Aufgaben des Faktors religionsbezogene Einstellungen: Offenheit.

Nummer	Einleitungsfrage	Aufgabe
F14.1	Kreuzen Sie an, inwieweit Sie den folgenden Aussagen zustimmen oder nicht.	Ich finde es spannend, mich mit anderen Kulturen zu beschäftigen.
F14.2		Menschen aus anderen Kulturen finde ich spannend.
F14.3		Ich versuche, Mitschüler einer anderen Religion kennen zu lernen.
F14.4		Mich interessiert, was Menschen in anderen Ländern denken.

Tabelle 5: Die Aufgaben des Faktors religionsbezogene Einstellungen: Patriotismus.

Nummer	Einleitungsfrage	Aufgabe
F15.1	Es ist wichtig für mich …	… Vertrauen in die Heimat zu haben.
F15.2		… stolz auf die eigene Nation zu sein.
F15.3		… die eigenen Nationalmannschaften bei Wettkämpfen zu unterstützen.
F15.4		… die heimische Wirtschaft gegenüber der globalen Konkurrenz zu unterstützen.
F15.5		… die Nationalhymne zu kennen.

Tabelle 6:   Die Aufgaben des Faktors religionsbezogene Einstellungen: Soziokulturelle
             Toleranz.

Nummer	Einleitungsfrage[a]	Aufgabe
F16.2	Wie fänden Sie es,	eine Aussiedlerfamilie aus Russland
F16.6	wenn in die Wohnung nebenan folgende	eine deutsche Familie, die von Sozialhilfe lebt
F16.7	Menschen einziehen	eine Familie aus Afrika mit dunkler Hautfarbe
F16.8	würden?	eine türkische Familie

[a] Hier gekürzt wiedergeben. Siehe S. 238 für die vollständige Frage.

Insgesamt zeigten die Faktorenanalysen somit auf, dass durch den eingesetzten Fragebogen die Messung der drei Komponenten Einstellung, Wissen und Perspektivenübernahme ermöglicht wird. Mit den jeweils zu den Faktoren gehörenden Aufgaben wurde
eine Skalierung der Kompetenzen der Auszubildenden vorgenommen. Anschließend
wurde die Wirksamkeit der Unterrichtseinheiten anhand der Kompetenzentwicklung
über die Messzeitpunkte hinweg untersucht.

Es folgt nun eine knappe Darstellung der Befunde zu den fünf Hypothesen des
Forschungsprojekts.

*Hypothese 1: Beide Treatments haben eine positive Wirkung auf das religionsbezoge-
ne Wissen und die religionsbezogene Perspektivenübernahme.*

Für das religionsbezogene Wissen konnte eine klare und stabile Kompetenzförderung durch die neuen Unterrichtseinheiten nachgewiesen werden. Das allgemeine
religionsbezogene Wissen (RWi) zum Islam konnte durch beide Unterrichtseinheiten
und in beiden Ausbildungsgängen im Vergleich zur Kontrollgruppe deutlich erhöht
werden, und dieser Lerneffekt war auch noch mehrere Monate nach der Unterrichtsdurchführung vorhanden. Die durch die Unterrichtseinheiten erzielten Wissenszuwächse waren in der Klassifizierung statistischer Effektgrößen in kleine, mittlere und
große Effekte weitestgehend als groß zu bewerten.

Die Wirksamkeit der Unterrichtseinheiten hinsichtlich religionsbezogener Perspektivenübernahme war hingegen lückenhaft. Lediglich in Industriefachklassen
konnten beide Unterrichtseinheiten die Fähigkeit zu religionsbezogener Perspektivenübernahme im Privatleben dauerhaft stärken. Die aufgetretenen Verbesserungen
konnten in den meisten Fällen als mittelgroße Effekte bewertet werden. Nur für die
Einheit „Religionen und Gewalt" war auch in Bankfachklassen eine langfristige,
mittelgroße Stärkung der Kompetenz zur Perspektivenübernahme im Privatleben zu
verzeichnen. Keine der Unterrichtseinheiten führte hingegen, in keinem der beiden
Ausbildungsgänge, zu einer zeitlich stabilen Erhöhung der Kompetenz religionsbezogener Perspektivenübernahme im Beruf.

Hypothese 2: Das berufsbezogene Treatment („Islamic Banking") bewirkt einen größeren Zuwachs des religionsbezogenen Wissens und der Fähigkeit zur religionsbezogenen Perspektivenübernahme als das nicht berufsbezogene Treatment („Religionen und Gewalt").

Diese Hypothese wurde durch die Befunde nicht gestützt. Weder für religionsbezogenes Wissen noch für die Perspektivenübernahme erzielte die Unterrichtseinheit „Islamic Banking" zeitlich stabile, größere Kompetenzzuwächse als die Einheit „Religionen und Gewalt". In den Bankfachklassen trat sogar für eine der Komponenten ein gegensätzlicher Befund auf: In diesem Ausbildungsgang führte die Einheit „Religionen und Gewalt" zu einem zeitlich stabilen, größeren Kompetenzgewinn hinsichtlich Perspektivenübernahme im Privatleben als die Einheit „Islamic Banking". Die gefundene Wirksamkeitsdifferenz war im Hinblick auf ihre statistische Effektgröße als klein zu bewerten.

Hypothese 3: Zwischen dem religionsbezogenen Wissen und der religionsbezogenen Perspektivenübernahme besteht ein positiver Zusammenhang (Wissen als notwendige, aber nicht hinreichende Voraussetzung religiöser Perspektivenübernahme).

Die Analyse der Abhängigkeitsbeziehungen erstreckte sich über den in der Hypothese beschriebenen Zusammenhang zwischen Wissen (RWi) und Perspektivenübernahme (RPÜ) hinaus auch auf die Einstellungen. Zwischen den drei Kompetenzbereichen ergab sich ein komplexes Ergebnismuster. Für die Kompetenz Perspektivenübernahme im Privatleben konnte eine Abhängigkeitsbeziehung zu Einstellungen und Wissen nachgewiesen werden. Die drei oben genannten Einstellungsskalen und das religionsbezogene Wissen stellten jeweils eine notwendige, aber nicht hinreichende Voraussetzung für diese Form der Perspektivenübernahme dar, da geringeres Wissen und negativ ausgeprägte Einstellungen (etwa im Sinne von Xenophobie) mit einer einheitlich eher niedrigen RPÜ-Kompetenz einhergingen, während bei größerem Wissen und stärker positiv ausgeprägten Einstellungen zum Teil größere RPÜ-Kompetenzen auftreten, diese zum Teil aber auch gering blieben. Die Präsenz von ausreichend großem religionsbezogenem Wissen und stark ausgeprägten positiven religionsbezogenen Einstellungen war der Fähigkeit zu religionsbezogener Perspektivenübernahme im Privatleben also förderlich, konnte diese aber nicht garantieren. Es zeigten sich jedoch Hinweise darauf, dass diese Abhängigkeitsbeziehungen beim zweiten Messzeitpunkt, d. h. unmittelbar nach Einsatz der Unterrichtseinheiten, vorübergehend aufgehoben wurden. Beim dritten Messzeitpunkt, rund fünf Monate später, traten die Abhängigkeiten wieder auf.

Für die Kompetenz Perspektivenübernahme im Beruf ergab sich kein vergleichbarer Befund. Die erwartete Abhängigkeit dieser Fähigkeit zur Perspektivenübernahme gegenüber Einstellungen und Wissen konnte nicht nachgewiesen werden. Stattdessen zeigte sich in einem inkonsistenten Ergebnismuster ein gegensätzlicher Befund: Eine höhere Diversität der Kompetenz Perspektivenübernahme lag bei geringem Wissen bzw. schwach ausgeprägten Einstellungen vor, und diese Heterogenität der beobachteten Perspektivenübernahme sank, sobald sich das Wissen erhöhte bzw. die Einstellungen positiver wurden.

Hypothese 4: Die Einstellungen der Schülerinnen und Schüler werden nicht durch die Treatments beeinflusst.

Es liegt keine Evidenz dafür vor, dass die Unterrichtseinheiten einen Einfluss auf die Einstellungen der Schülerinnen und Schüler nahmen. Alle Facetten religionsbezogener Einstellungen blieben in allen Experimentalgruppen genauso stabil wie in der Kontrollgruppe. Dieser Befund deckt sich mit den Ergebnissen früherer Untersuchungen (Ritzer, 2010; Ziebertz, 2010), welche ebenfalls eine hohe Stabilität von Einstellungen gegenüber Religionsunterricht verzeichneten.

Hypothese 5: Die Wirkungen der beiden Treatments fallen bei muslimischen Schülerinnen und Schülern geringer aus als bei christlichen Schülerinnen und Schülern.

Für die Auszubildenden mit muslimischer Religionszugehörigkeit lag nur eine begrenzte Stichprobe von N = 50 Personen vor. Eine Abhängigkeit der Wirksamkeit der Unterrichtseinheiten von der Religionszugehörigkeit zeigte sich nur bedingt. Beim religionsbezogenen Wissen ergab sich ein tendenziell geringerer Lernzuwachs bei Muslimas und Muslimen im Vergleich zu den Auszubildenden christlichen Glaubens, wobei dieser Unterschied jedoch nur eine sehr geringe statistische Signifikanz erreichte und darauf zurückzuführen zu sein schien, dass die muslimischen Jugendlichen bereits vor dem Unterricht über ein weit überdurchschnittliches Wissen im Blick auf den Islam verfügten und damit die Möglichkeit des Wissenszuwachses bei ihnen nach oben beschränkt war. Dieser Befund lässt sich so interpretieren, dass muslimische Schülerinnen und Schüler ein speziell auf ihre Lernvoraussetzungen eingestelltes Lernangebot brauchen, entweder in Gestalt innerer Differenzierung in einem gemeinsamen Religionsunterricht oder als besonderer Islamischer Religionsunterricht.

4.   Zur Einschätzung und Einordnung der Ergebnisse

Die Ergebnisse des Projekts betreffen verschiedene Fragehorizonte, die im vorliegenden Band im Einzelnen entfaltet werden. An dieser Stelle sollen die wichtigsten Aspekte umrissen werden.

Interreligiöses Lernen

Im Zentrum des Projekts steht das interreligiöse Lernen. Gefragt wird nach Möglichkeiten, wie die damit verbundenen Aufgaben im Religionsunterricht aufgenommen werden können. In dieser Hinsicht können die Befunde als Beleg dafür angesehen werden, dass ein solches Lernen im Religionsunterricht tatsächlich möglich ist. Es handelt sich bei diesem Ansatz nicht nur um ein theoretisches Postulat. Vielmehr lassen sich konkrete Lernerfolge ausmachen und empirisch erfassen, die in die gewünschte Richtung gehen. Zugleich verweisen die Befunde allerdings auch auf offene Fragen sowie auf einen weiteren Bedarf der Optimierung von Religionsunterricht. Dies lässt sich am leichtesten anhand der drei untersuchten Komponenten interreligiöser Kompetenz beschreiben.

Die Entscheidung für die drei genannten Komponenten interreligiöser Kompetenz – religionsbezogenes Wissen, religionsbezogene Perspektivenübernahme, religionsbezogene Einstellungen – erwies sich als sinnvoll und zielführend. Alle drei Komponenten konnten im Projekt erfolgreich erfasst werden, und ihre Bedeutung für interreligiöses Lernen und interreligiöse Kompetenz wird durch die Befunde weiter hervorgehoben. Dabei ist auch für den gesamten Ansatz interreligiösen Lernens bedeutsam, dass die klarsten Lehr- bzw. Lernerfolge im Bereich des Wissens zu verzeichnen waren, während sich die Ergebnisse für die Perspektivenübernahme gemischt darstellen und darüber hinaus in theoretischer und empirischer Hinsicht weiterer Klärungsbedarf besteht. Dass bei den Einstellungen keine Veränderungen festzustellen waren, die auf die eingesetzten Unterrichtseinheiten zurückgeführt werden könnten, stellt bei alldem eine eigene Herausforderung dar. Da entsprechende Einstellungen etwa im Sinne von Toleranz, Respekt, wechselseitiger Anerkennung und Offenheit für andere Kulturen und Religionen theoretisch gesehen zu den unabdingbaren Voraussetzungen interreligiöser Kompetenz gehören, stellt auch ihre Beeinflussung durch Schule und Unterricht eine unausweichliche Aufgabe dar. Auch in dieser Hinsicht sind deshalb unbedingt weitere Untersuchungen erforderlich, um zu klären, ob und wie sich Einstellungen im unterrichtlichen oder schulischen Kontext beeinflussen lassen.

Auch wenn eine Entscheidung für kompetenzorientierten Religionsunterricht weder in der Religionsdidaktik insgesamt noch im vorliegenden Projekt als zwingend angesehen wird, ist ein Kompetenzmodell jedenfalls dann unerlässlich, wenn Lernerfolge valide gemessen werden sollen. Denn Lernerfolge der hier angestrebten Art sind empirisch gesehen daran abzulesen, ob Kompetenzzuwächse erreicht werden konnten. Eine begrenzte Untersuchung, wie sie sich im vorliegenden Falle auf eine spezifische Fragestellung bezog, reicht natürlich nicht hin, um ein Kompetenzmodell zu validieren. Immerhin aber kann von einem weiteren Schritt in Richtung eines solchen Kompetenzmodells im Bereich des interreligiösen Lernens gesprochen werden. So gesehen operationalisieren die drei Komponenten religionsbezogenes Wissen, religionsbezogene Perspektivenübernahme und religionsbezogene Einstellungen das Verständnis interreligiöser Bildung. Durchweg wird dabei festgehalten, dass die drei Komponenten nicht in einem erschöpfenden Sinne gemeint sind – vielmehr ließen sich im Anschluss an die Literatur durchaus noch weitere Komponenten identifizieren, etwa interreligiöse Wahrnehmung, Urteilsfähigkeit und Handlungsfähigkeit, die im Projekt nicht explizit erfasst wurden –, aber ohne Zweifel sind die drei untersuchten Komponenten für interreligiöses Lernen zentral (vgl. dazu unten, S. 56 ff.). Auch weitere Modellbildungen werden deshalb diese drei Komponenten entsprechend berücksichtigen müssen, auch wenn sie eventuell weitere Komponenten einbeziehen.

Nicht zuletzt sind die Befunde des Projekts auch für die Praxis von Religionsunterricht bedeutsam. Sie ermutigen dazu, im Religionsunterricht den Aufbau von Wissen, insbesondere einschließlich verstehenden Wissens, als eine Grundaufgabe auch im Blick auf interreligiöse Lernprozesse zu verstehen. Ganz offenbar liegt hier eine besondere Möglichkeit schulischen (Religions-)Unterrichts, die nicht gering geschätzt werden sollte. Denn wie die Befunde ebenfalls deutlich machen, ist ein solches Wissen zugleich eine Voraussetzung für andere Fähigkeiten im Bereich der interreligiösen Kompetenz. Darüber hinaus verdient die Perspektivenübernahme auch bei der Unterrichtsgestaltung verstärkt Beachtung. Die im Projekt eingesetzten Methoden des Rollenspiels sowie von Anforderungssituationen, die für ihre Bearbeitung eine Perspektivenübernahme erforderlich machen, weisen in Richtung einer entsprechenden religionsdidaktischen Schwerpunktsetzung. Dafür spricht auch die allgemeine Bedeutung der Perspektivenübernahme für den gesamten Bereich des interreligiösen Lernens, der auch eine entsprechende Unterrichtspraxis folgen sollte.

Gemeinsam mit der Schule als Ganzer steht der Religionsunterricht angesichts der Befunde vor der Frage, wie die gewünschte Veränderung von Einstellungen bei den Schülerinnen und Schülern unterstützt werden könnte. Neben dem Unterricht, dessen Wirksamkeit sich in dieser Hinsicht zumindest im vorliegenden Falle als sehr begrenzt erweist, ist dabei beispielsweise an Projekte, Aktionen und ähnliche Lernformen zu denken, die über den herkömmlichen Unterricht hinausführen.

Religionspädagogische Unterrichtsforschung

Soweit dies aus der Sicht der Durchführenden gesagt werden kann und darf, war das vorliegende Forschungsprojekt sehr erfolgreich. Dass es gelungen ist, die dem Projekt zu Grunde liegenden Fragestellungen mit einem auch untersuchungspraktisch anspruchsvollen Design empirisch zu bearbeiten, stellt einen Beleg für Sinn und Möglichkeit empirischer Unterrichtsforschung im religionspädagogischen Bereich dar. Da für die Untersuchung das Design einer Interventionsstudie gewählt wurde, das in der Religionspädagogik insgesamt und speziell beim interreligiösen Lernen nur wenige Vorläufer hat, lassen sich die Befunde auch als Bestätigung der Entscheidung für ein solches Design lesen. Dabei stehen die Ergebnisse des Unterrichts im Sinne von Outcomes im Zentrum, da konsequent gefragt wird, welche Wirkungen der entsprechende Unterricht bei den Schülerinnen und Schülern erzielt hat. Diese Konzentration auf Effekte von Unterricht sollte nicht mit einer Vernachlässigung der Prozessqualität von Religionsunterricht verwechselt werden (vgl. Schweitzer, 2006). Gerade im vorliegenden Projekt wurde bei der im engen Zusammenhang zwischen Theorie und Praxis durchgeführten Entwicklung der Unterrichtseinheiten größter Wert auf eine Unterrichtsgestaltung gelegt, die religionsdidaktischen Qualitätsansprüchen gerecht wird. Dabei ist an die Orientierung an Anforderungssituationen zu denken, an die methodische Vielfalt, die kognitive Aktivierung usw.

Mit dem Design als Interventionsstudie sowie den eingesetzten Untersuchungsinstrumenten steht das vorliegende Projekt in einem engen Zusammenhang mit der

Empirischen Bildungsforschung. Es ist insofern interdisziplinär angelegt. Die Beratungen und Hinweise besonders von Ulrich Trautwein, dem Leiter des Tübinger Hector-Instituts für Empirische Bildungsforschung, sowie, im Rahmen eines Symposiums, von Fritz Oser waren für das Forschungsprojekt überaus hilfreich. Allgemeiner formuliert liegt darin eine Ermutigung zu weiterer interdisziplinärer Arbeit in der Religionspädagogik. In den allermeisten Fällen verfügt die Religionspädagogik selbst nicht über eine ausreichende Expertise vor allem in methodischer Hinsicht empirischen Arbeitens, um entsprechende Projekte der Lehr-Lern-Forschung allein durchführen zu können.

Zu den überraschendsten Befunden des Projekts gerade für religionspädagogische Fachleute gehört wohl, dass sich die Annahme eines unmittelbaren Zusammenhangs zwischen Lernerfolgen und eines an der Lebenswelt und an den Erfahrungen der Schülerinnen und Schüler ausgerichteten didaktischen Ansatzes in dieser Weise nicht bestätigt hat. Dort, wo dieser Bezug am stärksten ausgeprägt war, also in den Bankklassen, blieben insbesondere die Lernerfolge im Blick auf die Perspektivenübernahme hinter denen in weniger erfahrungsbezogenen Lernsituationen zurück. Sie fielen geringer aus als dort, wo der Lebensweltbezug schwächer oder gar nicht gegeben war, also im Falle der Industriefachklassen. Dieser Befund wirft weiterreichende religionsdidaktische Fragen auf. Vor allem macht er eine weitere Klärung der heute in der Religionspädagogik ganz allgemein vorausgesetzten Forderungen nach Lebenswelt-, Erfahrungs- und Schülerorientierung notwendig. Solche Forderungen erweisen sich möglicherweise als noch zu einfach und zu allgemein. Es gibt offenbar nicht nur ein „zu wenig", sondern auch ein „zu viel" an Lebensweltbezug. Die Aufgabe besteht deshalb darin, das Optimum entsprechender Bezüge präzise zu bestimmen, was ohne weitere empirische Untersuchungen allerdings kaum gelingen kann.

Die Bedeutung des interreligiösen Lernens ist mehrfach herausgearbeitet und begründet worden, sowohl auf katholischer als auch auf evangelischer Seite. Den dabei gewählten theoretischen, theologischen und pädagogischen Begründungen fügt der vorliegende Band eine praxisbezogene Begründung hinzu. Das Projekt beleuchtet den Religionsunterricht als einen möglichen Ort interreligiösen Lernens, nicht in ausschließlicher Weise, aber doch so, dass sein spezifischer Beitrag hervortreten kann. Indem der Religionsunterricht solche Lehr- und Lernaufgaben gezielt wahrnimmt, erweist er seine Pluralitätsfähigkeit.

Über den religionsdidaktischen und religionspädagogischen Zusammenhang hinaus verdeutlicht die Studien auch die Bedeutung des interreligiösen Lernens im Religionsunterricht für die Schule insgesamt. Ohne Zweifel lassen sich interkulturelle und damit verbundene interreligiöse pädagogische Aufgaben nicht auf den Religionsunterricht beschränken. Schon von der Schüler- und Elternschaft her betreffen sie die Schule vielmehr immer auch insgesamt. Der Religionsunterricht erfüllt insofern eine für die Schule als ganze bedeutsame Aufgabe. Die vorliegende Untersuchung belegt, dass die dabei intendierten Wirkungen tatsächlich erreicht werden können. Es lässt sich begründet behaupten, dass der Religionsunterricht den Aufbau interreligiöser Kompetenz wirksam unterstützen kann.

1.
Interreligiöses Lernen aus religionspädagogischer Perspektive

Reinhold Boschki, Matthias Gronover, Simone Hiller

1.1 Bedeutung interreligiösen Lernens in Gesellschaft, Arbeit und im Religionsunterricht an beruflichen Schulen

Interreligiöses Lernen baut Verständnis für die je andere Religion auf und entfaltet dasselbe durch konkretes Wissen über Religionen und die Möglichkeit, sich kritisch damit auseinanderzusetzen. Damit baut interreligiöses Lernen eine Kompetenz auf, die bedeutsam im Alltag von Gesellschaft, Beruf und Privatleben ist.

Im Folgenden wird interreligiöses Lernen als religionspädagogische Aufgabe in fünf Schritten begründet. Zunächst gehen wir auf gesellschaftliche Herausforderungen ein (1). Es zeigt sich, dass vor dem Hintergrund der pluralen Gesellschaft religiöse Bildung interreligiöse Kompetenzentwicklung nötig macht. Die Erschließung der Bedeutung interreligiösen Lernens an den Erfahrungen der Menschen führt zum zweiten Abschnitt, der die Grundlagen interreligiöser Bildung ausführt (2). Daran schließen sich Überlegungen zur Subjektorientierung in interreligiösen Bildungsprozessen an (3), die auch die für die Reflexion auf die Berufs- und Arbeitswelt leitend sind (4). Die Bedeutung interreligiösen Lernens wird dann an der Frage, inwieweit interreligiöse Bildung eine in die Gesellschaft integrierende Kraft hat, erschlossen (5). Zusammenfassend wird deutlich, dass interreligiöse Bildung als Teil öffentlicher Bildung zu begreifen ist (6).

1.1.1 Gesellschaftliche Herausforderungen

Die mitteleuropäischen Gesellschaften befinden sich in einem tiefgreifenden Wandel. Digitalisierung der Lebenswelt, auch der Berufswelt, Pluralisierung und Globalisierung sind nur Stichworte, hinter denen sich Entwicklungen verbergen, die sich auf das Zusammenleben der Menschen als Gemeinschaft ebenso gravierend auswirken, wie auf das Individuum. Dabei ist die immer rascher ansteigende Kurve der Migration von Menschen unterschiedlichster Herkunft ein kaum zu unterschätzender Faktor. Sowohl in den deutschsprachigen Ländern wie in ganz Europa wird heftig darum gestritten, wie mit den Fragen und Problemen der Migration umzugehen sei. Populismus, nationales Denken, Abgrenzung und Abwehr, rechtsradikale Tendenzen und vor allem ein besonders unkalkulierbarer Faktor, nämlich die Angst der Menschen, nehmen rasant zu und spalten die Gesellschaften in sich und die Nationen untereinander. Die Frage ist offen, ob die verschiedenen nationalen, ethnischen, sozialen, kulturellen und religiösen Gruppen bereit sind, friedlich und mit gegenseitigem Respekt zu koexistieren. Das setzt Lernprozesse auf allen Ebenen voraus.

Interreligiöses Lernen ist dabei eine Herausforderung, die nicht nur religiöse Bildungsprozesse betrifft, sondern das Zusammenleben der Menschen in unserer Gesellschaft insgesamt. Denn neben Menschen katholischen und evangelischen Glaubens (mit je ca. 30% Anteil an der deutschen Gesamtbevölkerung) treten Muslime (mit ca. 5% Anteil) sowie Nicht- und Andersreligöse. Zur genauen Zusammensetzung dieser letztgenannten Bevölkerungsgruppe gibt es keine definitiven Zahlen; es ist jedoch von einer großen Heterogenität auszugehen, da sie neben in Deutschland schon lange in Minderheiten vertretenen Religionen wie dem Judentum auch Konvertiten zu verschiedenen Religionen sowie Menschen aus unterschiedlich religiös geprägten Teilen Europas und der Welt umfasst, die nach 1945 zugewandert sind. Mehr als 20% der Bürgerinnen und Bürger in Deutschland haben einen Migrationshintergrund. Neben ihrer religiösen Identität bringen diese Menschen auch ganz verschiedene kulturelle Prägungen und Einstellungen mit. Integration ist eine Aufgabe, die auf allen gesellschaftlichen Ebenen zu bewerkstelligen ist – auf der politischen, ökonomischen und sozialen. Aufgabe des Bildungssystems ist es in diesem Zusammenhang, alle Schülerinnen und Schüler bzw. Auszubildende auf die Herausforderungen vorzubereiten, die sich aus dem Miteinander verschiedener Kulturen und Religionen ergeben.

Dabei kommt dem Religionsunterricht eine besondere Aufgabe zu, weil er zum einen die Expertise zu verschiedenen Religionen einbringt; zum anderen aber auch, weil er in seinem Prinzip der Subjektorientierung die notwendige Voraussetzung schafft, um jedem Schüler und jeder Schülerin mit den ihnen je eigenen Haltungen und Prägungen im Unterricht eine Stimme zu geben. Das ist eminent wichtig, weil der gesellschaftliche Alltag immer wieder von Begegnungen mit fremden und im Vergleich zum eigenen Leben andersartigen Haltungen geprägt sein wird. Im Berufs- und Arbeitsleben ist es eine zentrale Kompetenz, diese Pluralität in das eigene Denken und Handeln integrieren zu können. Religiöse Bildung in der Berufsbildung hat unter anderem die Aufgabe, den Auszubildenden ihre subjektiven Möglichkeiten, andere Menschen in ihrer religiösen Identität wahrzunehmen und gesprächsfähig mit ihnen zu sein, aufzuzeigen (Schweitzer, Englert, Schwab & Ziebertz, 2002). Das ist eine entscheidende Kompetenz, um im modernen Arbeitsleben bestehen zu können, im privaten Alltag die verschiedensten kulturell-religiösen Anforderungen erkennen und gesellschaftlich verorten zu können. Diese Pluralitätsfähigkeit macht interreligiöse Bildungsanstrengungen notwendig.

Pluralitätsfähigkeit im beruflichen, privaten und gesellschaftlichen Leben erfüllt nicht zuerst eine Funktion, sondern sie ist vielmehr ein Spiegel der eigenen Möglichkeiten. Religiöse Bildung im Horizont der pluralen Gesellschaft ist damit religiöse Persönlichkeitsbildung (Boschki, 2017).

Gesellschaftlich ist Pluralitätsfähigkeit insofern eine Herausforderung, als in den letzten Jahrzehnten die einheitliche Perspektive auf die (nationalen) Gesellschaften, die je für sich als homogene Gruppe zu betrachten seien, verschwunden ist. An die Stelle dieser Fokussierung auf die je eigene, starke Identität verschiedener Gesellschaften tritt soziologisch die Perspektive auf die globale Gesellschaft, die in sich differenziert ist und deren jeweilige soziale Einheiten eine Frage des Betrachtungswinkels sind (Luhmann, 2000). Mit Blick auf Religionen wird dies augenfällig, weil diese sich in Gesellschaften realisieren und hier (und in der Überschreitung der gesellschaftlichen Realität) ihre je eigenen Identitäten ausbilden. Als ‚*das* Christentum', ‚*das* Judentum' oder ‚*der* Islam' etc. erscheint eine Religion demnach nur abstrakt. Konkret nach einer Religion zu fragen heißt deshalb immer, nach ihrem Ort, ihrer Verortung und ihrer kontextuellen Einbettung zu fragen. Pluralität ist aus diesem Grunde auch eine *religiöse* Realität, mit der man leben lernen muss.

Im Folgenden geht es unter den Gesichtspunkten des Subjekts, der Arbeit und der Gesellschaft um die Profilierung interreligiösen Lernens. Das in diesem Buch vorgestellte Forschungsprojekt hatte das Ziel, die Wirksamkeit interreligiöser Lernprozesse mit Hilfe einer empirischen Untersuchung zu beleuchten. Ein Anliegen war, den Schülerinnen und Schülern Wissen über muslimisches Leben in Deutschland zu vermitteln. Dieses Wissen operiert unter anderem mit Statistiken und Zahlen, die für sich sprechen und den Schülerinnen und Schülern plausibel sind. Dass in Deutschland der Islam mit mehr als 5% der Bevölkerung im Vergleich zur Mehrheitsgesellschaft eine zahlenmäßig kleine Religion ist, ist mit Blick auf die Berichterstattung in den print- und digitalen Medien zunächst kontraintuitiv. Dennoch bleiben diese Zahlen abstrakt. Schülerinnen und Schüler begegnen in ihrem Alltag Menschen, die sich dem Islam zurechnen – z. B. in der Peergroup, in der Arbeits- und Berufswelt als Kolleginnen und Kollegen, als Kunden oder in der Schule selbst. Für den professionellen Umgang mit ihnen sind spezielle Kompetenzen erforderlich. Sich in die Rolle einer Muslima oder eines Muslims versetzen zu können und damit ein Verständnis zu entwickeln für das, was diese Menschen bewegt, war ein zentrales Ziel, das, wie in den weiteren Kapiteln ausgeführt wird, als religiöse Perspektivenübernahme bezeichnet werden kann (vgl. unten, S. 62 ff.). Diese Perspektivenübernahme erfolgte in den im Projekt entwickelten Unterrichtseinheiten u. a. durch Rollenspiele; sie wurde auch im Fragebogen getestet. Perspektivenübernahme erscheint als Schnittpunkt zwischen Subjektorientierung und den Realitäten in Arbeitswelt und Gesellschaft, weil sie eine Distanznahme zum eigenen Selbst fordert und fördert. Sie ist für interreligiöse Lernprozesse entscheidend und soll schon hier genannt sein, weil auch die Begründung der Notwendigkeit interreligiösen Lernens in Öffentlichkeit, Beruf und Privatleben davon abzuhängen scheint, wie es Einzelnen gelingt, die Perspektive anderer einzunehmen.

Die folgenden Abschnitte dieses Kapitels begründen das im Projekt gewählte Vorgehen, interreligiöses Lernen nicht zuallererst an den Traditionen und Lehren einer anderen Religion, im vorliegenden Fall des Islam, festzumachen, sondern von der erfahrungs- und lebensweltlichen Verankerung her zu entwickeln und so plausibel zu machen, dass interreligiöses Lernen eine Querschnittsdimension heutigen Lebens ist. Der Religionsunterricht an berufsbildenden Schulen stellt sich dieser Herausforderung in besonderer Weise, weil er eine vergleichsweise hohe religiöse Heterogenität in seinen Klassen aufweist (Gronover, 2012). Damit kann er einen wesentlichen Beitrag zum verständnisvollen Zusammenleben verschiedener Religionen und Kulturen in unserer Gesellschaft leisten.

1.1.2 Grundlagen interreligiöser Bildung

Dass Religionen sich untereinander wohlwollend und mit Respekt begegnen sollen und können, musste bekanntlich auch das Christentum erst in einem mühsamen Prozess erlernen. Der Schock, der durch die menschengemachten Katastrophen des 20. Jahrhunderts ausgelöst wurde, hat nicht nur auf der Ebene der gesamten Menschheit ein Umdenken in Gang gesetzt – so z. B. durch die Allgemeine Erklärung der Menschenrechte der Vereinten Nationen im Jahr 1948 –, sondern auch bei den Religionen. Sowohl in der katholischen Kirche wie auch in den evangelischen Kirchen begann eine grundlegende theologische Neubewertung der Existenz anderer Religionen, die bis heute immer weiter fortgeschrieben wird (exemplarisch: EKD, 2015; Stosch, 2012). Dabei ist das Verhältnis zwischen Christentum und Judentum vielfach zugleich Ausgangspunkt und Brennpunkt dieser Neuorientierung (Boschki & Henrix, 2016; Rendtorff & Henrix, 2001; Kraus & Henrix, 2001). In den Nachkriegsjahren begann in beiden Kirchen eine fundamentale Selbstreflexion, die durch die Bewusstwerdung der Katastrophe von Auschwitz und der christlichen Mitschuld an Judenhass und Antisemitismus ins Rollen kam (u. a. Seelisberger Thesen 1947; Erklärung des Ökumenischen Rats der Kirchen 1948; erste Gründungen von Christlich-Jüdischen Gesellschaften Ende der 1940er Jahre; erste christlich-jüdische Zeitschriften ab 1948; Erklärung der Synode der EKD von 1950 gegen den Antisemitismus; Schwalbacher Thesen 1950 etc.). All diese Initiativen trugen dazu bei, dass nach und nach (wieder-) entdeckt wurde, wie sehr Christen und Juden in einer theologisch besonderen Beziehung zueinander stehen. In der katholischen Kirche hat in der Zeit des Zweiten Vatikanischen Konzils (1962–1965) die Diskussion über die grundlegende Erneuerung des christlich-jüdischen Verhältnisses zu einer vertieften Diskussion auch über das Verhältnis zu anderen Religionen geführt (zur komplizierten Textentstehung auf dem Konzil, in deren Verlauf sich die Erklärung zum Judentum zu einer Erklärung über das Verhältnis zu allen Religionen weiterentwickelte: Siebenrock, 2006). Ergebnis war die „Erklärung der katholischen Kirche über ihre Haltung zu den nichtchristlichen Religionen" *Nostra Aetate* (1965), die als „kopernikanische Wende" (Leimgruber, 2007, S. 40) bezeichnet werden kann. Erstmals werden andere Religionen wie Hinduismus und Buddhismus überhaupt erwähnt und wird der Islam „mit Hochachtung" gewürdigt. Das Verhältnis zum Judentum bildet den theologischen Kern der Erklärung (Boschki & Wohlmuth, 2015). Die grundlegende Haltung der Erklärung und der in den Jahrzehnten danach folgenden Interpretationen ist Hochachtung und Respekt der Religionen voreinander, auch wenn es immer wieder Gegenstimmen und Widerstände in beiden Kirchen gab. In den evangelischen Kirchen begann nach dem „Stuttgarter Schuldbekenntnis" (1945) ansatzweise eine theologische Neuaufstellung des Verhältnisses zum Judentum, die aber auch theologisch immer wieder umstritten war. Später schlug sich die Erneuerung in den bedeutenden Erklärungen der EKD zum Thema „Christen und Juden" aus den Jahren 1975, 1991 und 2000 nieder. Auch wenn heute „die Verständigung im Blick auf das Verhältnis zwischen Christentum und Judentum viel weiter vorangeschritten ist als im Blick auf das Verhältnis zwischen

Christentum und Islam oder anderen Religionen" (Schweitzer, 2014b, S. 75), kann inzwischen für die katholische und für die evangelischen Kirchen in Deutschland und insbesondere für deren Theologien gesagt werden, dass der Islam und weitere Religionen bei weitem positiver und vertiefter wahrgenommen werden als noch vor wenigen Jahrzehnten.

All dies hat zu einer völlig neuen Konzeption von Lernen und von Bildung im Zusammenhang mit anderen Religionen geführt. Waren anfangs noch „große fremde Religionen" – so der Titel eines weit verbreiteten Schulbuchs aus den 1970er Jahren – Gegenstand des Lernens über andere Religionen, also die Darstellung ihrer Exotik und Fremdheit, kam es in der Religionspädagogik der 1980er und 1990er Jahren zu einem grundlegenden Wandel. Fortan ging es nicht mehr allein um die Darstellung von Inhalten der „Weltreligionen im Unterricht" (Lähnemann, 1986), sondern um das Erlernen einer neuen Beziehung zu Menschen anderer religiöser und kultureller Herkunft, die vor allem durch Achtung und Anerkennung geprägt ist. In diesem Verständnis schlägt Karl Ernst Nipkow Kommunikationsregeln eines interreligiösen Austauschs vor, der in „wechselseitiger Achtung vor Differenz" (Nipkow, 1998, S. 112) erfolgt. Analog hat Leimgruber eine Hermeneutik interreligiösen Lernens entwickelt, deren Eckpunkte die Wahrnehmung fremder Personen und religiöser Zeugnisse, die Deutung religiöser Phänomene, die konkrete Begegnung, das Respektieren von bleibender Fremdheit und die Notwendigkeit zur existenziellen Auseinandersetzung umfasst (Leimgruber, 2007). Die konstruktive Polarität einer Hermeneutik der Gemeinschaft mit anderen Religionen bei gleichzeitiger Beachtung einer Hermeneutik der Differenz prägt bis heute die Diskussion um interreligiöses Lernen und interreligiöse Bildung – auf nationaler wie auf internationaler Ebene (u.a. Schreiner, Sieg & Elsenbast, 2005; Engebretson, De Souza, Durka & Gearon, 2010; Schweitzer, 2014b).

Gleichzeitig rücken die Subjekte religiösen und interreligiösen Lernens, nämlich die Schülerinnen und Schüler selbst, immer mehr in den Fokus.

1.1.3 Subjektorientierung religiöser und interreligiöser Bildung

Religiöse Bildung ist längst nicht mehr ein reines Vermittlungsgeschehen, das vorgegebene Inhalte an die Lernenden weitergäbe. Die Bedeutung der Inhalte ist zwar unbestritten, dennoch hat sich die Religionspädagogik in den vergangenen Jahrzehnten entscheidend weiterentwickelt: Den Ausgangspunkt aller Reflexionen zu Lehren und Lernen in religiöser – und damit auch in interreligiöser – Hinsicht stellen die Lernenden selbst dar. Ihre Lebens- und Erfahrungswelt, ihre sozialisations- und entwicklungsbedingten elementaren Zugänge zu Welt, Wirklichkeit und schließlich zum Thema des Unterrichts stehen im Mittelpunkt konzeptioneller Reflexionen bis hin zur konkreten didaktischen Entscheidung bei der Planung und Durchführung des Unterrichts. Subjektorientierung (Boschki, 2017) ist neben der Bildungsorientierung (Schweitzer, 2014a) *das* zentrale Prinzip religiöser Bildung. „Subjektwerdung fördern" gilt als „Maxime *religionspädagogisch* reflektierten Handelns" (Schröder, 2012, S. 241). Doch der inzwischen inflationär verwendete Begriff des „Subjekts" kann nur dann ein religionspädagogischer Leitbegriff bleiben, wenn er in seiner philosophischen, bildungstheoretischen und theologischen Genese reflektiert und die postmoderne Subjektkritik ernstgenommen wird, was an dieser Stelle nicht ausgeführt werden kann. „Subjekt" ist keine feststehende Größe mehr, die klar definiert und umrissen werden könnte, sondern von allen gesellschaftlichen, zeitbedingten, kontextuellen Faktoren beeinflusst wird, denen die Menschen heute gegenüberstehen. Das Subjekt ist fluide, fragil, flüchtig geworden, es ist angesichts ungesicherter und sich rasant verändernder Alltagswelten höchst gefährdet.

All diese Prozesse haben Auswirkungen auf interreligiöses Lernen und interreligiöse Bildung, denn auch hier gilt es, die Lernenden in ihren Verstehensvoraussetzungen wahr- und ernst zu nehmen, ihre mitgebrachten Welt- und Menschenbilder, ihre Einstellungen, Haltungen, ihr Fremd- und Selbstverstehen als Ausgangspunkt des Lehr-Lern-Prozesses zu begreifen. Damit sind alle Ambivalenzen, in denen die Subjekte heute stehen, mitgesagt (Boschki, 2016): Vorurteilsstrukturen, Angst vor und Abwehr von Fremden und Fremdem bis hin zur Xenophobie, zum Antiislamismus und Antisemitismus bzw. allen Formen sogenannter ‚gruppenbezogener Menschenfeindlichkeit' (Heitmeyer, 2012). Derlei Weltanschauungen sind nicht nur abstrakt und als Thema im Unterricht präsent, sondern können auch durch konkrete Schülerinnen und Schüler eingebracht werden, die wiederum von der täglich erlebten Arbeits-, Freizeit- und Medienwelt beeinflusst sind.

Religionsunterricht mit christlichem Profil hat im diesem Kontext die Aufgabe, Menschen in ihrer vorgängigen und unveräußerlichen Würde wahrzunehmen, die in der Gottebenbildlichkeit grundgelegt ist. Sie ist der theologische Brennpunkt religiöser und interreligiöser Bildung, auch dann, wenn sie nicht ständig explizit gemacht wird. Insbesondere in heterogenen Lerngruppen, wie sie etwa in den beruflichen Schulen sehr häufig anzutreffen sind, können nicht an jeder Stelle explizit christliche Inhalte in den Vordergrund gestellt werden, sind aber in der grundsätzlichen Ausrichtung des Religionsunterrichts essentiell. Werden die Lernenden in ihren je eigenen Voraussetzungen ernst genommen und Menschen verschiedener Religionen in ihrer Würde vor Gott respektiert, kann interreligiöse Bildung ihren Dreh- und Angelpunkt finden. Von hier aus werden die in diesem Forschungsprojekt untersuchten Lernbereiche des Wissens über andere Religionen, der Einstellungen und der Kompetenz zur Perspektivenübernahme höchst virulent.

Subjektorientierung ist in allen Schularten und Orten religiöser Bildung ein unverzichtbarer Grundsatz, umso mehr in den Schulen, in denen die jungen Menschen auf ihre Arbeits- und Berufswelt vorbereitet oder begleitend ausgebildet werden. Hier muss die Orientierung am Subjekt konsequent vor dem Hintergrund der konkreten Berufs- und Arbeitswelt der Schülerinnen und Schüler gesehen werden. Dieser Kontext – der Religionsunterricht an beruflichen Schulen in seiner interreligiösen Dimension – steht im Brennpunkt unseres hier vorgestellten Forschungsprojekts.

Zugleich bietet das Forschungsprojekt, das hier beschrieben wird, besonders in dieser Hinsicht überraschende Einsichten. Den Befunden zufolge erwies sich gerade gezielt subjektorientiert gestalteter Unterricht keineswegs als wirksamer als ein themenorientierter Religionsunterricht. Offenbar bleibt die – nach wie vor richtige – Forderung nach Subjektorientierung noch zu allgemein. Angesichtes der Befunde muss sie weiter präzisiert und nicht zuletzt weiter – auch empirisch – erforscht werden (vgl. unten, S. 133 ff.).

1.1.4 Interreligiöse Bildung in der Berufs- und Arbeitswelt

Auf den ersten Blick erscheint der Zusammenhang von interreligiösem Lernen bzw. interreligiöser Bildung und Arbeitswelt lose. Insbesondere in industriell produzierenden Berufen ist die interreligiöse Dimension augenscheinlich kein drängendes Problem. Diese Wahrnehmung ist geleitet von einem Begriff von Arbeit, der stark funktional geprägt ist. Arbeit ist in dieser Betrachtungsweise eine Leistung, die in einer bestimmten Zeit zu verrichten ist und in diesem Sinne auch messbar. Eine entscheidende Bedingung erfolgreichen Arbeitens gerät in dieser Perspektive allerdings aus dem Blick: der Mensch. Orientiert sich der Begriff der Arbeit am Maßstab des Menschen und daran, was ihm zu Leben dient, so konturiert er sich nicht in erster Linie durch Leistung und Effizienz, sondern durch die Frage, wie Arbeit sinnstiftend sein kann. Arbeit in diesem Verständnis erschöpft sich nicht in ihrer Funktionalisierung, sondern meint das Schaffen des Menschen und das gemeinsame Wirken an größeren Sinnzusammenhängen (Lehmann, 2010). Im Vordergrund dieses Begriffs der Arbeit steht nicht der erzielte Effekt bzw. das Produkt des eigenen Wirkens, sondern ein in sich differenzierter Begriff: So wie das arbeitende Subjekt nicht nur durch die eigene Tätigkeit den eigenen Beruf prägt, sondern immer auch fremde Erwartungen durch sein Tun erfüllt, ist Arbeit ein spannungsreiches Verhältnis zwischen Selbsttätigkeit und Fremdbestimmtheit. Theologisch gesprochen findet sie zwischen der Berufung zum eigenen Tun und der Verpflichtung statt, Arbeit in Mühsal zu verrichten (Gen 3,17–19). Während in der Berufung sich die Bestimmung des Menschen zur Gottebenbildlichkeit abbildet (Gen 1,26–28), besteht doch auch in der Mühseligkeit der Arbeit eine Last. Wer Arbeit und die Wirksamkeit in der Arbeit – die Produktorientierung und Steigerung von Effizienz implizieren – ineinssetzt, verkürzt also den Arbeitsbegriff entscheidend. Diese Verkürzung von eigener Wirksamkeit und Arbeit verführt dazu, „die Würde der menschlichen Arbeit gleichsam ‚herzustellen' – darin liegt das neuzeitliche Missverständnis des Wirkens als Arbeit. Eine solche Ideologie der Arbeit verschleiert jedoch die Situation derjenigen, die gar nicht werktätig wirken können, sondern nur als Arbeitskraft zählen" (Kießling, 2010, S. 124). Auch aus soziologischer Perspektive wird immer wieder betont, dass der Mensch durch Arbeit zu sich selbst komme (Sennett, 2009). Insofern geht es auch hier um den Zusammenhang von Berufung und Beruf.

Für interreligiöse Lernprozesse ist dies deshalb interessant, weil Arbeit damit kein abgespaltenes Phänomen ist, das der Mensch in unserer Gesellschaft zum Beispiel von 8:00 Uhr bis 17:00 Uhr verrichtet. Gerade die heutigen Arbeitswelten sind hochgradig dynamisch und in sich differenziert, sodass Arbeit und Beruf weniger von institutionell geprägten Berufsbildern abhängig sind als von deren je individueller Ausgestaltung.

Aus arbeitssoziologischer Perspektive gibt es darüber hinaus *den* Lebensberuf nicht mehr. Gerade im Dienstleistungssektor wird der Beruf zum biografischen Projekt, das Einzelne verpflichtet, ihren Beruf selbst zu konturieren (Gronover, 2017). So werden längst nicht alle Industriekaufleute in einem Industriebetrieb eine Arbeit verrichten, deren Aufgabenbereiche genau definiert sind. Viele werden vielmehr Finanzdienstleistungen erbringen und vor der Aufgabe stehen, ein ganzes Bündel von Aufgaben zu erfüllen und *ihren* Beruf dadurch zu definieren. Der Beruf wird subjektiviert und die arbeitenden Subjekte erfahren dadurch einerseits Wertschätzung, weil sie sich selbst verwirklichen, indem sie die Möglichkeit erhalten, den Beruf entlang ihrer Vorstellungen und Wünsche zu profilieren. Andererseits besteht in dieser Subjektivierung auch eine Last, weil die Kontingenz des Arbeitsmarktes und der makroökonomischen Zusammenhänge letztlich durch diese Partikularisierung ins Subjektive auf den Schultern Einzelner lastet. D. h. auch, dass einzelne Berufstätige für immer mehr Entscheidungen Verantwortung übernehmen müssen und damit die Erfordernisse des Alltagslebens mit Blick auf kulturelle und religiöse Hintergründe ihrer Kunden berücksichtigen können müssen. Die schulische Ausbildung von Bankkaufleuten trägt diesem Sachverhalt Rechnung, wenn sie milieubedingte Normen (beispielsweise das Zinsverbot im Islam) transparent macht und Auszubildende befähigt, sich dem eigenen Verhalten und der eigenen Kommunikation im Dialog mit dem Fremden bewusst zu werden. Dies berührt dann das Selbstverständnis von Kaufleuten, weil deutlich wird, dass es heute nicht allein um den Erwerb von Berufscodes im traditionellen Sinne geht (bspw. gemäß dem Konzept des „Ehrbaren Kaufmanns"), sondern dass es entscheidend darum geht, die nachwachsende Generation dafür zu sensibilisieren, in einer pluralen Gesellschaft das eigene Berufskonzept weiter zu entwickeln. Dazu gehört, dass der Umgang mit neuen – auch wirtschaftlichen – Verhaltensnormen erlernt wird. Verschiedene Projekte der Tübinger Institute für berufsorientierte Religionspädagogik haben diesen Zusammenhang von interreligiöser Kompetenzentwicklung und Berufskonzept erforscht (so z. B. Merkt, Schweitzer & Biesinger, 2014 oder Schweitzer & Biesinger, 2015).

1.1.5 Integration durch religiöse Bildung

Die Forschung zur Wirksamkeit interreligiösen Lernens durch Perspektivenübernahme basiert auf der grundlegenden Erkenntnis, dass religiöse Bildung einen wichtigen Beitrag zur Integration in die Gesellschaft leistet (Schweitzer, 2012). Sie dekonstruiert damit die in manchen Bereichen gängige Meinung, Religion sei mehr ein spaltendes denn ein einendes Element in der Gesellschaft. Dass religiöse Bildung als Persönlichkeitsbildung mit dem Ziel der religiösen Mündigkeit eine für alle Menschen gemeinsame Grundlage der Verständigung und Identitätsbildung sein kann, zeigen unterschiedliche Forschungen in diesem Bereich.

So hat etwa Philipp Gonon für die Schweiz den Zusammenhang von gesellschaftlicher und religiöser Pluralität beleuchtet und herausgestellt, dass gerade mit Blick auf religiöse und kulturelle Toleranz die Berufsschulen der Schweiz vor einer großen

Herausforderung stehen. Wenn Religiosität bzw. religiöse Bildung aus dem Kanon der Fächer in der Berufsschule gestrichen werde, bestehe letztlich keine Chance mehr, den erstarkenden Kräften zu widerstehen, die in Religion vor allem einen Faktor sehen, der die Gesellschaft auseinandertreibt. Dass in der Schweiz den Berufsschulen bis dato diese Aufgabe noch wenig bewusst ist bzw. bewusst gemacht wird, findet er zumindest „erstaunlich" (Gonon, 2012, S. 32).

Ein anderer Aspekt, der die Bedeutung religiöser Bildung für die Integration deutlich macht, ist die demografische Entwicklung. So gilt beispielsweise für Baden-Württemberg, dass mit einem durchschnittlichen Migrantenanteil von mehr als 25% nicht nur über die ganze Gesellschaft Integrationsleistungen zu erbringen sind (durch politische und kirchliche Gemeinden sowie Moscheegemeinden, durch Vereine und Projekte usw.), sondern dass auch aus ökonomischen Gründen zur weiteren Gewinnung von Arbeitskräften unbedingt auf Zuzug zu setzen ist. Der derzeitige Migrantenanteil kann den Mangel an Arbeitskräften nicht kompensieren. Schulen müssen schon heute mit einem hohen Anteil von Schülerinnen und Schülern sowie Auszubildenden rechnen, weil Migranten eine sehr viel höhere Geburtenrate aufweisen als mögliche Eltern ohne Migrationshintergrund. So werden in Zukunft sehr viel mehr Schülerinnen und Schüler eingeschult, die kulturell und religiös anders geprägt sind als die Mehrheitsgesellschaft (Lorenz, 2012, S. 221).

Während die Wirtschaft der Religion eine zwar wichtige, aber nicht zentrale Rolle zur Integration bescheinigt, unterschätzt sie aus Sicht der Religions- und Berufspädagogik die Gefahr, dass unter der Schwelle von wirtschaftlicher Teilhabe eine Parallelgesellschaft entsteht. Aus Sicht des Handwerks z. B. bestehe vor allem ein Interesse an wertorientiertem Wirtschaften, der Orientierung am Gemeinwohl und der Nachhaltigkeit sowie der Verantwortung für das regionale Umfeld (Reichhold, 2012, S. 45). Aber: Die Orientierung an Werten stellt auch immer die Frage nach der Begründung dieser Werte und damit die Frage, ob sich dies in der immanenten Dimension der Anerkennung vollständig begründen lässt oder ob die Wertorientierung auf einer religiösen Grundlage erfolgt. Der Religionsunterricht kann diese Fragestellung transparent machen und so auch ganz praktisch Schülerinnen und Schüler sowie Auszubildende urteilsfähig gegenüber unterschiedlichen Wertehaltungen machen. Gerade der zwischenmenschliche Bereich bekommt so eine ganz besondere Aufmerksamkeit für die Integrationsfrage.

Religiöse Bildung in der Berufsschule inszeniert zwischenmenschliche Begegnungen und reflektiert diese auf die darin vorkommenden Haltungen und Begründungsstrategien. Er kann dadurch auf der mikrosozialen Ebene das Miteinander gestalten, einer Ebene, die dem Zugriff des Staates verwehrt bleibt. Wenn dabei das Prinzip der Dialogizität eingehalten und zugleich die Persönlichkeit des anderen geachtet wird, werden an diesem Ort wichtige Grundregeln des Zusammenseins erarbeitet und gelebt. Im Religionsunterricht an der Berufsschule geht es in diesem Sinne nicht um die Überformung von jungen Menschen mit fremden Werten und Haltungen, sondern um die Einübung von lebensdienlichen Haltungen, die ein gedeihliches gesellschaftliches Miteinander befördern. Insofern ist der Religionsunterricht nicht mehr, aber auch nicht weniger als eine Integrationsübung (Schweitzer, 2012). Perspektivenübernahme im Wissen um das (mir) Fremde erscheint in diesem Licht als ein zentrales Projekt berufsorientierter Religionspädagogik.

Wie im einleitenden Kapitel dieses Buches bereits gezeigt, kann die Bedeutung interreligiösen Lernens auf gesellschaftlicher wie individueller Ebene dargestellt werden. Im Kontext der beruflichen Schulen ist dabei die religionssoziologische Beobachtung wichtig, dass zwar Individuen sehr wohl auf Religion verzichten können, dies aber für ganze Gesellschaften nicht gilt. Es ist offensichtlich, dass Religion den Einzelnen mit Blick auf seine persönliche Haltung und sein Verständnis von Gesellschaft vor große Herausforderungen stellt. Insofern greift die Frage nach der Bedeutung interreligiösen Lernens weit über Fragen der persönlichen Relevanz einzelner Themen hinaus. Viel stärker kommt dafür in den Blick, inwieweit religiöse Perspektiven eingenommen und beurteilt werden können und wie Religion Handeln motivieren kann.

1.1.6 Interreligiöse Bildung als ‚öffentliche Bildung‘

Zusammenfassend kann gesagt werden, dass interreligiöse Bildung weit über den Binnenraum des Klassenzimmers hinaus bedeutsam ist. Sie berührt nicht allein das Privatleben und die persönliche Beziehung der einzelnen Lernenden, sondern kann, wie gesehen, für die Arbeits- und Berufswelt, für das Zusammenleben in öffentlichen Räumen bis hin zur internationalen Kooperation zwischen Firmen, Institutionen und Nationen relevant werden. Religiöse Bildung und die mit ihr verbunden Kompetenzen sind mithin „Teil öffentlicher Bildung" (Benner, Schieder, Schluß & Willems, 2011) und haben immer eine politische und gesellschaftsorientierte Dimension (Grümme, 2009 und 2015; Themenheft der Zeitschrift für Pädagogik und Theologie, 2015). Der Religionsunterricht will einen Beitrag zum respektvollen und friedlichen Zusammenleben der Menschen in der Gesellschaft leisten. Eine besondere Rolle kommt dabei dem Religionsunterricht im beruflichen Bereich zu: Er will junge Menschen, die im Arbeitsleben stehen oder sich darauf vorbereiten, für die Bedeutung der Wahrnehmung anderer Religionen sensibilisieren und zur Achtung, Anerkennung und gemeinsamen Problembewältigung mit Menschen unterschiedlicher religiöser Zugehörigkeit befähigen. Ob der Religionsunterricht jedoch in der Lage ist, diese Funktion tatsächlich wahrzunehmen, ob er die von ihm anvisierten Ziele erreicht und damit eine Wirkung bei den Lernenden erzielt, um interreligiöse Kompetenzen zu entwickeln und zu fördern, müssen empirische Studien wie die hier vorliegende erforschen und nachweisen.

Friedrich Schweitzer

1.2 Empirische Untersuchungen zum interreligiösen Lernen: Forschungskontexte – Untersuchungsdesigns – Desiderate

Die Bedeutung interreligiösen Lernens und, weiterreichend, interreligiöser Bildung wird inzwischen in der religionspädagogischen Theorie und Praxis weithin akzeptiert und in zunehmendem Maße ausdrücklich akzentuiert (vgl. den Überblick bei Schweitzer, 2014b). Die herkömmliche Darstellung von Weltreligionen im Unterricht wird nunmehr als unzureichend angesehen, weil sie zu wenig auf dialogische Aufgaben eingestellt war und damit auch kaum auf die inzwischen weithin vorfindliche multireligiöse Situation vorbereiten konnte. Dabei sind es vor allem die gesellschaftlichen Veränderungen, die in dieser Hinsicht auch zu einem Bewusstseinswandel geführt haben. Erschien interreligiöses Lernen noch vor wenigen Jahren eher als ein zwar innovativer, aber in seiner Akzeptanz und Realisierung doch noch sehr begrenzter Ansatz (so etwa noch Rickers, 2001), so leuchtet nun allgemein ein, dass eine religiös und weltanschaulich plurale Gesellschaft interreligiöse Bildung zu einer Pflichtaufgabe werden lässt, eben im Namen der Pluralitätsfähigkeit – verstanden als Bildungsziel für Schule und Religionsunterricht (vgl. etwa EKD, 2014; Schweitzer, Englert, Schwab & Ziebertz, 2002; Englert, Schwab, Schweitzer & Ziebertz, 2012).

Der Ansatz des interreligiösen Lernens hat sich dementsprechend vor allem als ein aus der Praxis erwachsendes und insofern erfahrungsbezogenes Konzept herausgebildet, das auf die veränderte Situation in Schule und Gesellschaft reagiert. Vor dem Hintergrund einer zunehmend nicht nur als multikulturell, sondern auch als multireligiös wahrgenommenen Zusammensetzung der Bevölkerung in Deutschland insgesamt sowie speziell der Situation in vielen Schulen, in denen sich die Präsenz unterschiedlicher Religionszugehörigkeiten vergleichsweise rasch bemerkbar machte, gewann das Anliegen eines interreligiösen Lernens seine Plausibilität auf der Ebene von Initiativen vor Ort. Dabei spielten zwar auch Theorie und Wissenschaft eine Rolle, aber im Vordergrund stand doch das praktische Engagement zugunsten von Frieden und Toleranz. Den Ausgangspunkt markieren insofern vielfältige Wahrnehmungen und Begegnungen, die vermehrt als Lernchancen genutzt werden sollten. Spätestens ab dem 11. September 2001 kam dazu noch die Erkenntnis und Überzeugung, dass die multireligiöse Situation auch in Deutschland ein erhebliches Potenzial für Spannungen, Aggressionen und Gewalt in sich trägt, dem auch pädagogisch zu begegnen ist. Aufgrund der gesellschaftlichen Veränderungen, die in Gestalt von Fremdenfeindlichkeit, Abwehr und Aggression immer deutlicher zutage treten, hat sich diese Überzeugung noch weiter verstärkt. Auch für die Politik ist es ein wichtiges Anliegen geworden, dass der Religionsunterricht ein Zusammenleben in Frieden unterstützen soll (zu entsprechenden Stellungnahmen aus der europäischen Politik vgl. Schreiner, 2012).

Entstand der Ansatz interreligiösen Lernens so gesehen aus Alltagserfahrungen und praktischen Projekten, so stellen zugleich doch auch Veränderungen in Theologie und Pädagogik einen weiteren bedeutsamen Bezugshorizont dar. Wie schon im vorangehenden Kapitel zur Bedeutung interreligiösen Lernens festgestellt, ist dabei theologisch an die Impulse des Zweiten Vatikanischen Konzils zu denken, später auch an Entwicklungen im evangelischen Bereich oder auch in der theologischen Thematisierung und Einschätzung nicht christlicher Religionen (vgl. dazu Leimgruber, 2007; Schambeck, 2013; Schweitzer, 2014b). Interreligiöse Fragen gewannen dadurch neu an Aufmerksamkeit. In religionspädagogischer Hinsicht waren es die, vor allem im United Kingdom schon früh in Gang gekommenen, Bemühungen um einen Multi-Faith-Religionsunterricht, die das Anliegen eines interreligiösen Lernens auch international stark beförderten (vgl. Hull, 1984). Besonders sichtbar ist dies in Hamburg, wo mit dem „Religionsunterricht für alle" intensive Bemühungen unternommen wurden, den Ansatz aus Großbritannien auch hierzulande fruchtbar zu machen (vgl. Doedens & Weiße, 1997). Gerade die Hamburger Situation, die sich derzeit – nachdem die Stadt Hamburg mit muslimischen Vereinigungen Verträge geschlossen hat, die auch den Religionsunterricht betreffen (Weiße, 2016) – im Umbruch befindet, zeigt aber auch, dass viele Fragen noch offen sind (vgl. Haese, 2013). Interreligiöses Lernen ist in seiner Dringlichkeit zwar breit anerkannt, aber welche Folgerungen daraus zu ziehen sind und wie sich ein solches Lernen erfolgreich gestalten lässt, ist noch weithin offen und vor allem auch wissenschaftlich noch zu wenig geklärt.

Eine weitere Wurzel des interreligiösen Lernens ist in der Pädagogik bzw. Erziehungswissenschaft zu sehen. Hier hat sich vor allem seit den 1980er Jahren ein fast paradigmatisch zu nennender Übergang von der „Ausländerpädagogik" zum interkulturellen Lernen vollzogen (vgl. Auernheimer, 1990; ähnlich auch in anderen Ländern, vgl. Buchardt, 2016). Auch in der Erziehungswissenschaft sollen dialogische Ansätze herkömmliche Anpassungs- und Integrationsforderungen ablösen. Angestrebt werden offene Anerkennungsverhältnisse, dialogische Strukturen und ein Lernen voneinander und miteinander. Es lag dann für die Religionspädagogik nahe, den interkulturellen Ansatz zu erweitern und zu ergänzen, zumal religiöse Bezüge beim erziehungswissenschaftlichen Verständnis von Kultur und Interkulturalität nur selten eine Rolle spielen (kritisch Amos, 2015). Der Ansatz interreligiösen Lernens führt also die interkulturelle Pädagogik weiter, ergänzt sie und wirkt deren Religionsvergessenheit entgegen. Wie Kultur und Religion sich dabei zu einander verhalten, bezeichnet allerdings eine komplexe und nicht leicht zu beantwortende Frage (vgl. dazu im Zusammenhang der Tübinger Untersuchungen zu interreligiöser Bildung die entsprechenden Hinweise bei Schweitzer, Edelbrock & Biesinger, 2011).

Bislang steht in der Religionspädagogik bei alldem die Ausarbeitung konzeptioneller Grundlagen im Vordergrund (vgl. zuletzt etwa Willems, 2011; Schambeck, 2013; Schweitzer, 2014b). Wissenschaftliche Begleitung oder, was häufiger der Fall war, die Entwicklung einer entsprechenden Konzeption für interreligiöses Lernen wurde in erster Linie als eine theoretische Aufgabe verstanden, während empirische Zugänge noch selten zum Zuge kamen. Dies erklärt, warum in dieser Hinsicht nach wie vor von einem Desiderat zu sprechen ist – einem Desiderat nicht nur im Allgemeinen, sondern in spezifischen Hinsichten, die deshalb genauer dargestellt werden müssen.

1.2.1 Empirische Untersuchungen zum interreligiösen Lernen als Desiderat

In der Religionspädagogik wie in der Erziehungswissenschaft der Gegenwart versteht sich mehr oder weniger von selbst, dass das Erreichen pädagogischer Ziele immer auch empirisch überprüft werden muss. Gerade in Bereichen, in denen so weitreichende Zielsetzungen wie interreligiöse Verständigung oder Toleranz naheliegen oder sich förmlich aufdrängen, ist eine solche empirische Prüfung unverzichtbar. Mit guten Absichten allein wäre auch in diesem Falle niemandem geholfen. Dabei ist nicht nur daran zu denken, dass pädagogische Bemühungen ganz allgemein häufig viel weniger bewirken, als in der Theorie erwartet oder behauptet wird. Durchaus denkbar ist vielmehr auch, dass sich sogar gegenteilige Effekte einstellen können, die den pädagogischen Zielen widersprechen, beispielsweise wenn eine bewusste Begegnung mit Angehörigen anderer Religionen Vorurteile verstärkt oder allererst zu intensiven Fremdheitserfahrungen führt, die es zuvor nicht gab. Das genauere Kennenlernen des religiös Anderen muss nicht automatisch zu freundlicheren Beziehungen führen. Deshalb ist immer auch nach den tatsächlichen Effekten interreligiöser Begegnungserfahrungen zu fragen, die sich eben nur empirisch erkennen lassen. Zu selten wird auch noch thematisiert, wie weit in Deutschland religiöse Vorurteile verbreitet sind, bis in die Kirchen hinein, aber auch sonst in der sogenannten autochthonen Bevölkerung (vgl. dazu Decker, Kiess & Brähler, 2012). Untersuchungen zu Vorurteilen gegen Christen, etwa bei Muslimen in Deutschland, stehen noch gar nicht zur Verfügung. Schon insofern sind die Ausgangsbedingungen für interreligiöse Lernprozesse in Schule und Gesellschaft noch unzureichend geklärt. Interreligiöses Lernen muss jedenfalls realistisch konzipiert werden, auf komplexe Voraussetzungsverhältnisse eingestellt sein und darf den eigenen Erfolg nicht einfach ungeprüft voraussetzen.

Darüber hinaus ist es für die religionspädagogische Praxis besonders wichtig, Einsichten in die Wirksamkeit unterschiedlicher Möglichkeiten und Ansätze interreligiöser pädagogischer Arbeit zu gewinnen. Denn inzwischen hat sich der Ansatz interreligiösen Lernens bereits weiter ausdifferenziert. Wiederum im Anschluss an Entwürfe aus dem United Kingdom (vgl. Jackson, 1997; Jackson & Nesbitt, 1993) wird besonderer Wert darauf gelegt, andere Religionen nicht nur von ihrer Geschichte und ihren theologischen Lehren her zu präsentieren, sondern in ihren aktuell – in diesem Falle in England oder dann auch in Deutschland – tatsächlich gelebten Formen aufzunehmen. Dieser Ansatz kann dann auch auf das Christentum bezogen werden, so dass es um Vergleich, Kennenlernen und Begegnung auf der Ebene der gelebten Formen beispielsweise von Christentum und Islam kommen muss, nicht anstelle historischer und dogmatischer Erschließung der verschiedenen religiösen Traditionen, sondern komplementär zu dieser (vgl. Schweitzer, 2014b). Für die religionspädagogische Arbeit in Schule und Religionsunterricht leuchtet dies unmittelbar ein, da es bei einem solchen Ansatz gleichsam um die in der eigenen Schule alltäglich begegnenden Kinder und Jugendlichen sowie um deren gelebte Religion geht.

Aus den Entwicklungen in der Religionsdidaktik, die in unterschiedliche Ansätze interreligiösen Lernens für die Praxis münden, erwachsen weitere Fragen: Auf welche Weise können Vorurteile tatsächlich abgebaut werden? Mithilfe welcher religionsdidaktischer Ansätze lassen sich wechselseitiges Verstehen, Toleranz, Respekt und Anerkennung wirksam erzielen? Wie kann auf andere Religionen bezogenes Wissen so vermittelt und erworben werden, dass ein nachhaltiger Gewinn daraus erwächst? Je mehr alternative Ansätze für interreligiöses Lernen verfügbar werden, desto dringlicher werden auch solche Fragen.

Vor diesem Hintergrund ist es zunächst als sehr erstaunlich zu bezeichnen, wie wenig empirische Untersuchungen zum interreligiösen Lernen insgesamt verfügbar sind. Die in dieser Hinsicht als repräsentativ geltenden Handbücher (für Deutschland: Schreiner, Sieg & Elsenbast, 2005; international: Engebretson, de Souza, Durka & Gearon, 2010) enthalten noch keine Beiträge, aus denen sich empirisch geprüfte Antworten auf die Frage nach der Wirksamkeit interreligiösen Lernens ergeben könnten. Empirische Untersuchungen spielen in diesem Bereich bislang eine höchst untergeordnete Rolle. Soweit es um eine möglichst effektive Gestaltung des Religionsunterrichts gehen soll, fehlt es also an den dafür erforderlichen Planungs- und Entscheidungsgrundlagen.

Ein Großteil der bislang vorliegenden empirischen Untersuchungen zu Interreligiosität und interreligiösem Lernen kann am besten als explorativ bezeichnet werden. Die entsprechenden Untersuchungen beziehen sich beispielsweise auf die Wahrnehmungen von Angehörigen anderer Religionsgemeinschaften, die Einschätzung von interreligiösen Themen und Begegnungen im Religionsunterricht durch die Schülerinnen und Schüler oder auch auf Schulentwicklungsprozesse und Religionsunterricht im Horizont einer multireligiös zusammengesetzten Schülerschaft (vgl. etwa Obermann, 2006; Knauth, 2008; Schambeck, 2013; Zonne, 2006; Klutz, 2015). Darüber hinaus werden Erwartungen und Erfahrungen mit interreligiösem Lernen erkundet und dokumentiert (etwa bei Biesinger, Kießling, Jakobi & Schmidt, 2011). In allen diesen Hinsichten wären auch noch weitere Untersuchungen wünschenswert, um entsprechende Erfahrungen aus der Praxis aufzunehmen, aber über die Wirksamkeit interreligiösen Lernens – also über die tatsächlich erreichten oder eben nicht erreichten Effekte – geben sie noch kaum Aufschluss, was inzwischen auch zu Recht kritisch moniert wird (etwa bei Schröder, 2014). Die in dieser Hinsicht festzustellenden Grenzen solcher Untersuchungen ergeben sich bereits aus deren Anlage. Um die Wirksamkeit bestimmter Lehr-Lern-Formen verlässlich abschätzen zu können, sind bestimmte Forschungsdesigns erforderlich, die auf diese Zielsetzung eingestellt sind. Beispielsweise kann es dann nicht in erster Linie auf Selbsteinschätzungen von Lehrkräften oder von Schülerinnen und Schülern ankommen, auch wenn diese durchaus wichtig sind. Auch den Erwerb mathematisch-naturwissenschaftlicher oder auch sprachlicher Fähigkeiten wird man nicht dadurch in Erfahrung bringen wollen, dass Jugendliche einfach selbst gefragt werden, wie gut sie etwas können. Vielmehr muss es darum gehen, ob sie tatsächlich über entsprechende Fähigkeiten verfügen oder nicht. Auf solche Fähigkeiten oder auch weitere Aspekte, die für interreligiöses Lernen bedeutsam sind, müssen sich entsprechende Untersuchungen beziehen, letztlich im Sinne eines Messens, auch wenn dieser Begriff im vorliegenden Zusammenhang zunächst ungewohnt und sehr technisch klingen mag.

Fragt man gezielt nach Untersuchungen, die sich gezielt auf die Wirksamkeit interreligiösen Lernens beziehen, lassen sich national und international überhaupt nur sehr wenige Studien ausmachen. Denn in Frage kommen hier nur Untersuchungen, die tatsächlich so angelegt waren, dass sie entsprechende Aussagen zulassen. Im engeren Sinne handelt es sich dabei um die niederländische Untersuchung von Carl Sterkens, bei der die Wirksamkeit von Unterricht mit einem interreligiösen Schwerpunkt im Zentrum stand (vgl. Sterkens, 2001). Zum anderen kann auf die Würzburger Studie zu „Gender und Islam" verwiesen werden, bei der eine spezielle Unterrichtseinheit im Blick auf die erwarteten Wirkungen im Zentrum stand (Ziebertz, 2010). Dazu kommt nun die im vorliegenden Band dargestellte Tübinger Studie zum interreligiösen Lernen durch Perspektivenübernahme. Diese Untersuchung baut ihrerseits auf den genannten Untersuchungen auf sowie auf weiteren Tübinger Vorgängerprojekten, etwa zu interreligiöser und ethischer Kompetenz für die Pflege (Merkt, Schweitzer & Biesinger, 2014). Bei anderen empirischen Untersuchungen zur Wirksamkeit von Religionsunterricht, etwa der Berliner Studie von Dietrich Benner u. a. (Benner, Schieder, Schluß & Willems, 2011) oder der Salzburger Untersuchung von Georg Ritzer (2010) als den bislang prominentesten Beispielen, die sich auf die Wirksamkeit von Religionsunterricht beziehen, wurden interreligiöse Fragen nur am Rande berücksichtigt. Die hier thematisch ebenfalls einschlägige Darstellung von Willems (2011) zielt zwar auf eine empirische Untersuchung, bleibt selbst aber ausschließlich theoretisch-konzeptionell.

Für die religionspädagogische Praxis und Theorie werfen allerdings bereits die genannten Untersuchungen bedeutsame Fragen auf, die der weiteren Bearbeitung bedürfen und die die Notwendigkeit von Wirksamkeitsuntersuchungen zum interreligiösen Lernen unterstreichen. Denn in allen Fällen ergibt sich ein differenziertes oder, wenn man so will, durchaus gemischtes Bild hinsichtlich der Wirksamkeit interreligiöser Ansätze. Demnach ist keineswegs davon auszugehen, dass die intendierten Wirkungen durch den (Religions-)Unterricht tatsächlich erzielt worden sind oder erzielt werden.

- Schon die Pionierstudie von Sterkens (2001) machte deutlich, dass die von ihm bei seinem Unterrichtsversuch erhofften Effekte gerade bei muslimischen Schülerinnen und Schülern deutlich weniger als erwartet realisiert werden konnten.
- Bei Ziebertz (2010) konnten zumindest in bestimmten Hinsichten keine Lerneffekte festgestellt werden: „Ein Effekt der Unterrichtseinheit kann nicht nachgewiesen werden" (Flunger & Ziebertz, 2010, S. 201).
- Bei der Studie zur interreligiösen Kompetenz in der Pflege, bei der neun von Fachleuten entwickelte und approbierte Unterrichtseinheiten im Blick auf ihre Wirksamkeit evaluiert wurden, zeigte sich deutlich, dass die Wirkungen bei den

verschiedenen Unterrichtseinheiten höchst unterschiedlich ausfielen und zum Teil je nach Lerngruppe stark variierten (Merkt et al., 2014).

Insofern ist davon auszugehen, dass eine direkte Ableitung von Wirkungen aus entsprechenden Intentionen auch im Falle interreligiösen Lernens nicht möglich ist, dass sich selbst ein von religionsdidaktischen Fachleuten konzipierter Unterricht nicht unbedingt als zielführend erweist, zumindest sofern nicht auch weitere Randbedingungen (unterschiedliche Lernvoraussetzungen, entsprechende Passung des Unterrichts usw.) beachtet werden, und dass zum Teil erhoffte Effekte etwa im Sinne einer Stärkung von Toleranz und Dialogfähigkeit überhaupt ausbleiben können.

Es gibt also gute Gründe, die Frage nach der Wirksamkeit interreligiösen Lernens verstärkt ins Zentrum zu rücken, nicht um das Anliegen dieses Ansatzes zu widerlegen, sondern um herauszufinden, welche Formen des interreligiösen Lernens wirksamer sind als andere. Anders formuliert, ist es die anspruchsvolle Zielsetzung interreligiösen Lernens selbst, die nach einer kritisch-empirischen Überprüfung verlangt. Denn es wäre niemandem geholfen, wenn diese Ziele nicht auch tatsächlich – zumindest ein Stück weit – erreicht werden. Zugleich ist festzuhalten, dass die empirische Forschung so ausgerichtet sein sollte, dass sie einer Verbesserung der Praxis dienen kann. Dies war nicht zuletzt auch ein zentrales Ziel der Tübinger Untersuchung, die im Zentrum dieses Bandes steht.

1.2.2 Interventionsstudien als Möglichkeit gezielter Wirksamkeitsforschung

In der empirischen Unterrichtsforschung sowie in anderen Bereichen gelten Interventionsstudien als besonders geeignete Möglichkeit, die Wirksamkeit bestimmter pädagogischer Ansätze oder anderer Maßnahmen auf die Probe zu stellen (zusammenfassend Hascher & Schmitz, 2010). Aufgrund ihrer Verlässlichkeit werden Interventionsstudien etwa in der Medizin eingesetzt, aber auch in der Psychologie, in der Sportwissenschaft oder eben in der Pädagogik. Auch der interkulturelle Bereich kommt dabei in den Blick, wenn Ansätze interkulturellen Lernens auf den Prüfstand gestellt werden (Kenner, 2007; Kammler, 2013). Insofern bieten sich Interventionsstudien ebenso für den Bereich des interreligiösen Lernens an. Allerdings sind Interventionsstudien, wie bereits deutlich geworden ist, in der Religionspädagogik insgesamt selten geblieben, trotz früher und durchaus vielbeachteter Beispiele (vgl. als wohl erste Studie dieser Art in der Religionspädagogik etwa Oser, 1988; Überblick zur religionspädagogischen Unterrichtsforschung bei Schweitzer, 2013; als weitere Beispiele aus dem Tübinger Forschungszusammenhang vgl. auch Merkt et al., 2014; Forschungsgruppe Religion und Gesellschaft, 2015). Vermutlich liegt dies nicht zuletzt daran, dass Interventionsstudien besonders aufwändig sind, auch in finanzieller Hinsicht.

Bei Interventionsstudien handelt es sich um einen Typ von Untersuchungen, der schon vom Untersuchungsdesign her ganz auf die Identifikation der Wirksamkeit, wie

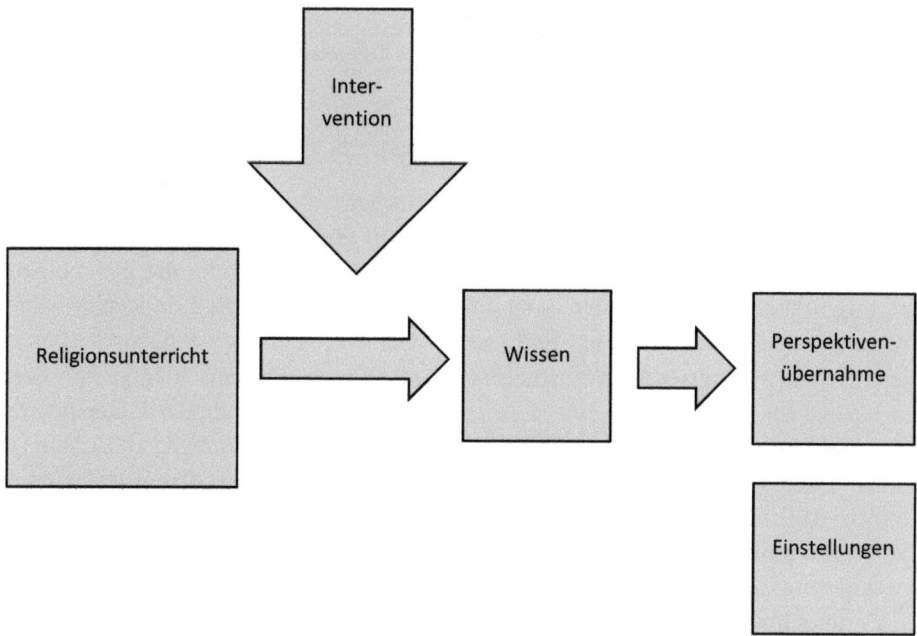

Abbildung 1:   Intervention im Religionsunterricht im Blick auf Wissen, Perspektivenüber-
nahmen und Einstellungen

es in der Fachsprache heißt, bestimmter Treatments angelegt ist. Das Treatment kann
dabei beispielsweise in einer Unterrichtseinheit bestehen, was in der Religionsdidaktik die Regel sein wird. Grafisch kann die im vorliegenden Band beschriebene Studie
wie in Abbildung 1 dargestellt werden. Gefragt wird hier nach der Wirksamkeit im
Blick auf drei Aspekte oder Kompetenzkomponenten: religionsbezogenes Wissen,
religionsbezogene Perspektivenübernahme sowie religionsbezogene Einstellungen –
eine Auswahl, die natürlich noch genauer zu erläutern sein wird (vgl. S. 62 ff.).

Interventionen sind in der Regel so gestaltet, dass der Vergleich zwischen einer
Experimentalgruppe und einer Kontrollgruppe im Zentrum steht, wobei nur die Experimentalgruppe das Treatment erhält. In der Religionspädagogik bedeutet dies, dass
die Experimentalgruppe etwa an dem als Treatment gestalteten Unterricht teilnimmt,
die Kontrollgruppe hingegen nicht und also weiter in der üblichen Weise unterrichtet
wird. Auf diese Weise lässt sich erkennen, welche Wirkungen auf das Treatment zurückgeführt werden können. Es wird dann erwartet, dass sich bei der Kontrollgruppe
keine entsprechenden Lerneffekte einstellen. Tabelle 7 veranschaulicht die Anlage einer Interventionsstudie in idealtypischer Form. Dabei wird von zwei Messzeitpunkten
ausgegangen. Vor Beginn der Unterrichtseinheit werden die Eingangsvoraussetzungen
erhoben (t_1), die dann mit dem am Ende der Einheit erreichten Stand (t_2) verglichen
werden. Ein solches Grunddesign liegt auch der Tübinger Untersuchung zugrunde.

Tabelle 7:   Anlage einer Interventionsstudie

	t_1	Treatment	t_2
Experimentalgruppe	x	x	x
Kontrollgruppe	x	---	x

Da sich eine Vergleichbarkeit zwischen Experimental- und Kontrollgruppe in der Praxis kaum so erreichen lässt, dass beide Gruppen exakt dieselben Ausgangsvoraussetzungen aufweisen – etwa den gleichen Stand des Wissens oder die gleiche Ausprägung bestimmter Fähigkeiten –, sind für die Einschätzung der Wirksamkeit eines Treatments nicht einfach die am Ende erreichten Werte entscheidend, sondern es ist die Differenz zwischen einem beispielsweise auf Wissen oder einschlägige Fähigkeiten bezogenen Ausgangswert und dem entsprechenden, am Ende der Untersuchung erreichten Wert, auf die es hier ankommt. Deshalb sind die Messungen zu Beginn (t_1) und am Ende der Untersuchung (t_2) erforderlich, eben um diese Differenz erfassen zu können. Auf diese Weise kann dem naheliegenden Einwand begegnet werden, dass die Schülerinnen und Schüler in der Experimentalgruppe vielleicht schon bessere Ausgangsvoraussetzungen mitgebracht hätten.

Darüber hinaus besteht heute vielfach zu Recht ein Interesse nicht nur an kurzfristigen Veränderungen, die sich durch eine Messung am Ende einer Unterrichtseinheit erheben lassen. Zu Recht wird auch nach länger anhaltenden Effekten gefragt. Das ist natürlich beim interreligiösen Lernen ebenfalls sinnvoll und wurde deshalb bei der Tübinger Untersuchung entsprechend realisiert. Gerade bei interreligiösen Fragen kann es nicht nur um im Kurzzeitgedächtnis gespeicherte Kenntnisse gehen, die etwa in einer Klassenarbeit abgefragt werden. Entscheidend sind vielmehr Kenntnisse, Fähigkeiten und Einstellungen, die auch auf längere Sicht bedeutsam bleiben.

Um auch längerfristige Veränderungen erfassen zu können, muss ein dritter Messzeitpunkt eingeführt werden – einige Zeit nach Abschluss der Unterrichtseinheit (t_3). Auch die Kontrollgruppe muss dann erneut untersucht werden. Daraus ergibt sich folgendes erweitertes Design für Interventionsstudien:

Tabelle 8:   Anlage einer um einen Messzeitpunkt im zeitlichen Abstand zum Treatment erweiterten Interventionsstudie

	t_1	Treatment	t_2	t_3
Experimentalgruppe	x	x	x	X
Kontrollgruppe	x	---	x	X

Das Grunddesign für Interventionsstudien lässt sich, im Rahmen des praktisch Durchführbaren, noch weiter ausdifferenzieren, indem nicht nur ein Treatment eingesetzt wird, sondern mehrere Treatments erprobt und in ihrer Wirksamkeit miteinander verglichen werden. In der im vorliegenden Band dargestellten Studie wurden zwei unterschiedliche Treatments für den Religionsunterricht entwickelt – in der Gestalt von zwei Unterrichtseinheiten, einer zu „Islamic Banking" und einer zu „Religionen und Gewalt". Die beiden Unterrichtseinheiten unterscheiden sich nicht nur inhaltlich, sondern sie basieren auf unterschiedlichen religionsdidaktischen Ansätzen, deren Wirksamkeit vergleichend untersucht werden soll (vgl. 52 ff.). In diesem Falle gibt es dann zwei Experimentalgruppen. Das für die im vorliegenden Band beschriebene Studie maßgebliche Design lässt sich folgendermaßen beschreiben:

Tabelle 9: Anlage einer Interventionsstudie mit zwei Treatments und drei Messzeitpunkten

	t_1	Treatments	t_2	t_3
Experimentalgruppe 1	x	Treatment 1	x	x
Experimentalgruppe 2	x	Treatment 2	x	x
Kontrollgruppe	x	---	x	x

Dieses Design lässt Vergleiche zwischen den beiden Experimentalgruppen und der Kontrollgruppe zu, darüber hinaus aber auch zwischen den beiden Experimentalgruppen. Es zielt damit zum einen übergreifend auf die Frage nach der Wirksamkeit interreligiösen Lernens (Experimentalgruppen im Vergleich zur Kontrollgruppe) und zum anderen auf eine differentielle Einschätzung der Wirksamkeit unterschiedlicher religionsdidaktischer Vorgehensweisen (Experimentalgruppe 1 im Vergleich zu Experimentalgruppe 2).

Schließlich erwies sich beim vorliegenden Projekt noch eine weitere Unterscheidung als zielführend, nämlich im Blick auf unterschiedliche Lernvoraussetzungen innerhalb der Experimentalgruppen. Beteiligt waren in diesem Falle angehende Bankkaufleute einerseits und angehende Industriekaufleute andererseits. Diese beiden Gruppen bringen verschiedene Berufsperspektiven und darauf bezogene Ausbildungserfahrungen mit, so dass beispielsweise auch der für die beiden im Projekt eingesetzten Unterrichtseinheiten gegebene oder nicht gegebene Lebensweltbezug unterschiedlich ausfällt. Auch diese Unterscheidung wurde bei der Auswertung konsequent berücksichtigt. Entsprechend stellt sich das für das Projekt maßgebliche Design, wie in Tabelle 10 beschrieben, noch einmal differenzierter dar.

Tabelle 10: Anlage der Interventionsstudie im Projekt (mit zwei Treatments und drei Messzeitpunkten sowie unterschiedlichen Lernvoraussetzungen)

	t_1	Treatments	t_2	t_3
Experimentalgruppe 1 1a: Bankkaufleute 1b: Industriekaufleute	x	Treatment 1	X	x
Experimentalgruppe 2 2a: Bankkaufleute 2b: Industriekaufleute	x	Treatment 2	X	x
Kontrollgruppe	x	---	X	x

Grundsätzlich ist ein solches Design für Didaktiken wie die Religionsdidaktik, bei der mehrere unterschiedliche Ansätze oder, wie früher gerne gesagt wurde, verschiedene religionsdidaktische Konzeptionen miteinander konkurrieren, als besonders geeignet anzusehen. Interventionsstudien erlauben in diesem Falle eine Abschätzung der tatsächlichen Wirksamkeit unterschiedlicher Formen der Unterrichtsgestaltung. In der Forschungspraxis – auch dies ist an dieser Stelle zuzugeben – stellen entsprechende Vergleiche allerdings vor erhebliche Schwierigkeiten, schon weil statistisch auswertbare Befunde u. a. eine große Zahl von beteiligten Religionsgruppen oder Schulklassen voraussetzen. Insofern scheuen die meisten religionspädagogischen Unterrichtsstudien vor einer solchen Vorgehensweise zurück, auch im Wissen, dass dies einen Verzicht auf valide vergleichende Befunde bedeutet. Qualitative Untersuchungen werden oft als leichter durchführbar eingeschätzt (was freilich nicht immer zutreffen muss – es gibt auch sehr aufwändige qualitative Forschungsprojekte), sie erlauben aber keine verallgemeinerbare Abschätzung der Wirksamkeit von Unterricht bzw. von Lernerfolgen (etwa Dressler, Klie & Kumlehn, 2012).

Aus solchen Gründen, die mit dem für Interventionsstudien erforderlichen – tatsächlich erheblichen – Aufwand zu tun haben, erklärt sich wohl – wie schon oben angemerkt – dass es in der Religionspädagogik bislang nur so wenige Interventionsstudien gibt, nicht nur im Blick auf interreligiöse Fragen, sondern auch insgesamt. Darüber hinaus sind die erforderlichen Messungen sehr komplex und können in der Regel auch im Bereich der Religionspädagogik ohne Unterstützung aus der Pädagogischen Psychologie oder der Empirischen Bildungsforschung kaum erfolgreich durchgeführt werden. Für die Tübinger Untersuchung war die Beteiligung von Mitarbeiterinnen und Mitarbeitern aus Psychologie und Erziehungswissenschaft und darüber hinaus die Zusammenarbeit mit der Empirischen Bildungsforschung konstitutiv.

Ein weiteres spezielles Problem, auf das im nächsten Kapitel noch genauer einzugehen sein wird, bezieht sich auf die für die angestrebten Messungen erforderlichen Kompetenzmodelle. Vergleichende Messungen und Deutungen entsprechender Befunde lassen sich nicht auf der Ebene von einzelnen Schülerantworten oder isolierten Aufgaben zu Einzelfragen erreichen. Deshalb sind ganz unabhängig von der Frage, ob der Unterricht selbst bewusst kompetenzorientiert gestaltet wird oder nicht, zumindest für die Messungen empirisch validierte Kompetenzmodelle erforderlich, wie sie für die Religionsdidaktik insgesamt bislang nur in sehr beschränktem Maße zur Verfügung stehen.

1.2.3 Themen- und lebensweltbezogene Ansätze zum interreligiösen Lernen

Wie deutlich geworden ist, sollen bei der Untersuchung unterschiedliche religionsdidaktische Ansätze zum Einsatz kommen, um auf diese Weise eine differentielle Einschätzung ihrer Wirksamkeit zu ermöglichen. Dabei wird die Unterscheidung zwischen themen- und lebensweltbezogenen bzw. in diesem Sinne schülerorientierten Ansätzen zugrunde gelegt.

- Unter *themenbezogenen Ansätzen* wird hier eine an den problemorientierten Religionsunterricht angelehnte Unterrichtsgestaltung verstanden. Dafür steht die im

Projekt entwickelte und für die Intervention eingesetzte Unterrichtseinheit „Religionen und Gewalt". Im Zentrum stehen dabei allgemeine gesellschaftliche und globale Herausforderungen oder eben für Gegenwart und Zukunft bedeutsame Probleme. Bei der entsprechenden Unterrichtseinheit steht so die Frage im Zentrum, wie Gewalt durch religiöse Überzeugungen oder religiös bestimmte Motive gefördert oder sogar verursacht werden kann. Natürlich kann in einem weiteren Sinne auch gesagt werden, dass aktuelle Probleme einen Lebensweltbezug konstituieren. Unterscheidungen zwischen religionsdidaktischen Ansätzen sind nicht vollständig trennscharf, sondern geben eher eine Tendenz an.

- Als *lebensweltbezogene Ansätze* sollen in diesem Falle solche Ausgestaltungen von Religionsunterricht bezeichnet werden, die gezielt von Erfahrungen der Schülerinnen und Schüler ausgehen. Im Hintergrund steht dabei die These, dass sich für die Jugendlichen aktuelle Themen nur dann als solche erschließen, wenn sie einen deutlichen Anhalt an der eigenen Lebenswelt haben. Dies entspricht dem heute in der Religionsdidaktik mehrheitlich vertretenen Verständnis von Schüler- bzw. Subjektorientierung. Da die Untersuchung im Bereich des Berufsschulreligionsunterrichts (BRU) durchgeführt wurde, konnte der lebensweltliche Bezug durch die Aufnahme ausbildungsgangspezifischer Aspekte realisiert werden. Insofern wird der Lebensweltbezug hier durch den Bezug auf die berufliche Ausbildung bzw. die spätere Berufstätigkeit konkretisiert. Die entsprechende Unterrichtseinheit „Islamic Banking" steht besonders für auf das Bankwesen ausgerichtete Ausbildungsgänge in einem unmittelbaren Bezug auf die künftige berufliche Tätigkeit bzw. die eigenen Ausbildungserfahrungen in der Gegenwart. Subjekt- und lebensweltbezogene Ansätze setzen damit zugleich auch stärker bei den in Deutschland bzw. Europa gelebten Formen von Religion an.

Die Unterscheidung der beiden religionsdidaktischen Ansätze bewegt sich insgesamt innerhalb des heute im Religionsunterricht anzutreffenden Spektrums. Es erschien nicht sinnvoll, etwa aus Gründen einer schärferen Kontrastierung noch einmal auf ältere Ansätze wie den traditionellen Weltreligionenansatz zurückzugreifen. Da ein solcher Ansatz heute religionsdidaktisch nicht mehr empfohlen wird, weil er als überholt gilt, verspräche seine Untersuchung auch kaum einen Erkenntnisgewinn, der für die Religionsdidaktik belangvoll wäre.

Besonders interessant ist die gewählte Unterscheidung im Übrigen noch aus einem weiteren Grund: Sie nimmt die Diskussion darüber auf, ob der BRU sich überhaupt auf berufliche Horizonte beziehen soll und ob er dabei auch berufliche Qualifikationen einschließen kann. Die beiden Tübinger Institute für berufsorientierte Religionspädagogik legen in ihrer Arbeit Wert darauf, die Bedeutung des Religionsunterrichts auch für berufliche Qualifikation herauszuarbeiten, ohne deshalb für eine entsprechende Funktionalisierung des BRU einzutreten. Der Vergleich zwischen den beiden Unterrichtseinheiten „Religionen und Gewalt" und „Islamic Banking" kann also zugleich im Horizont der Frage nach BRU mit oder ohne Berufsbezug gesehen werden.

1.2.4 Zur Bedeutung und Einordnung der vorliegenden Untersuchung

Vor dem beschriebenen Hintergrund sowie hinsichtlich weiterer Überlegungen besonders zum Berufsschulreligionsunterricht lässt sich die Untersuchung, die im vorliegenden Band beschrieben wird, in mehreren Hinsichten einordnen und würdigen:

- Zunächst stellt die Untersuchung einen Beitrag zur religionspädagogischen Unterrichtsforschung dar, die besonders im Blick auf die Empirie noch stark ausbaubedürftig ist (Schweitzer, 2013). Sie erweitert insbesondere den bislang kleinen Kreis religionspädagogischer Interventionsstudien. Insofern gehört sie in den Bereich der Wirksamkeitsforschung zum Religionsunterricht. Darüber hinaus werden auch neue Perspektiven zur religionspädagogischen Unterrichtsforschung eröffnet: Indem zwei verschiedene religionspädagogische bzw. -didaktische Ansätze vergleichend in die Untersuchung einbezogen werden, weist die Studie auch Möglichkeiten im Blick auf die in der Religionspädagogik noch weithin offene Frage auf, wie mit konkurrierenden religionspädagogischen Ansätzen oder, traditionell formuliert, Konzeptionen in wissenschaftlich reflektierter Form umgegangen werden soll und welcher Beitrag hier von empirischen Klärungen im Blick auf die Leistungsfähigkeit einer entsprechenden Unterrichtsgestaltung erwartet werden kann. Das Fehlen solcher vergleichender Untersuchungen markiert ein weiteres empfindliches Defizit in der Religionspädagogik. Es kann heute nicht mehr überzeugen, sich für die Plausibilität oder Vorzugswürdigkeit eines didaktischen Ansatzes einfach auf „gute Erfahrungen" in der Praxis zu berufen, ohne dass diese Erfahrungen einer Prüfung mithilfe der heute in der Wissenschaft zur Verfügung stehenden Mittel empirischer Forschung unterzogen worden wären. Deshalb steht zu hoffen, dass in Zukunft mehr Untersuchungen dieser Art verfügbar werden.
- Im vorliegenden Beitrag wurde besonders darauf eingegangen, dass es im Bereich des interreligiösen Lernens insgesamt noch weithin an empirischen Untersuchungen mangelt und dass die meisten der bislang verfügbaren Untersuchungen so angelegt sind, dass sie kaum Aussagen über die Wirksamkeit interreligiösen Lernens erlauben. In dieser Hinsicht soll die vorliegende Untersuchung einen entscheidenden Schritt weiter gehen. Im Anschluss an die bislang sehr wenigen Untersuchungen zur Wirksamkeit interreligiösen Lernens (Sterkens, 2001; Ziebertz, 2010) wird untersucht, ob ein interreligiös ausgerichteter Religionsunterricht überhaupt die gewünschten Effekte erreicht und wie sich solche Effekte, so sie eintreten, genauer fassen lassen. Darüber hinaus wird versucht, die Effekte auch differenziert zu beschreiben, im Blick auf verschiedene Aspekte (Wissen, Perspektivenübernahme, Einstellungen). Und schließlich wird auch in dieser Hinsicht durch den Einbezug verschiedener religionsdidaktischer Ansätze zum interreligiösen Lernen ein Beitrag zur möglichen Verbesserung von Unterricht erwartet.
- Die Untersuchung wurde im Bereich des BRU durchgeführt. Das entspricht nicht nur dem Schwerpunkt der beiden Tübinger Institute für berufsorientierte Religionspädagogik (EIBOR und KIBOR), sondern geht auch auf Gründe in der Sache

selbst zurück. Gerade im beruflichen Bildungswesen ist der Anteil von Schülerinnen und Schülern mit Migrationshintergrund und auch mit nicht christlicher Religionszugehörigkeit besonders hoch, so wie es auch den Verhältnissen in manchen Teilen der Arbeitswelt entspricht. Darüber hinaus wird der BRU nicht nur von Schülerinnen und Schülern mit christlicher Religionszugehörigkeit besucht. Vielmehr sind in den Religionsgruppen und -klassen muslimische Schülerinnen und Schüler sowie Konfessionslose anzutreffen. Insofern besteht ein besonderes Interesse daran, Möglichkeiten interreligiösen Lernens im BRU zu erkunden und zu entwickeln und dabei auch die Wirksamkeit unterschiedlicher Vorgehensweisen im Blick zu haben.

- Schon seit Jahren liegt ein Schwerpunkt der Arbeit der beiden Tübinger Institute für berufsorientierte Religionspädagogik auf der Bedeutung religiöser Bildung auch für die berufliche Qualifikation. Zu den in der Arbeit der Institute bereits erforschten beruflichen Kontexten gehören besonders die Tageseinrichtungen für Kinder (Erzieherinnen und Erzieher) sowie die Ausbildung für die Pflege (Altenpflege, Krankenpflege). In beiden Fällen zeichnet sich deutlich ab, dass der Bedarf an interreligiöser Kompetenz durch die beruflichen Anforderungen immer mehr wächst. In der vorliegenden Studie wird mit der Ausbildung für das Bankwesen sowie allgemein für den kaufmännischen Bereich die Reihe dieser Untersuchungen weiter ergänzt. Auch im Bankwesen ist heute interreligiöse Kompetenz erforderlich, wie exemplarisch am Problem des Zinsverbots im Islam sichtbar wird.

Weitere Einordnungsmöglichkeiten der vorliegenden Untersuchung ergeben sich im Blick auf den religionspädagogischen Diskurs zum Kompetenzverständnis, auf den im nächsten Kapitel genauer eingegangen werden soll.

Friedrich Schweitzer

1.3 Interreligiöse Kompetenz: Stand der Diskussion – Aufgaben der Forschung – Ausgangspunkte für die empirische Untersuchung

In der Religionsdidaktik, auf die sich dieses Kapitel bezieht, hat die Frage nach Kompetenzen, wie sie vor allem im Anschluss an die PISA-Studien in der Bildungsforschung diskutiert wird, von Anfang an die Aufmerksamkeit auf sich gezogen, aber auch ein kontroverses Echo hervorgerufen. Kritische Rückfragen betrafen verschiedene Aspekte: Kann es wirklich gelingen, religionsbezogene Bildungsziele mithilfe von Kompetenzmodellen zu erfassen? Ist eine solche Operationalisierung religionspädagogisch gesehen wünschenswert? Und was bringt sie für die Praxis des Religionsunterrichts? Diese und ähnliche Fragen werden bis heute kontrovers diskutiert. Die entsprechende Diskussion ist in der Literatur gut dokumentiert und soll an dieser Stelle nicht erneut referiert werden (vgl. als Sammelbände Rothgangel & Fischer, 2004; Sajak, 2007; Feindt et al., 2009; Sajak, 2012 sowie den Überblick bei Fischer & Elsenbast, 2006 und Obst, 2008; zu Kompetenzen in interreligiösen Zusammenhängen als Überblick Schweitzer, 2014b). Im Blick auf das in diesem Band beschriebene Forschungsprojekt ist es zunächst wichtig, den Unterschied zwischen der Forderung nach einem kompetenzorientierten Religionsunterricht einerseits und der Bedeutung von Kompetenzmodellen für die empirische Forschung andererseits bewusst zu halten. Denn diese beiden Aspekte hängen zwar miteinander zusammen, aber sie verweisen zugleich auch auf verschiedene Kontexte und haben unterschiedliche Konsequenzen.

Mitunter wird eine grundlegende Umstellung des Religionsunterrichts auf eine kompetenzorientierte Ausgestaltung empfohlen oder gefordert (vgl. Obst, 2008; s. allgemein auch Ziener, 2006). Diese Frage müsste eigens behandelt werden, was hier aber nicht in der erforderlichen Tiefe geschehen kann. Zu klären wären dabei etwa Fragen nach der genaueren Bedeutung von Kompetenzorientierung für die Planung von Religionsunterricht sowie für die Ausgestaltung auch einzelner Unterrichtsstunden. Beispielsweise müsste geprüft werden, wo eine von Anforderungssituationen ausgehende Unterrichtsgestaltung sinnvoll ist und wo nicht oder welche Ziele eine Einzelstunde oder auch eine Unterrichtseinheit verfolgen soll, wenn Kompetenzen doch immer nur über längere Zeiträume wie ganze Schuljahre hinweg aufgebaut werden können. Solche Fragen sind bislang in der Religionsdidaktik nicht abschließend geklärt und ihre Beantwortung wird bei der Tübinger Untersuchung auch nicht vorausgesetzt.

Von der Frage nach kompetenzorientierter Unterrichtsgestaltung ist die allgemeinere – und auch deutlich ältere – Frage nach der empirischen Überprüfung von Lernerfolgen zu unterscheiden. In dieser Hinsicht kann eher von einem Konsens in der Religionsdidaktik ausgegangen werden, was nicht bedeutet, dass Leistungsbewertung und Notengebung zu den beliebten und häufig bearbeiteten religionsdidaktischen Themen gehören würden (vgl. grundlegend Nipkow, 1979; zum aktuellen Stand der Diskussion Schweitzer, 2016). Übereinstimmung besteht wohl in folgender Hinsicht: Zwar kann nicht alles, was im Religionsunterricht gelernt wird und gelernt werden soll, empirisch überprüft werden, jedenfalls nicht in einem wie auch immer forschungspragmatisch handhabbaren Sinne. Dazu gehören nicht nur die auf persönliche Glaubensüberzeugungen bezogenen Dimensionen, die sich prinzipiell einer Leistungsbewertung entziehen, sondern beispielsweise auch die für den Religionsunterricht besonders bedeutsamen Beziehungen sowohl zwischen Lehrperson und den Kindern und Jugendlichen als auch innerhalb der Lerngruppe. Solche Beziehungen sind für religionsunterrichtliches Lernen zentral, aber sie liegen gleichsam quer zur Leistungsbewertung. Auch bleibt es eine Frage der persönlichen Freiheit, wie sich jemand auf welche Beziehungen einlassen möchte und kann. Auf jeden Fall aber gibt es auch im Religionsunterricht messbare Lernergebnisse, und diese können und sollen auch überprüft werden. Das entspricht nicht nur theoretischen Einsichten und Anforderungen, sondern ebenso der Praxis des Unterrichts selbst. Dass auch im Religionsunterricht Leistungen bewertet und benotet werden, wird zumindest weithin als selbstverständlich angesehen und, was die Folgen für die Stellung des Faches in Schule und Öffentlichkeit betrifft, meistens als sogar erstrebenswert.

Die empirische Prüfung von Lernerfolgen setzt voraus, dass angegeben werden kann, woran Lernerfolge abgelesen werden können. Genau darin besteht der Sinn von ausweisbaren Kompetenzen und letztlich Kompetenzmodellen, die in der empirischen Forschung verwendet werden. Sie dienen der Identifikation von operationalisierbaren Aspekten, die empirisch erfasst werden können (den Bezugspunkt dafür stellen weithin Klieme et al., 2003 dar, vgl. dazu Fischer & Elsenbast, 2006). Insofern sind Kompetenzmodelle für die empirische Untersuchung unerlässlich. Das bedeutet allerdings noch nicht, dass auch kompetenzorientiert unterrichtet werden müsste. Empirische Messungen von Lernerfolgen sind mithilfe von Kompetenzmodellen auch für einen Unterricht möglich und sinnvoll, der nach anderen Prinzipien gestaltet wurde. Es ist ja davon auszugehen, dass aller Unterricht Kompetenzen unterstützt, auch wenn bei der Unterrichtsplanung und -gestaltung nicht ausdrücklich auf den Kompetenzbegriff zurückgegriffen wird.

Die Überlegungen im Folgenden gehen also nicht weiter auf die Frage kompetenzorientierten Unterrichtens ein. Vielmehr konzentrieren sie sich auf Forschungshorizonte und deren Voraussetzungen in der religionspädagogischen Kompetenzdiskussion. Den Hintergrund stellt weithin das an anderer Stelle ausführlich dargestellte Verständnis interreligiöser Bildung dar (Schweitzer, 2014b), das sich seinerseits auch auf das in diesem Band vorgestellte Forschungsprojekt stützt.

1.3.1 Interreligiöse Aspekte in religionspädagogischen Kompetenzmodellen

In der Religionspädagogik sind bislang vor allem theoretische Überlegungen zu möglichen Kompetenzmodellen verfügbar (vgl. bes. Willems, 2011; Schambeck,

2013; Schweitzer, 2014b). Die mit Kompetenzmodellen konstitutiv verbundene Forderung nach empirischer Validierung konnte in diesem Bereich bislang bestenfalls
ansatzweise erfüllt werden (vgl. etwa den in Handbüchern dokumentierten Stand der
Diskussion: Schreiner et al., 2005; Engebretson et al., 2010). Das einzige größere
empirisch ausgerichtete Forschungsprojekt in dieser Hinsicht wurde von der Berliner Forschergruppe um Dietrich Benner durchgeführt (Benner, Schieder, Schluß &
Willems, 2011). Trotz des also noch als sehr vorläufig zu bezeichnenden Stands der
Diskussion zu Kompetenzmodellen in der Religionspädagogik kann gefragt werden,
welche Rolle interreligiöse Kompetenz bislang in dieser Diskussion spielt.

Als Ausgangspunkt der neueren Diskussion zumindest auf evangelischer Seite,
der aber auch in der katholischen Religionspädagogik Beachtung fand, kann der Entwurf einer Expertengruppe am Comenius-Institut bezeichnet werden (vgl. Fischer
& Elsenbast, 2006). Von dieser Gruppe wurde ein Modell vorgelegt, das ganz auf
theoretischen Erwägungen beruht und das bislang nicht empirisch validiert wurde.
Das Modell enthält zwölf Einzelkompetenzen. Eine dieser Teilkompetenzen bezieht
sich ausdrücklich auf „andere religiöse Überzeugungen": „Sich mit anderen religiösen Überzeugungen begründet auseinandersetzen und mit Angehörigen anderer
Konfessionen bzw. Religionen respektvoll kommunizieren und kooperieren" (Teil-
kompetenz 8). Als Gegenstandsbereich werden dabei „andere Religionen und/oder
Weltanschauungen" genannt. Wie die weiteren Ausführungen in dieser Veröffentlichung zeigen, wird hier besonderer Wert auf detailliertes Wissen gelegt, vor allem
zum Islam.

Im Anschluss an das Modell dieser Expertengruppe, das zum Teil eine auch kritische Diskussion auslöste (vgl. Comenius-Institut, 2007), wurde von der EKD ein
Orientierungsrahmen „Kompetenzen und Standards für den Evangelischen Religionsunterricht in der Sekundarstufe I" veröffentlicht (EKD, 2010). Dieser Orientierungsrahmen entwickelt das Modell der Expertengruppe am Comenius-Institut weiter und
verringert insbesondere auch die allgemein als zu groß empfundene, für die Praxis
nicht mehr orientierende Anzahl der Teilkompetenzen. Im Blick auf interreligiöse
Bildung sind hier zwei Teilkompetenzen zu nennen: „Sich mit anderen religiösen
Glaubensweisen und nicht-religiösen Weltanschauungen begründet auseinandersetzen, mit Kritik an Religion umgehen sowie die Berechtigung von Glaube aufzeigen"
(Kompetenz 6). „Mit Angehörigen anderer Religionen sowie mit Menschen mit anderen Weltanschauungen respektvoll kommunizieren und kooperieren" (Kompetenz 7).
Der Orientierungsrahmen der EKD versteht sich als kirchliche Stellungnahme, nicht
als Forschungsbeitrag. Als solcher wird er auch in der EKD-Denkschrift „Religiöse
Orientierung gewinnen. Evangelischer Religionsunterricht als Beitrag zu einer pluralitätsfähigen Schule" weitergeführt, auch mit Überlegungen zu entsprechenden Kom-
petenzbeschreibungen (vgl. EKD, 2014).

Auf katholischer Seite sind in Analogie zu dem Orientierungsrahmen der EKD
die von den katholischen Bischöfen in Deutschland veröffentlichten Stellungnahmen
zu Bildungsstandards zu nennen. Schon für die Grundschule werden dabei „andere
Religionen" im Sinne der hier sogenannten „inhaltlichen Kompetenzen" als eigener

„Gegenstandsbereich" hervorgehoben. Im Zentrum stehen dabei Judentum und Islam (DBK, 2006). Für die Sekundarstufe heißt der entsprechende Bereich „Religionen und Weltanschauungen", wobei zu den Bezügen auf Judentum und Islam weitere allgemeine Aspekte hinzukommen, die auch das Verhältnis zwischen dem Christentum und anderen Religionen betreffen (DBK, 2004). Eine empirische Validierung ist auch in diesem Falle nicht erfolgt.

Die kirchlichen Stellungnahmen haben sich in den meisten Bundesländern auch in entsprechenden Lehr- und Bildungsplänen niedergeschlagen, die dem eigenen Verständnis zufolge kompetenzorientiert sein sollen. Ein Bezug auf wissenschaftliche Kompetenzmodelle wird dabei jedoch nicht transparent gemacht. Offenbar folgen die Lehr- und Bildungspläne eher bildungspolitischen Vorgaben als etwa den theoretischen Anforderungen und Befunden der Empirischen Bildungsforschung, wobei entsprechende Befunde zum Religionsunterricht, wie gesagt, ohnehin weithin noch ausstehen.

Als bislang einziger forschungsbasierter Beitrag zur religiösen Kompetenz ist die Veröffentlichung des Berliner Forschungsprojekts „Religiöse Kompetenz als Teil öffentlicher Bildung" (Benner et al., 2011) anzusprechen. Im Zentrum stand dabei die „Konstruktion religiöser Dimensionen und Anspruchsniveaus". Genannt werden drei Teilkompetenzen: religionskundliche Kenntnisse, religiöse Deutungskompetenz, religiöse Partizipationskompetenz, wobei empirisch nur die beiden zuerst genannten Kompetenzen befriedigend erfasst werden konnten. Eine eigene interreligiöse Kompetenz wurde hier also nicht erfasst, aber bei der empirischen Untersuchung wurden auch Fragen und Aufgaben eingesetzt, die sich auf andere Religionen und Weltanschauungen beziehen. Die entsprechenden Auswertungen der Befunde zeigen, dass die hier untersuchte religiöse Kompetenz auch in interreligiöser Hinsicht relevant ist und dass der Besuch von Religionsunterricht mit entsprechenden Kompetenzzuwächsen auch in interreligiöser Hinsicht einhergeht (vgl. Benner et al., 2011).

Zusammenfassend kann festgehalten werden, dass die Bedeutung interreligiöser Aspekte in der religionspädagogischen Kompetenzdiskussion deutlich erkennbar ist. Ein Religionsunterricht, der nicht auch in interreligiöser Hinsicht Fähigkeiten und Fertigkeiten vermitteln sollte, erscheint nicht mehr als legitim. Insofern ist es nicht erstaunlich, dass inzwischen auch eigene Entwürfe zu interreligiöser Kompetenz vorliegen, die eigens betrachtet werden sollen.

1.3.2 Modelle interreligiöser Kompetenz

Über die allgemeine Diskussion zu Kompetenzen und Kompetenzorientierung im Religionsunterricht hinaus liegen auch spezielle Veröffentlichungen zur interreligiösen Kompetenz vor. Besondere Beachtung verdienen dabei die monografisch, d. h. auch im Detail ausgearbeiteten Entwürfe. In dieser Form haben Joachim Willems (2011), Max Bernlochner (2013), Mirjam Schambeck (2013) sowie der Verfasser des vorliegenden Kapitels (Schweitzer, 2014b) Modelle für interreligiöse Kompetenz beschrieben, die vor allem aus theoretischen Überlegungen erwachsen, mitunter auch aus qualitativen Vorstudien. Dazu kommen stärker empirisch ausgerichtete Ansätze von Hans-Georg Ziebertz (2010) sowie aus der eigenen Tübinger Arbeit (vgl. neben dem unten beschriebenen Forschungsprojekt bes. Merkt, Schweitzer, Biesinger, 2014; als weitere Vorarbeiten auch Biesinger, Kießling, Jakobi & Schmidt, 2011). Alle diese Entwürfe stehen natürlich auf der weiterreichenden Grundlage der Diskussion zum interreligiösen Lernen, wie sie sich in den letzten 25 Jahren herausgebildet hat. Dazu ist besonders auf die Arbeiten von Johannes Lähnemann (1998), Karl-Ernst Nipkow (1998) und Stefan Leimgruber (2007) zu verweisen, gleichsam als Meilensteine in der Entwicklung von Ansätzen interreligiösen Lernens.

Die verschiedenen Modelle sollen hier nicht im Detail beschrieben werden (zur Würdigung vgl. Schweitzer, 2014b). Vielmehr soll der Fokus auf der Identifikation anschlussfähiger Bestimmungen liegen, die für die vorliegende Untersuchung genutzt werden konnten.

Willems (2011) entwickelt im Anschluss an das Berliner Forschungsprojekt zur religiösen Kompetenz, auf das im vorangehenden Abschnitt bereits verwiesen wurde (Benner et al., 2011), ein spezielles Modell zu interreligiöser Kompetenz, das von drei Komponenten ausgeht (wobei die an dritter Stelle genannten „Kenntnisse" bei ihm nicht ohne weiteres als Kompetenz verstanden werden, sondern als allgemeine Voraussetzung):

- interreligiöse Deutungs- und Urteilskompetenz
- interreligiöse Partizipations- und Handlungskompetenz
- interreligiöse relevante Kenntnisse.

Bei Willems wie auch bei dem vorausgesetzten Berliner Modell religiöser Kompetenz zeigt sich allerdings das auch dem Autor bewusste und im Blick auf die Untersuchung von Benner u.a. (Benner et al., 2011) oben beschriebene Problem, dass die Partizipations- und Handlungskompetenz zumindest mit den eingesetzten Erhebungsinstrumenten sowie im Kontext der Schule kaum valide erfasst werden kann. Wie im Folgenden noch deutlich werden soll, liegt in dieser Einsicht in die Grenzen des in dieser Hinsicht Messbaren ein wichtiger Ausgangspunkt für die vorliegende Untersuchung, bei der die Handlungskompetenz ebenfalls nicht empirisch erfasst wurde.

Willems macht auch auf die Notwendigkeit aufmerksam, die Abstufung von Ausprägungen in den einzelnen Kompetenzkomponenten namhaft zu machen, wozu er aber noch nicht auf empirische Vorarbeiten zurückgreifen kann. Auch die Frage nach Abstufungen stellt sich unausweichlich für alle empirischen Untersuchungen zu diesem Bereich – wie auch zu anderen Bereichen. Denn Vergleiche setzen ein Maß voraus, das solche Vergleiche allererst ermöglicht. Wie sich auch bei der Tübinger Untersuchung zeigte, lassen sich dafür zwar statistisch plausible Messungen bzw. Auswertungen entwickeln, aber eine theoretische Konzeptualisierung ist derzeit noch kaum möglich. Dafür wären breitere empirische Grundlagen erforderlich, die notwendig über eine Untersuchung zu einzelnen Unterrichtseinheiten hinausreichen.

Ein deutlich anderes Profil weist das von Bernlochner entwickelte Modell auf. Bernlochner spricht von „interkulturell-interreligiöser Kompetenz" und legt großen

Wert darauf, dass folgende drei Pole berücksichtigt werden: „als offenbart geglaubte religiöse Wahrheit"; „gelebte Religiosität"; „interkulturell-interreligiös ausgerichtete (dialogisch operierende) Religionspädagogik" (Bernlochner, 2013, S. 311). Bemerkenswert ist dabei, dass Bernlochner besonders die ethische Dimension hervorhebt, was mitunter den Eindruck erwecken kann, als sei die ethische Dimension bei ihm der interreligiösen Dimension des Glaubens vor- oder übergeordnet, ähnlich wie das schon bei Hans Küng der Fall zu sein scheint (vgl. Küng, 1990).

Schambeck versteht interreligiöse Kompetenz als „Diversifikations- und Relationskompetenz", weil es in interreligiöser Hinsicht darum gehe, Phänomene sowohl unterscheiden als auch in Beziehung setzen zu können (Schambeck, 2013, S. 177 f.). Damit werden zwei Aspekte hervorgehoben („Diversifikation", „Relation"), die in der religionspädagogischen Kompetenzdiskussion sonst keine Rolle spielen. In Schambecks Sicht entscheidend sind im Weiteren die Komponenten Wahrnehmen, Deuten und praktisches Handeln, die näher bei der religionspädagogischen Kompetenzdiskussion liegen. Nach Schambeck soll „Liebe" ein übergeordnetes Kriterium interreligiöser Bildung darstellen (Schambeck, 2013). Im Blick auf die empirische Begründung werden qualitative Vorstudien beschrieben, eine Validierung im Sinne der Kompetenzmessung ist jedoch nicht erfolgt. Nachfragen können sich bei diesem Modell darauf beziehen, wie Liebe und Wahrheit sich zueinander verhalten, was hier jedoch nicht weiterverfolgt werden kann.

Ziebertz legt bei seinen Untersuchungen zum interreligiösen Lernen am Beispiel Gender kein ausdrückliches Modell interreligiöser Kompetenz zugrunde, sondern stützt sich auf Vorarbeiten zur interkulturellen Kompetenz sowie zu religionsbezogenen Wertorientierungen oder Einstellungen, die hier als Moderatorvariablen im Blick auf die Offenheit für Menschen mit anderer Religionszugehörigkeit angesehen werden (vgl. Ziebertz, 2010, darin bes. die Beiträge S. 127–206). Eigentliches Ziel der Untersuchung und auch des darauf bezogenen Unterrichts – es handelt sich um eine Interventionsstudie in der Schule – sind hier „Einstellungen gegenüber Fremdgruppen", die im Sinne einer größeren Offenheit verändert werden sollen. Für die interkulturellen Kompetenzen spielen bei Ziebertz Perspektivenwechsel und Autonomie bzw. Selbstständigkeit eine wesentliche Rolle (Flunger & Ziebertz, 2010). Vor allem mit dem Einbezug des Perspektivenwechsels nimmt Ziebertz einen Aspekt auf, der in der gesamten Literatur zum interreligiösen Lernen von Anfang an eine große Rolle spielt und auch für die vorliegende Untersuchung zentral ist. Allerdings setzt er ein Erhebungsinstrument ein, das eher auf die Selbsteinschätzung entsprechender Fähigkeiten zielt als auf eine Erhebung der tatsächlich vorhandenen Fähigkeiten selbst (vgl. Flunger & Ziebertz, 2010; dazu noch unten, S. 66).

In der eigenen Tübinger Arbeit ist auf verschiedene Studien hinzuweisen, die im vorliegenden thematischen Zusammenhang als allgemeine Voraussetzungen und zum Teil auch als direkte Vorstudien bedeutsam sind. Neben der im vorliegenden Band vorgestellten Studie zum interreligiösen Lernen durch Perspektivenübernahme sowie der theoretischen Grundlegung zu interreligiöser Bildung, die auch Vorschläge für ein Kompetenzmodell enthält (Schweitzer 2014b, S. 146–155), beziehen bzw. bezogen sich bereits frühere Tübinger Untersuchungen auf interreligiöse Kompetenz, etwa im Blick auf die Ausbildung für die Pflege (Merkt et al., 2014) sowie die Ausbildung von Erzieherinnen (vgl. Schweitzer & Biesinger, 2015). Vor allem bei der Untersuchung von Möglichkeiten, in der Ausbildung für die Pflege bzw. im darauf bezogenen Religionsunterricht (BRU) die Entwicklung interreligiöser Kompetenz zu unterstützen, erwies sich die Fähigkeit der Perspektivenübernahme als zentraler Aspekt. Die Bedeutung dieser Komponente interreligiöser Kompetenz konnte auch bei weiteren Spezialuntersuchungen erhärtet werden (vgl. Losert, Merkt & Schweitzer, 2015). Dieser Befund ist insofern von besonderem Gewicht, als er nicht allein auf – weiterhin bedeutsame – theoretische Überlegungen zurückgeht, sondern auf sorgfältige empirische Erhebungen und komplexe Auswertungen insbesondere faktorenanalytischer Art. Insofern kann davon ausgegangen werden, dass interreligiöse Kompetenz von Pflegenden auch in einem operationalisierbaren Sinne auf die Perspektivenübernahme bezogen sein muss. Darin liegt auch ein wichtiger Ausgangspunkt für die im vorliegenden Projekt weiter verfolgte Hypothese, dass sich die Perspektivenübernahme auch über den zuvor untersuchten Kontext hinaus als zentrale Komponente interreligiöser Kompetenz erweisen lässt.

Weitere Tübinger Vorarbeiten beziehen sich in Gestalt einer Exploration auf den BRU (Biesinger, Kießling, Jakobi & Schmidt, 2011) sowie auf die religionspädagogische Kompetenzdiskussion unter besonderer Berücksichtigung des BRU (Biesinger, Gather, Gronover & Kemmler, 2014).

1.3.3 Zur Konzeptualisierung interreligiöser Kompetenz in der vorliegenden Studie

Die im vorangehenden Abschnitt vorgestellten Modelle interreligiöser Kompetenz enthalten zahlreiche Ansatzpunkte für die weitere Forschung. Die dabei angesprochenen Fähigkeiten, Fertigkeiten und Einstellungen lassen sich als Komponenten interreligiöser Kompetenz verstehen, die sich auch für eine empirische Untersuchung eignen oder die sich als Konzepte zum Teil bereits bei empirischen Untersuchungen bewährt haben. Für das Projekt wurde keine eigene Kompetenzdefinition entwickelt, sondern die bekannte und weithin rezipierte Definition von Franz Weinert übernommen: „Dabei versteht man unter Kompetenzen die bei Individuen verfügbaren oder durch sie erlernbaren kognitiven Fähigkeiten und Fertigkeiten, um bestimmte Probleme zu lösen, sowie die damit verbundenen motivationalen, volitionalen und sozialen Bereitschaften und Fähigkeiten, um die Problemlösungen in variablen Situationen erfolgreich und verantwortungsvoll nutzen zu können" (Weinert, 2001, S. 27 f.). Diese Definition wurde sodann, wie im Folgenden beschrieben, fachdidaktisch konkretisiert, insbesondere im Blick auf den Religionsbezug.

Bei der Frage der Bewährung von Komponenten interreligiöser Kompetenz müssen zwei Aspekte im Blick sein: Zum einen ist hier als Bewährung die theoretische Bedeutsamkeit einer entsprechenden Komponente anzusehen, die sich aus den im vorangehenden Teil des Kapitels aufgenommenen Veröffentlichungen bzw. den darin

enthaltenen theoretischen Analysen ergibt, zum anderen die Möglichkeit ihrer empirischen Erfassung – im vorliegenden Zusammenhang – im Rahmen einer schul- und
unterrichtsbezogenen Untersuchung. Aus dem zuletzt genannten Kriterium ergab sich
beispielsweise für die vorliegende Untersuchung der Schluss, dass die interreligiöse
Handlungskompetenz, die theoretisch durchaus als bedeutsam bezeichnet werden
muss, im schulischen Kontext offenbar kaum valide erfasst werden kann. Der schulische Rahmen schließt nur wenig Handlungs- und Partizipationsmöglichkeiten im hier
gemeinten Sinne ein, was zumindest teilweise auch erklären dürfte, warum es bei dem
Berliner Projekt (Benner et al., 2011) nicht gelungen ist, die Partizipationskompetenz
erfolgreich zu erfassen. Bei dem beschriebenen Projekt zur Pflegeausbildung (Merkt
et al., 2014) beispielsweise wäre es zur Untersuchung der Handlungskompetenz erforderlich gewesen, Pflegekräfte nach Abschluss der Ausbildung bei ihrer Arbeit im
Altenheim oder im Krankenhaus zu begleiten, um festzustellen, ob entsprechende
Kompetenzen verfügbar sind und tatsächlich aktiviert werden können. Ein solches
Vorgehen wäre prinzipiell sinnvoll, konnte aber im Rahmen des damaligen Projekts
nicht realisiert werden. Ähnlich war auch für das im vorliegenden Band beschriebene
Projekt keine Erfassung außerhalb der Schule eingesetzter Kompetenzen vorgesehen,
was naturgemäß gerade bei der interreligiösen Kompetenz auch überaus aufwändig
wäre.

Religionsdidaktisch ist von einem Wechselverhältnis zwischen Empirie und
theoretischer Konzeptualisierung auszugehen. Eine theoretische Ableitung von
Kompetenzmodellen reicht allein nicht aus, weil sie hinter dem mit dem Kompetenzbegriff verbundenen Anspruch auf empirische Validierung zurückbleibt. Anders als
bei Bildungsidealen und anderen normativen Ansprüchen soll hier von vornherein
im Blick sein, welche Ziele im Sinne von Fähigkeiten, Fertigkeiten usw. tatsächlich
erreicht werden können. Umgekehrt lassen sich Kompetenzmodelle aber auch nicht
allein empirisch begründen. Sie setzen vielmehr ein Bildungsverständnis voraus, das
theoretisch, beispielsweise also religionsdidaktisch und systematisch-theologisch
ausgewiesen sein muss. Insofern sollte die vorliegende Studie nicht isoliert betrachtet,
sondern im weiteren Zusammenhang der im vorangehenden Teilkapitel beschriebenen Theoriediskussion gesehen werden.

Vor diesem Hintergrund boten sich für die vorliegende Untersuchung vor allem
drei Kompetenzkomponenten an:

- religionsbezogenes Wissen
- religionsbezogene Perspektivenübernahme
- religionsbezogene Einstellungen.

Die ersten beiden Komponenten schließen unmittelbar an das Berliner Projekt (Benner
et al., 2011) an, werden im vorliegenden Kontext jedoch auf interreligiöse Perspektiven ausgerichtet und damit weiter entwickelt. Die dritte Teilkomponente stützt sich
besonders auf die Untersuchung von Ziebertz (2010). Allerdings ist festzuhalten, dass
bislang vorliegende Untersuchungen nicht erwarten lassen, dass Einstellungen durch
eine begrenzte Intervention im Sinne der Bearbeitung eines Themas im Religionsun-

terricht verändert werden können. Diese Erwartung muss allerdings eigens überprüft werden, weshalb auch Einstellungen in die Untersuchung einbezogen wurden.

Für die drei Komponenten – Wissen, Perspektivenübernahme und Einstellungen – kann in der religionspädagogischen Diskussion ein breiter Konsens vorausgesetzt werden. Alle genannten Ansätze wie auch weitere Darstellungen beziehen sich auf die eine oder andere Art und Weise auf diese drei Komponenten oder schließen diese Komponenten auch dort, wo sie anders bezeichnet werden, jedenfalls der Sache nach mit ein. Unterschiede im Verständnis interreligiöser Kompetenz ergeben sich zwischen den Modellen vor allem im Blick auf die Frage, welche weiteren Komponenten ebenfalls bedeutsam sein könnten, beispielsweise die Art und Weise, Sachverhalte in einer interreligiösen Perspektive wahrzunehmen, oder auch die Urteilsfähigkeit in interreligiösen Angelegenheiten. Insofern ist nicht davon auszugehen, dass die vorliegende Untersuchung alle denkbaren Komponenten einbezieht. Sie konzentriert sich vielmehr bewusst auf drei Kernkomponenten, die dann allerdings auch für weitere Komponenten bedeutsam sein könnten und bedeutsam sein dürften. Beispielsweise setzt religionsbezogene Urteilsfähigkeit schon theoretisch gesehen ein entsprechendes Wissen sowie die Fähigkeit zur Perspektivenübernahme voraus.

In einem weiteren Schritt sollen nun zunächst die für die Untersuchung ausgewählten Komponenten etwas genauer betrachtet werden und soll vor diesem Hintergrund nach möglichen Interdependenzen zwischen diesen Komponenten gefragt werden. Der Schwerpunkt liegt dabei wiederum nicht bei einer allgemeinen Erörterung der mit den Komponenten angesprochenen Zusammenhänge, sondern auf einer auf die eigene Untersuchung zugespitzten Kennzeichnung. Alle drei Komponenten werden deshalb in einer religiösen oder interreligiösen Ausrichtung angesprochen.

Wissen

Religiöses Wissen wird in interreligiösen Zusammenhängen ganz allgemein als wichtig angesehen, um ein möglichst genaues und unverzerrtes Bild von anderen Religionen zu erlangen. Dabei soll es sich nicht einfach um träges (Fakten-)Wissen handeln, sondern um Kenntnisse, auf die deutend, verstehend und letztlich auch urteilend zurückgegriffen werden kann. Deshalb muss dazu auch ein entsprechendes Wissen im Blick auf die eigene Religion kommen bzw. auf diejenige Religion, aus deren Kulturkreis die Lernenden stammen, um Vergleiche und Einordnungen zu ermöglichen, die ebenfalls zum Verstehen zu zählen sind.

Eine prinzipielle Schwierigkeit für interreligiöses Lernen erwächst hier daraus, dass es theoretisch gesehen fast keine Grenzen für ein solches Wissen gibt. Pädagogisch gesehen ist ein nicht zu begrenzendes Wissen natürlich keine handhabbare Größe. Es müssen deshalb Bestimmungen gefunden werden, wie erwartbare Wissensbestände definiert werden können. In der Schule wird dafür in der Regel auf die Parameter Zeit (Wie viel Zeit steht für ein Thema zur Verfügung?), Lebensalter (Was ist für eine gegebene Klassenstufe angemessen?) und Schulart bzw. (Ausbildungs-)Gang (Was ist für eine bestimmte Zielgruppe erreichbar?) u. ä. zurückgegriffen. Solche

Überlegungen spielten naturgemäß auch im vorliegenden Projekt eine Rolle, wobei auch berücksichtigt wurde, welches Wissen im Blick auf Handlungszusammenhänge (hier einer Berufsgruppe) sinnvoll erscheint.

Probleme bei der Eingrenzung des für interreligiöse Zusammenhänge bedeutsamen Wissens ergeben sich aber auch daraus, dass es wiederum rein theoretisch betrachtet beliebig viele andere Religionen gibt, angefangen bei den so genannten Weltreligionen – Judentum, Christentum, Islam, Buddhismus und Hinduismus – und bis hin zu kleineren Religionen, die zum Teil inzwischen durchaus auch in Deutschland vertreten sind. Hier stößt jeder Unterricht aufgrund zeitlicher Einschränkungen erneut an seine Grenzen, und wohl auch für die einzelnen Menschen ist ein religiöses Universalwissen kaum erreichbar oder auch nur erstrebenswert. Insofern sind in dieser Hinsicht ebenfalls Auswahlentscheidungen erforderlich, so wie dies auch etwa an Lehr- und Bildungsplänen leicht abzulesen ist. Im vorliegenden Zusammenhang der schulischen Praxis des BRU spielt heute vor allem der Islam eine hervorgehobene Rolle, weil dieser neben dem Christentum die einzige Religion ist, die im Beruflichen Bildungswesen zahlenmäßig in erheblichem Maße vertreten ist. Deshalb konzentriert sich die vorliegende Untersuchung auf den Islam, ohne die Bedeutung anderer Religionen für interreligiöse Bildung auszuschließen. Eine einzelne Untersuchung kann nur zu validen Erkenntnissen gelangen, wenn nicht alles zugleich untersucht wird. Zudem kann die Konzentration auf den Islam in einem exemplarischen Sinne verstanden werden. Die Befunde aus der vorliegenden Untersuchung sind auch für die Beziehung zu anderen Religionen bedeutsam, auch wenn eigens empirisch untersucht werden müsste, ob sich Erfahrungen mit interreligiösem Lernen im Blick auf den Islam tatsächlich auf Lernsituationen im Blick auf das Judentum übertragen lassen.

In der neueren religionsdidaktischen Diskussion besteht zunehmend Konsens, dass es für interreligiöse Bildung nicht nur auf Geschichte und Lehre sowie gegebenenfalls rituelle Vorschriften verschiedener Religionen ankommen kann, sondern ebenso – und in bestimmter Hinsicht noch mehr – auf die gelebten Formen von Religion und Religionen (vor allem im Anschluss an Jackson, 1997; vgl. auch Jackson & Nesbitt, 1993; weiterführende Konsequenzen auch bei Schweitzer, 2014b). Dabei spielen auch geografische Bezüge eine wichtige Rolle, im Falle des Islam also etwa die Unterscheidung zwischen den in arabischen Ländern gelebten und praktizierten islamischen Religionsformen und dem muslimischen Leben in Deutschland. Für den im Projekt eingesetzten Fragebogen wurden deshalb Items sowohl im Blick auf die religiöse Tradition als auch die gelebten Formen des Islam in Deutschland formuliert bzw. ausgewählt.

Aus der bislang vorliegenden Forschung zu interreligiösem Lernen bot vor allem die Untersuchung von Benner u. a. (2011) mit ihrem Schwerpunkt auf religionskundlichen Kenntnissen ein gewisses Vorbild, auf das für die eigene Untersuchung zurückgegriffen werden konnte. Allerdings mussten der eigenen Schwerpunktsetzung entsprechend im Zuge der Pilotierungen zahlreiche Fragen umformuliert oder neu entwickelt werden (vgl. unten, S. 86 ff.).

Perspektivenübernahme

Zur empirischen Untersuchung und Erfassung der Fähigkeit zur Perspektivenübernahme gibt es auf der einen Seite eine eigene psychologische Tradition, zu der als Klassiker etwa John Flavell (1975) und Robert Selman (1980) zählen. Auf der anderen Seite werden in der gegenwärtigen Forschungspraxis häufig Fragen eingesetzt, die weniger im Sinne dieser Forschungstradition die tatsächliche Perspektivenübernahme erfassen als eine entsprechende Selbsteinschätzung der Befragten. Beispielsweise wird dann gefragt, ob man sich gut in Standpunkte anderer Menschen hineinversetzen könne (vgl. Flunger & Ziebertz, 2010; auch Ritzer, 2010; als Hintergrund Davis, 1983). Solche Selbsteinschätzungen sind naturgemäß wenig verlässlich. Viele Menschen über- oder unterschätzen ihre Fähigkeiten. Im vorliegenden Vorhaben wurde deshalb der Weg gewählt, eigene Aufgaben zur Perspektivenübernahme zu konstruieren. Als Beispiel kann folgende Aufgabe aus dem Fragebogen dienen:

> *Ayse ist die 20-jährige Tochter religiös engagierter muslimischer Eltern, die aus der Türkei stammen. Sie möchte Malte, einen 25-jährigen Büroangestellten, Sohn bewusst evangelischer, deutscher Eltern heiraten. Jetzt denkt sie nach, wie die Eltern wohl reagieren werden, wenn sie sich auf den Koran bzw. die Bibel berufen.*

Die Aufgabe ist so konstruiert, dass verschiedene Perspektiven vorgegeben sind (muslimisch, evangelisch). Zur Erfassung der Unterschiede zwischen den Perspektiven sind entsprechende religionsbezogene Kenntnisse erforderlich. Im letzten Satz wird direkt eine Perspektivenübernahme beschrieben, wenn Ayse sich Gedanken macht, wie die Eltern reagieren könnten. Daran schließen sich folgende Fragen an:

> a) *Wie könnten Ayses Eltern reagieren, wenn sie sich auf den Koran berufen?*
>   *Bitte entscheiden Sie für jede der Aussagen, ob sie zutrifft oder nicht:*
>   • *Ayses Eltern werden jede türkisch-deutsche Ehe ablehnen.*
>   • *Ayses Eltern werden einwenden, dass der Mann die Frau zum Religionswechsel zwingen kann.*
>   • *Ayses Eltern lehnen muslimisch-christliche Ehen generell ab.*

Die Beantwortung der Fragen setzt sowohl eine korrekte Zuordnung der unterschiedlichen Perspektiven voraus (Maltes Eltern – Ayses Eltern; Bibel – Koran) wie auch wiederum bestimmte Kenntnisse darüber, ob sich dazu in Bibel und Koran Aussagen oder Vorschriften finden und was gegebenenfalls daraus zu solchen Fragen zu entnehmen ist. Die Aufgabe umfasst noch einen zweiten Teil:

> b) *Wie könnten Maltes Eltern reagieren, wenn sie sich auf die Bibel berufen?*
>   *Bitte entscheiden Sie für jede der Aussagen, ob sie zutrifft oder nicht:*
>   • *Maltes Eltern werden jede türkisch-deutsche Ehe ablehnen.*
>   • *Maltes Eltern lehnen muslimisch-christliche Ehen generell ab.*
>   • *Maltes Eltern sehen keine Gründe, die gegen die geplante Eheschließung sprechen.*

Hier müssen andere Perspektiven eingenommen werden als bei der ersten Fragebatterie. Erneut muss beides verfügbar sein, die Fähigkeit zur Perspektivenübernahme und entsprechendes Hintergrundwissen. Insofern ist an dieser Aufgabe auch leicht nachzuvollziehen, warum im Projekt als Hypothese formuliert wurde, dass religionsbezogenes Wissen eine notwendige Voraussetzung für die religionsbezogene Perspektivenübernahme darstellt. Als Hintergrund kann auch an die Bereitschaft gedacht werden, die Perspektive des Anderen überhaupt einzunehmen. Daraus erklärt sich u. a. das im Projekt verfolgte Interesse an den Einstellungen der Jugendlichen.

Im interreligiösen Bereich ist die Perspektivenübernahme grundsätzlich von großer Bedeutung und wird in den theoretischen Darstellungen entsprechend hochgeschätzt (vgl. oben, S. 61 ff.). Zum Teil wird die Perspektivenübernahme überhaupt als zentral für den gesamten Religionsunterricht angesehen und als Grundmerkmal religiöser Bildung, dann etwa im Wechsel von Innen- und Außenperspektive (vgl. Dressler, 2006). Im vorliegenden Zusammenhang kann die These formuliert werden, dass Verstehen im interreligiösen Bereich weithin als Perspektivenübernahme beschrieben werden kann oder jedenfalls die entsprechende Fähigkeit voraussetzt. Denn es kommt hier entscheidend darauf an, sich selbst aus der Perspektive des religiös Anderen sehen zu lernen sowie insgesamt darauf, die andere Religion zumindest ansatzweise mit den Augen des Anderen wahrnehmen zu können.

Die Perspektivenübernahme wird auch in anderen Fachdidaktiken als zentral angesehen. Auch dazu liegen zum Teil empirische Untersuchungen vor, etwa zu Geschichte/Geschichtsdidaktik (Hartmann, Sauer & Hasselhorn, 2009) oder zu Ethik/ Ethikunterricht (Kenngott, 2012). Ähnlich wie bei der Tübinger Studie wurden auch bei den geschichtsdidaktischen Untersuchungen Aufgaben eingesetzt, die eine Erfassung der Perspektivenübernahme – im Unterschied zur Selbsteinschätzung – ermöglichen sollen. Auch diese Aufgaben dienten als Anregung und Vorbild für die eigene Untersuchung.

Die Entwicklung und Validierung entsprechender Aufgaben und der sich daran anschließenden Antwortmöglichkeiten erwies sich allerdings als besonders aufwändig und anspruchsvoll. Entsprechend viel Zeit wurde deshalb darauf verwendet, geeignete Aufgaben zu entwickeln, sie im Gespräch der Arbeitsgruppe zu analysieren und später mit verschiedenen Samples zu pilotieren. Wie die unten dargestellten Ergebnisse zeigen (vgl. S. 101–132), besteht hier gleichwohl nach wie vor ein weiterer Verbesserungsbedarf im Blick auf die Untersuchungsinstrumente. Allerdings ist es gelungen, auch die religionsbezogene Perspektivenübernahme zumindest in befriedigender Weise zu erfassen.

Einstellungen

Die Bedeutung von Einstellungen für interreligiöse Zusammenhänge liegt auf der Hand. Bei der Diskussion in der Öffentlichkeit stehen entsprechende Einstellungen vielfach ganz im Vordergrund – man denke an die Vorurteilsproblematik, an Toleranz und wechselseitigen Respekt, an Geschlechtsrollen oder ganz allgemein an die Bereitschaft, andere als gleichberechtigt wahrzunehmen und anzuerkennen. Entsprechend werden Einstellungen regelmäßig auch etwa in der Jugendforschung erfragt, etwa bei den Shell-Jugendstudien mit der Frage, wen man am liebsten oder eben nur ungern in die Wohnung nebenan einziehen sehen würde (vgl. Shell Deutschland Holding, 2015; auch diese Frage wurde für die vorliegende Untersuchung adaptiert). Auch Ziebertz (2010) und Ritzer (2010) haben entsprechende Wertorientierungen in interreligiösen Zusammenhängen untersucht, mit Schwerpunkten auf Diskriminierung, Akzeptanz und Toleranz, Patriotismus und Ethnozentrismus. Damit ist zugleich eine weitere Quelle genannt, die für die Konstruktion des Fragebogens genutzt werden konnte.

Die genannten Untersuchungen dienten also allesamt als Ausgangspunkt für die vorliegende Untersuchung. Es sollten möglichst bereits bewährte Fragen oder sogar Items zum Einsatz kommen. Allerdings erwiesen sich bei den Pilotierungen doch zahlreiche Modifikationen als unvermeidlich, so dass am Ende zwar ein deutlicher thematischer Bezug zu früheren religionspädagogischen Untersuchungen zu Einstellungen besteht, aber keine Vergleichbarkeit im engeren Sinne. Lediglich bei einzelnen Items kann von einer solchen Vergleichbarkeit ausgegangen werden, aber auch dabei ist zu bedenken, dass der veränderte Kontext im jeweiligen Fragebogen sowie die Zusammensetzung der Stichprobe ebenfalls eine Rolle spielten.

Interdependenzen zwischen den Komponenten interreligiöser Kompetenz

Da selbst die Untersuchung der einzelnen Komponenten interreligiöser Kompetenz in der Religionspädagogik noch wenig fortgeschritten ist, mag es gewagt erscheinen, bereits weiterreichend nach Interdependenzen zwischen diesen Komponenten zu fragen. Zumindest theoretisch betrachtet sind solche Interdependenzen aber durchaus wahrscheinlich, wie sich am Beispiel der religionsbezogenen Perspektivenübernahme bereits gezeigt hat. Deshalb wurden für die vorliegende Untersuchung entsprechende Hypothesen formuliert (vgl. unten, S. 102).

Da die Perspektivenübernahme in ihrer Bedeutung für interreligiöses Lernen hier im Zentrum stehen sollte, bezieht sich die Untersuchung insbesondere auf ein mögliches Voraussetzungsverhältnis zwischen religionsbezogenem Wissen und religionsbezogener Perspektivenübernahme. Es ist eine plausible Annahme, dass die Perspektivenübernahme umso besser gelingt, je mehr der Andere oder, im vorliegenden Zusammenhang, die andere Religion bekannt ist.

1.3.4 Zur Bedeutung der Fragestellung für die Religionspädagogik insgesamt

Wie schon deutlich geworden ist, muss die Diskussion über Kompetenzen und Kompetenzorientierung in der Religionspädagogik bislang weithin ohne entsprechende empirische Grundlagen geführt werden. Das gilt nicht nur für die interreligiöse Kompetenz, sondern auch für die anderen Kompetenzen, die für den Religionsunterricht als bedeutsam angesehen werden (etwa Wahrnehmungskompetenz, hermeneutische Kompetenz, ästhetische Kompetenz usw.). Mit Ausnahme des Berliner Projekts (Benner et al., 2011) sind keine größeren Versuche unternommen worden, die mit den theoretischen Kompetenzdefinition verbundenen Annahmen im Blick auf real gegebene oder zumindest erreichbare Kenntnisse und Fähigkeiten empirisch auf die Probe zu stellen.

Insofern kann dem vorliegenden Projekt auch eine weiterreichende Bedeutung für die Religionsdidaktik beigemessen werden. In exemplarischer Weise wird für eine religionspädagogisch einschlägige, auch gesellschaftlich immer stärker nachgefragte Kompetenz untersucht, ob und wie sie sich operationalisieren lässt, wie unterschiedliche Kompetenzausprägungen valide erfasst und beschrieben werden können. Darüber hinaus ist die Untersuchung so angelegt, dass auch Aussagen darüber möglich werden, ob und wie Kompetenzen durch einen entsprechenden Unterricht gefördert werden können. Eben darauf zielt ja das Design der Interventionsstudie, das für das Projekt gewählt wurde. Auch die Frage möglicher Förderung durch Unterricht kann als exemplarisch angesehen werden. Für den Unterricht ist sie jedenfalls von zentraler Bedeutung.

Damit kommt am Ende noch einmal die Frage eines kompetenzorientierten Religionsunterrichts in den Blick. Die im vorliegenden Band ausführlich dargestellten Unterrichtseinheiten fallen einerseits keineswegs aus dem heute für den Religionsunterricht bezeichnenden Rahmen, so wie dies aus Gründen der grundsätzlichen Vergleichbarkeit mit dem „normalen" Unterricht auch intendiert war. Sie nehmen zahlreiche Impulse aus der religionsdidaktischen Diskussion auf. Andererseits enthalten sie mit den Anforderungssituationen auch Elemente, die vor allem mit kompetenzorientiertem (Religions-)Unterricht verbunden werden (Obst, 2008). Entscheidend sind jedoch die auf die angezielte interreligiöse Kompetenz bezogenen Elemente, die insbesondere zur Perspektivenübernahme auffordern und diese einüben sollen. Insofern kann das vorliegende Projekt auch als Beitrag zu einer Weiterentwicklung der Kompetenzorientierung im Religionsunterricht verstanden werden, auch wenn dies, wie eingangs festgehalten, ein eigenes Thema wäre.

1.4 Möglichkeiten der didaktischen Umsetzung – Einführung in die Unterrichtseinheiten

1.4.1 Didaktischer Ansatz und Themenfindung – Vorbemerkung

Die Relevanz interreligiösen Lernens für den BRU (mit dem Schwerpunkt Christentum und Islam) wurde bereits begründet (s. o., S. 33 ff.). Im Folgenden geht es um eine einführende und erläuternde Beschreibung der beiden Unterrichtseinheiten, die in der vorliegenden Interventionsstudie als Treatments zum Einsatz gekommen sind.

Interreligiöses Lernen heißt – kurzgefasst –, Persönlichkeitsdispositionen zu entwickeln, um mit interreligiösen Anforderungs- und Überschneidungssituationen kompetent umgehen zu können (Benner, Schieder, Schluß & Willems, 2011; Willems, 2011). Solche Anforderungs- bzw. Überschneidungssituationen sind alltagsgebundene, in Sach-, Sozial- und Berufsperspektive problemhaltige, offene Situationen, die nicht auf Anhieb gelöst werden können. Aus ihnen ergeben sich vielmehr verschiedene Lösungsmöglichkeiten, die von den Auszubildenden im Unterricht erarbeitet werden sollen (vgl. Biesinger, Gather, Gronover & Kemmler, 2014). Im zugrunde gelegten Modell interreligiöser Kompetenz sind hierbei drei Komponenten von zentraler Bedeutung: erstens religionsbezogenes Wissen, auf dem Deute- und Verstehensprozesse basieren, zweitens die Fähigkeit zur religionsbezogenen Perspektivenübernahme – als zentrales, auf Wissen aufbauendes Konstrukt – und drittens Einstellungen, die im Sinne religiöser Toleranz und des Abbaus von Xenophobie eine pluralitätsfähige und offene Haltung kennzeichnen. Damit zielt interreligiöses Lernen prinzipiell auf Pluralitätsfähigkeit (Schweitzer, 2014b) und ist mehr als das Erlangen von Kenntnissen über verschiedene Religionen. Um diese Ziele im Unterricht zu erreichen, wurden zentrale Aspekte des Christentums und des Islam ins Zentrum gestellt, wobei die beiden Religionen auch gleichsam miteinander ins Gespräch gebracht werden sollten. Dem Islam kommt im BRU eine besondere Bedeutung zu, weil Schülerinnen und Schüler mit Migrationshintergrund in diesem Unterricht sehr häufig dem Islam angehören.

Bei der Suche nach Themenbereichen, in denen relevante interreligiöse Überschneidungssituationen zu finden sind, drängte sich in der Explorationsphase des Forschungsprojekts – im Zeichen der die Jahre seit 2008 prägenden weltweiten Finanz- und Wirtschaftskrise – das neue Schlagwort „Islamic Banking" auf.[1] „Papst empfiehlt islamisches Bankwesen", so lautete eine Schlagzeile aus dem „L'Osservatore Romano", die die Aufmerksamkeit des an interreligiösen Fragestellungen interessierten Religionsdidaktikers auf sich zog. Bemerkenswert an dieser Schlagzeile ist, dass hier der

---

[1] Zahlreiche Publikationen, sowohl aus dem Bereich der Bankbetriebslehre wie auch aus dem ethisch-theologischen Diskurs, widmen sich der Funktionsweise und dem Potenzial von Islamic Banking angesichts globaler Finanzmarktprobleme. Zu nennen sind hierbei Ebert & Thießen, 2010, Braham, 2012, Valeva, 2012 und El Maghraoui, 2015.

Islam ganz explizit in der Rolle als Vorreiter und Impulsgeber für die Lösung globaler Finanzmarktprobleme erscheint, während der Islam als mögliches Unterrichtsthema sonst häufig als ursächlich für bestimmte Probleme gesehen wird – mit Schlagworten wie Kopftuchverbot, Geschlechterrollen, Zwangsheirat, Schwimmunterricht, Minarettstreit, Schwierigkeiten bei der Einhaltung der Speisegebote oder Gebetspraxis. So wird auch beim traurigen Dauerthema Gewalt – bedingt durch terroristische Anschläge muslimischer Extremisten wie das Trauma von 9/11, die Attentate 2004 in Madrid, 2005 in London, ungezählte Selbstmordattentate in Nahost – der Islam bzw. werden seine radikalen Anhänger als verantwortlich für Tod, Zerstörung und Leid betrachtet. Bei genauerer Ursachenforschung wird jedoch schnell deutlich, dass beim Thema „Gewalt im Namen von Religionen" keine monokausalen Erklärungsversuche tragen, sondern dass bei Terror, Anschlägen und gewaltsamen Auseinandersetzungen stets eine Vielzahl von Gründen eine Rolle spielt und dass neben religiösen auch kulturelle, politische, ethische, ethnische oder soziale Komponenten in die Ursachenforschung einbezogen werden müssen.

Mit den zwei Themenbereichen „Umgang mit Geld in Christentum und Islam" und „Gewalt im Namen von Religion" konnte der Gegenstand für interreligiöses Lernen konkretisiert werden. Beide Themen erlauben einen differenzierenden Blick auf Christentum und Islam, der es ermöglicht, Gemeinsamkeiten herauszuarbeiten, jedoch auch bestehenden Unterschieden gerecht zu werden. Beim Thema „Umgang mit Geld" zeigt sich bei genauerer Betrachtung für die zunächst unterschiedliche Praxis des religiös begründeten Zinsverbots, dass sich beide Religionen auf gemeinsame Wertesysteme beziehen, die vorschreiben, *alle* Handlungen sozialethischen Kriterien zu unterwerfen, um damit die Armen vor Ausbeutung zu bewahren und die Gemeinschaft vor Ausgrenzung und sozialer Spaltung zu schützen. Unterschiedlich ist jedoch die Wirkungsgeschichte des in Bibel und Koran gleichermaßen begründeten Zinsverbots: Während im islamischen Kontext eine wörtliche Auslegung des Zinsverbots ein Bankwesen hervorbrachte, das auf der unauflösbaren Verbindung von Geld- und Realwirtschaft beruht, fand das Zinsverbot im christlichen Kontext seinen Niederschlag im Wucherverbot, wie es heute beispielsweise in das Bürgerliche Gesetzbuch Eingang gefunden hat. Es liegt auf der Hand, dass diese Thematik einen besonderen Bezug zur Finanz- und Bankwelt und damit zum Ausbildungsberuf Bankkaufmann/-frau hat. Zinsen spielen im herkömmlichen Bankwesen eine zentrale Rolle; das Zinsverbot und die päpstliche Empfehlung für „Islamic Banking" drängen sich geradezu auf als Vorlage auf für die Konstruktion eines „Critical Incidents", also einer Problemstellung mit einer interreligiös bedeutsamen Überschneidungssituation, die als Ausgangspunkt für interreligiöses Lernen dienen kann.

Das Thema „Religionen und Gewalt" knüpft an eine vorurteilsbehaftete und brisante Debatte an. Im Rückblick auf die Geschichte muss sich nämlich nicht nur – aufgrund der oben beschriebenen Vorfälle – der Islam, sondern auch das Christentum die Anfrage gefallen lassen, für wieviel Gewalt die Religion bzw. die in ihrem Namen Handelnden verantwortlich zu machen sind und ob nicht eine Welt ohne Religion bzw. ohne den durch sie hervorgerufenen Fanatismus eine friedlichere Welt wäre.

Im Projekt wurde bewusst ein historischer Ansatz gewählt, der mit den Kreuzzügen und dem Nordirlandkonflikt auf der einen Seite, mit dem Nahostkonflikt und 9/11 auf der anderen Seite jeweils zwei Beispiele für religiös motivierte Gewalt vorstellt. An diesen Beispielen kann verdeutlicht werden, dass in diesen gewaltsamen Auseinandersetzungen neben religiösen Motiven immer auch andere Motive wirksam werden und dass in den Religionen ein friedensstiftendes Potenzial liegt, wie entsprechende Stellen in Bibel und Koran belegen. Hier steht, anders als beim ersten Thema, der Lebenswelt- oder Berufsbezug nicht im Vordergrund. Im Zentrum steht die Auseinandersetzung und Klärung des Zusammenhangs von Religionen und Gewalt, exemplarisch verdeutlicht an vier Beispielen aus der Geschichte.

Besonderes Augenmerk erhielt in den beiden im Folgenden dargestellten Unterrichtseinheiten der Aspekt der Perspektivenübernahme. Den Auszubildenden bzw. Schülerinnen und Schülern sollte in beiden Einheiten die Möglichkeit gegeben werden, einen religiösen Sachverhalt mit anderen Augen zu betrachten und die Perspektive von Mitmenschen einzunehmen. Dabei geht es nicht nur um eine theoretische Erfassung der Fremdartigkeit anderer Perspektiven, sondern vor allem um die Integration der fremden, anderen Perspektiven in die eigenen Denk- und Verhaltensmuster.

1.4.2 Didaktische Konkretisierung: Die Unterrichtseinheiten „Islamic Banking – Zum Umgang mit Geld in Christentum und Islam" und „Religionen und Gewalt"

Aus den beiden beschriebenen Themenbereichen wurden Treatments entwickelt, die in Umfang, Aufbau und Methodik ein hohes Maß an Parallelität aufweisen, sich jedoch im Lebenswelt- bzw. Berufsbezug unterscheiden – die Geldthematik mit Berufsbezug, die Gewaltthematik ohne Berufsbezug (vgl. die ausführliche Wiedergabe der Einheiten im Anhang A, S. 147 ff.). Dies war die Voraussetzung für einen Vergleich der Wirksamkeit der beiden Treatments, was Aussagen darüber ermöglichen soll, inwieweit der Lebenswelt- oder Berufsbezug für die Lerneffekte im Religionsunterricht von Bedeutung ist. Zielgruppe waren bei beiden Interventionen Auszubildende im Ausbildungsberuf Bankkaufmann/-frau; um ein für die quantitative Auswertung benötigtes ausreichend großes Sample zu erhalten, wurden auch Auszubildende im Ausbildungsberuf Industriekaufmann/-frau einbezogen, weil sie von den kaufmännischen Ausbildungsberufen am ehesten Anknüpfungspunkte zum Finanzwesen haben und zugleich eine Kontrastierung erlauben.

Beide Treatments umfassen sechs Unterrichtsstunden und beinhalten Komponenten, bei denen der Wissenserwerb, die Einübung in die Perspektivenübernahme und die Auseinandersetzung mit eigenen und fremden Werthaltungen ermöglicht werden sollen. In beiden Unterrichtseinheiten muss eine problemhaltige Anforderungssituation bewältigt werden, einmal mit besonderem Bezug zum beruflichen Handlungskontext (Beratungsgespräch in der Bank), einmal im privaten Handlungskontext (Diskussion auf einer Party). Diese Anforderungssituationen geben didaktisch durchdachte, komplexe und offene Problemstellungen vor, die von den Schülerinnen und Schülern selbständig bearbeitet werden und dahingehend offen sind, dass keine eindeutigen Lösungen erwartet werden können. Im Verlauf der sechs Unterrichtsstunden werden die Kompetenzen erworben, um am Schluss zur Ausgangssituation zurückzukehren und sie bewältigen zu können. Die Bausteine der beiden Treatments enthalten themenspezifische Wissensbausteine, kurze Filmbeiträge, erfahrungsorientierte Übungen, die aus der Methodik interkulturellen Lernens auf religiöse Perspektivenübernahme hin adaptiert sind, und ein „Quizduell" zur Sicherung des Erarbeiteten. In beiden Einheiten wird mit der türkischstämmigen, muslimischen Familie Erdal ein Einblick in eine Migrations- und Religionsperspektive ermöglicht und grundlegendes Wissen zum Islam vermittelt. Auch in den Sozialformen wechseln in beiden Treatments Gruppenarbeiten, wie beispielsweise ein Gruppenpuzzle, Einzel- und Partnerarbeiten mit Unterrichtsgesprächen und Lehrervortrag ab.

a) „Islamic Banking – Zum Umgang mit Geld in Christentum und Islam"

1. Stunde: Einführung „Islamic Banking"

Zum Einstieg werden die Schülerinnen und Schüler aus der Perspektive der Bankangestellten Christine Neumann mit dem Thema „Islamic Banking" konfrontiert. Frau Neumann wird beim Zeitunglesen auf die Schlagzeile aus dem „Osservatore Romano" aufmerksam, aus der hervorgeht, dass der Papst das islamische Bankwesen empfiehlt. Diese Information mag Erstaunen hervorrufen, wirft sie doch die Frage auf, weshalb das katholische Kirchenoberhaupt Werbung für die muslimische Bankenpraxis macht.

Kontrastierend lesen die Schülerinnen und Schüler auf der Eingangsfolie mit den Augen von Frau Neumann die Schlagzeile über das Gerichtsverfahren um Jérôme Kerviel, den ehemaligen Angestellten der Investmentbank Société Générale, der durch hochriskante Spekulationen diese um einen fast fünf Milliarden hohen Geldbetrag gebracht hat. Damit wird er zum Inbegriff des geldgierigen, verantwortungslosen Bankers und gleichzeitig zur Warnung davor, wohin grenzenlose Profitsucht einzelne Personen, Unternehmen und ganze Volkswirtschaften bis hin zum Weltfinanzsystem führen kann. Im daran anknüpfenden Unterrichtsgespräch können die Schülerinnen und Schüler zu diesen Schlagzeilen Position beziehen, eigene Bewertungen und Einschätzungen äußern und ihr Vorwissen zum Thema „Islamic Banking" prüfen. Möglicherweise liegen sogar eigene Erfahrungen aus der Betriebspraxis am Bankschalter vor.

Für eine weitergehende Beurteilung der päpstlichen Empfehlung für das islamische Bankwesen brauchen die Schülerinnen und Schüler Sachinformationen zur Funktionsweise von „Islamic Banking". Hierzu wird im zweiten Teil der Stunde als Medium ein siebenminütiger Filmbeitrag aus der Sendung „Kulturzeit" (3Sat) eingesetzt. Unter dem Titel „Die Welt braucht ein islamisches Wirtschaftssystem" werden das islamische Zinsverbot und die Rolle der Ausschlusskriterien für bestimmte Geldgeschäfte erläutert. Wie im Titel schon angedeutet, werden das Spekulationsverbot und die enge Bindung des Geldes an die Realwirtschaft – beides sind grundlegende

Merkmale von „Islamic Banking" – als Rezept zur Vermeidung zukünftiger Krisen des Weltfinanzsystems gesehen. Im Film kommen verschiedene Bank- und Wirtschaftsexperten zu Wort, die auf die hohen Wachstumsraten der islamkonformen Banken verweisen und sich von der Übernahme ihrer Regeln ins westliche Bankensystem gar eine Überwindung der „tiefen Kluft zwischen Muslimen und Nicht-Muslimen" (Humayon Dar, islamischer Bankberater) erhoffen. Auf einem Arbeitsblatt erarbeiten die Schülerinnen und Schüler am Beispiel eines Immobilienkaufs, wie Kredite ohne Zinsen, stattdessen mit Gebühren, die Finanzierung von Wohneigentum möglich machen.

2. Stunde: Zinsverbot und Alternatives Bankwesen

Im Zentrum der zweiten Stunde stehen das biblische und das koranische Zinsverbot sowie die Grundsätze einer christlichen und einer muslimischen Alternativbank. Der Einstieg in die Stunde erfolgt mit einem Lehrervortrag, einem Informationsinput über die Entstehungszeit der Heiligen Schriften und die Umgangsweise mit ihnen. Die Schülerinnen und Schüler erfahren, dass das Christentum die ältere der beiden Religionen ist und dass Christen und Muslime unterschiedliche Zugangsweisen zu ihren Heiligen Schrift haben. Mit einem Lückentext konsolidieren die Schülerinnen und Schüler das im ersten Teil der Stunde Gelernte.

Als Methode für die Erarbeitung der Wissenselemente zum Zinsverbot und zum alternativen Bankwesen wird die Expertenrunde gewählt. Sie ermöglicht, das in arbeitsteiliger Gruppenarbeit Angeeignete aus der Perspektive eines Experten/einer Expertin vorzustellen, was eine gewisse Identifikation mit dem Themenschwerpunkt erfordert, ohne dass der Experte in eine verteidigende Rolle gedrängt würde. Schwerpunktmäßig befassen sich die Schülerinnen und Schüler in dieser Stunde mit jeweils einem der vier Textblätter. Mit ihnen erarbeiten sie sich das Expertenwissen, dass der sozialgeschichtliche Kontext für das Zinsverbot in beiden Heiligen Schriften der Schutz der wirtschaftlich Schwächeren und der Zusammenhalt der Gemeinschaft war und dass das Zinsverbot in beiden Religionen eine unterschiedliche Wirkungsgeschichte entfaltet hat: ein wörtlich verstandenes Zinsverbot bei Muslimen, ein als Wucherverbot ausgelegtes Zinsverbot im christlichen Kontext. Ebenso gibt es Gemeinsamkeiten bei den religiösen Alternativbanken wie Ausschlusskriterien für Geschäftsbeziehungen mit Unternehmen, die bestimmte Geschäftsinhalte haben. 25 Minuten sind für die Erarbeitung vorgesehen.

3. Stunde: Expertenrunde Umgang mit Geld in Christentum und Islam

Die Lehrkraft moderiert in der dritten Stunde die Expertenrunde und bringt gegebenenfalls durch Moderationsfragen die Lerngruppe dazu, die Gemeinsamkeiten und Unterschiede beim Zinsverbot in Bibel und Koran und auch bei christlichen und muslimischen Alternativbanken herauszuarbeiten. Dafür sind 25 Minuten vorgesehen.

Die zentralen Inhalte werden auf einem Arbeitsblatt festgehalten. In einem Unterrichtsgespräch ist Zeit für Rückfragen und Klärungen (20 Minuten).

4. Stunde: Muslimisches Leben in Deutschland/Quizduell

In den ersten 15 Minuten der vierten Stunde informieren sich die Schülerinnen und Schüler an der Fallgeschichte „Familie Erdal" über muslimisches Leben in Deutschland und über religiöse Regeln und Glaubenssätze im Islam. Die Eltern des Ehepaars Erdal sind türkischstämmige Einwanderer. Deniz Erdal ist Handwerker und wird, wegen einer geplanten Geldanlage, Kontakt zur Bankberaterin Christine Neumann aufnehmen. Die Erdals verkörpern eine typische muslimische Migrationsgeschichte und sind ein Beispiel dafür, wie Muslime in Deutschland ihre Religion praktizieren – im Hinblick auf Einhaltung der religiösen Vorschriften, Speisegebote oder das Tragen eines Kopftuchs.

Die Schülerinnen und Schüler fassen die zentralen Informationen zusammen. Im Plenum gibt es die Möglichkeit für Rückfragen (10 Minuten).

Im zweiten Teil der Stunde wird in einem „Quizduell" – einem Fragekatalog mit möglichen Antwortvorgaben, im Format der gleichnamigen Smartphone App – das in den Stunden bisher Gelernte spielerisch überprüft. Die Schülerinnen und Schüler müssen aus 32 Fragen aus dem Kontext Zinsverbot in Bibel und Koran, alternatives Bankwesen, muslimische Glaubensregeln und muslimisches Leben in Deutschland die jeweils richtigen Antwortvorgaben auswählen. Ein Lösungsblatt ermöglicht die Überprüfung der Antworten. Insgesamt sind hier 20 Minuten eingeplant.

5. Stunde: Die Beratungssituation und Übung mit verteilten Rollen

Hier trifft Deniz Erdal als Bankkunde auf die Bankberaterin Christine Neumann. Deniz Erdal ist in der vierten Stunde als praktizierender Muslim eingeführt worden, dem die Einhaltung der religiösen Regeln des Islam, also auch das Zinsverbot, wichtig ist. Er plant eine Geldanlage und vereinbart einen Termin mit Christine Neumann. Sie hat erst jüngst (siehe Stunde 1) etwas von „Islamic Banking" gehört. Arbeitsauftrag für die Schülerinnen und Schüler ist hier, sich in die Rollen der beiden hineinzuversetzen, bevor das Beratungsgespräch beginnt: Welche Gedanken könnten sich beide vor dem Zusammentreffen machen? Diese Aufgabe erfordert von den Schülerinnen und Schülern die Übernahme der Perspektive der Bankberaterin bzw. des muslimischen Handwerkers. Frau Neumann könnte mit besonderer Vorsicht in dieses Beratungsgespräch gehen, um die religiösen Bedürfnisse ihres Kunden nicht zu verletzen, besser gesagt, ihnen gerecht zu werden. Möglicherweise hat sie jedoch auch Vorurteile darüber, wie sie wohl als Frau und Mitarbeiterin in einer herkömmlichen Geschäftsbank wahrgenommen wird. Herr Erdal wiederum könnte sich Gedanken darüber machen, ob seine religiösen Bedürfnisse überhaupt sensibel wahrgenommen werden und ob er Angebote erhält, die mit seinen Bedürfnissen kompatibel sind.

Nach 20 Minuten wird im zweiten Teil der Stunde eine Methode eingesetzt, die aus dem Bereich des interkulturellen Lernens adaptiert wurde und die die Perspektiven-übernahmefähigkeit trainieren soll. Sechs unterschiedliche Rollen charakterisieren die Bandbreite an möglichen Bankkunden und Bankmitarbeitenden: ein Bankangestell-ter einer islamkonform arbeitenden Bank, eine Aktionärin, die auf höchstmöglichen Gewinn aus ist, ein muslimischer Bankkunde, der nicht nach den Regeln des Korans lebt, eine Angestellte einer christlichen Alternativbank, der Vorsitzende des örtlichen Kirchengemeinderats, der eine ethische Geldanlage plant, und ein Mitarbeiter einer Investmentbank, der hochspekulative Finanzprodukte anbietet. Alle sechs müssen sich – die Einübung in die jeweilige Perspektive wird in Gruppen vorbereitet – posi-tionieren, ob sie auf die gestellten Fragen mit „Ja" oder „Nein" antworten. Eine Frage lautet zum Beispiel: „Ich möchte mit meinen Geldgeschäften den maximalen Profit erzielen." Jede der sechs Personen wird eine eigene Antwort darauf finden müssen. Ein Gruppensprecher/eine Gruppensprecherin wählt den entsprechenden Standort an der Tafel; die anderen Schülerinnen und Schüler beobachten die Entscheidungen und diskutieren im Anschluss im Plenum über die Reaktionen der Gruppensprecher. Für Übung und Auswertung sind 25 Minuten vorgesehen.

6. Stunde: Leitfaden für religionensensible Beratungsgespräche

Die letzte Stunde knüpft an die Ausgangssituation der ersten Stunde an und greift Elemente aus den anderen vorangegangenen Stunden auf: Um anderen Bankange-stellten Informationen über den Umgang mit Geld in Christentum und Islam zur Verfügung zu stellen, soll ein Leitfaden für religionensensible Beratungsgespräche erarbeitet werden. Dazu sollen die Schülerinnen und Schüler einen Überblick mit den zentralen Erkenntnissen zum Zinsverbot und „Islamic Banking" bzw. zu christlichen Alternativbanken erstellen und dabei das gelernte Fachvokabular einsetzen. In der Formulierung von Verhaltensleitlinien konkretisiert sich dieses Wissen ganz praktisch für zukünftige Beratungsgespräche. Die Schülerinnen und Schüler präsentieren ihre Entwürfe im Plenum und stellen sich den Rückfragen – eingeplant sind dafür 35 Mi-nuten.

Die sechsstündige Einheit schließt mit einer lehrermoderierten Feedbackrunde – was war interessant, ärgerlich, was müsste noch genauer untersucht werden, welche Fragen blieben offen, welche Einstellung habe ich zum Thema, hat sich diese Ein-stellung gewandelt? Zum Schluss könnte auch die These aus dem Film vom Anfang weiterdiskutiert werden, ob die Welt ein anderes Finanzsystem braucht und ob das alternative Bankwesen ein Schritt in Richtung Vermeidung weiterer Finanzkrisen sein könnte.

b) „Religionen und Gewalt"

Die Unterrichtseinheit „Religionen und Gewalt" umfasst, wie die Unterrichtseinheit „Islamic Banking", sechs Stunden. Die erste Stunde dient als Einführungs- und Problematisierungsstunde, die den Auszubildenden das Thema zugänglich machen soll und auch problematisieren soll, dass es unterschiedliche Antworten auf die grundlegende Frage des Zusammenhangs von Religion und Gewalt geben kann. Voraussetzung für die Erarbeitung von Antwortmöglichkeiten ist allerdings, dass die Auszubildenden in den darauffolgenden Stunden verschiedene Inhalte erfolgreich erlernen und die Kompetenz erwerben, diese Inhalte auf die Fragestellung hin anzuwenden. Inhaltlich legen die Stunden 2 bis 6 unterschiedliche Schwerpunkte: während Stunde 2 Konflikte im Namen von Religionen thematisiert und damit die These herausarbeitet, dass Religionen Gewaltpotenzial haben, bieten die Stunden 4 und die Stunde 6 die Möglichkeit, sich mit verschiedenen Glaubensbekenntnissen auseinanderzusetzen. Stunde 3 legt dafür exemplarisch Textstellen aus Bibel und Koran vor, die sich auf das Thema Gewalt beziehen. Stunde 4 geht auf das muslimische Leben in Deutschland ein und charakterisiert den Islam in Grundzügen, Stunde 5 arbeitet an der Perspektivenübernahme und nimmt die Anforderungssituationen aus Stunde 1 nochmals auf. Stunde 6 bietet einen Abschluss, bei dem eine eigene Antwort auf die Anforderungssituation am Anfang der Unterrichtseinheit erarbeitet werden soll.

Methodisch werden verschiedene Herangehensweisen ermöglicht. In Stunde 1 kommt ein Film zum Einsatz, während die Stunden 2 und 3 in gewisser Weise klassische Erarbeitungsstunden mit Informationsmaterial sind, wobei hier durch Gruppenphasen und Expertenrunden Elemente kooperativen Lernens eine Rolle spielen. Stunde 4 arbeitet mit einem Quiz. Stunde 5 bietet eine arbeitsteilige Gruppenarbeit, in der verschiedene Rollen eingeübt werden sollen, und in Stunde 6 soll handlungsorientiert ein Slogan erarbeitet werden, den die Auszubildenden aus den vergangenen fünf Stunden Reflexionsarbeit profiliert haben.

1. Stunde: Religionen und Gewalt – Einführung ins Thema

Stunde 1 bietet den Auszubildenden zunächst eine lebensnahe Problemsituation. Bei einer Party sind Merve und Deniz Erdal bei Tina Müller eingeladen. Die Situation spielt nach einer Zeit, in der es zu islamistischen Terrorattacken im Nahen Osten kam. Dabei wird ein Dialog dargestellt, in dem Tina den Islam bezichtigt, Gewalt hervorzubringen. Merve hält dagegen und sagt, dass auch das Christentum in der Vergangenheit und aktuell immer wieder Kriege angezettelt habe. Zwar lenkt Tina schnell ein, generalisiert aber das Problem vom Islam auf Religionen überhaupt und stellt fest, dass Religionen doch wohl eher Gewalt befördern. Anhand dieses Dialoges sollen die Auszubildenden Antwortmöglichkeiten auf die Frage entwickeln, in welchem Verhältnis Religion und Gewalt stehen: Welche Position würden Sie in diesem Dialog einnehmen? Dabei sollen sie in der ersten Stunde auch benennen, welche Hintergrundinformationen über die Problematik sie noch benötigen. Die eingeplante Zeit von 10 Minuten für diesen Teil des Unterrichts setzt eine Bereitschaft voraus, sich mit dem Thema konzentriert auseinanderzusetzen. Durch einen Austausch im Plenum werden die Antwortmöglichkeiten der Auszubildenden veröffentlicht und eine Überleitung zum weiter problematisierenden Film „Gewalt im Namen des Glaubens" hergestellt. Der Film zeigt die Konflikte Kreuzzüge, Nordirland-Konflikt, 9/11 sowie die generellen Fragen, ob Muslime gewalttätig seien und ob Religion allgemein zu Gewalt führt. Außerdem wird die Friedensbotschaft in Koran und Bibel hervorgehoben. Im Anschluss an den Film findet ein kurzer Austausch darüber statt, um dann in einer arbeitsteiligen Gruppenarbeit zu den Themen Kreuzzüge, Nordirland-Konflikt, Nahost-Konflikt und 9/11 vertiefend ins Themenfeld einzusteigen. Diese Phase der vertiefenden Erarbeitung nimmt 20 Minuten in Anspruch und stellt auch den Abschluss dieser Stunde dar.

2. Stunde: Historische und aktuelle Konflikte im Namen von Religionen

Stunde 2 vertieft die in Stunde 1 begonnene Erarbeitung der vier verschiedenen religiösen Konflikte und steigt dazu mit einem Bild eines Demonstrationsplakats ein. Das Bild zeigt einen Juden, der den Staat Israel auffordert, das Töten von Palästinensern zu beenden. Dies ist insofern ein problematisierender Einstieg, als hier religiöse und politische Kategorien vermischt werden. Anhand dieses Einstiegs können die Auszubildenden problematisieren, in welchem Verhältnis die „zwei Reiche" der Politik und der Religion stehen und so auch eine Kriteriologie entwickeln, in welcher Form Religion politisch sein darf und soll. Der weitere Verlauf der Stunde ist mit 15 Minuten durch die Erarbeitung der schon in der vorangegangenen Stunde ausgeteilten Materialien vor allem auf die Ergebnispräsentation hin ausgelegt. Dafür wird genügend Zeit veranschlagt, damit die Schülerinnen und Schüler ihre Gruppenergebnisse präsentieren können, diese in der Klasse gewürdigt werden können und auch eine Kritik erfolgen kann. Die Ergebnissicherung erfolgt über Plakate, die im Raum aufgehängt werden können. Dazu hat es sich als hilfreich erwiesen, mit dem Material L3 auch eine Strukturierungshilfe an die Hand zu geben, die nicht nur die Lehrkraft benutzen kann, sondern die auch den Schülerinnen und Schülern ausgehändigt werden könnte. Lösungsvorschläge zu den einzelnen Materialien geben der Lehrkraft eine Orientierung, was auf den Plakaten inhaltlich festgehalten sein sollte.

3. Stunde: Was sagen die Heiligen Schriften von Islam und Christentum über Gewalt?

Stunde 3 thematisiert die normativen Grundlagen von Islam und Christentum am Beispiel ihrer Heiligen Schriften. Der Einstieg ist mit 15 Minuten vergleichsweise lang, weil hier die Religionslehrerin bzw. der Religionslehrer den Schülerinnen und Schülern anhand einer Grafik die Entstehung der Heiligen Schriften erläutert. Die Inhalte dieses Einstiegs sollen von den Auszubildenden reproduziert werden, indem diese einen Lückentext zum Thema ausfüllen. In der daran anschließenden Erarbeitung in Kleingruppen werden drei Bibelstellen (Josua 6,1–5 und 20 und 21; Micha 4,1–4 und Matthäus 5,38–48) und Koranstellen (Sure 9,29; Sure 5,30–32 und Sure 22,38–40) erarbeitet. Dies geschieht zunächst deskriptiv, indem die Schülerinnen und Schüler die Inhalte wiedergeben. Danach sollen sie anhand der Textstellen beurteilen, in welchem Verhältnis Religion und Gewalt zueinander stehen. Diese Aufgabe ist kriteriologisch zentral, weil an dieser Stelle die – aus religiöser Perspektive formuliert – Unsachgemäßheit einer Legitimation von Gewalt durch Religion deutlich wird. Die Auszubildenden sind aufgefordert, ihre Ergebnisse anhand von Notizen festzuhalten. Diese Ergebnisse werden auch benötigt, um in einer anschließenden, sogenannten „offenen Expertenrunde" diskutiert zu werden. Hierfür sind 10 Minuten eingeplant. Diese Expertenrunde dient der Präsentation der Ergebnisse und funktioniert mit verteilten Rollen: Die Klasse sitzt in einem äußeren und einem inneren Kreis, wobei im inneren Kreis jeweils ein Experte bzw. eine Expertin aus der Gruppenarbeit zusammen mit einem Moderator sitzen. Zusätzlich ist im Innenkreis ein Stuhl frei, auf den sich ein Mitschüler oder eine Mitschülerin setzen kann, wenn dieser oder diese etwas sagen möchte. Ein Methodenblatt steht hierfür zur Verfügung. Im Anschluss an diese Expertenrunde werden die Ergebnisse nochmals für alle gebündelt, sodass die Stunde abgeschlossen ist.

4. Stunde: Was wissen wir über den Islam in Deutschland?
Grundinformationen

Nachdem die Auszubildenden also eine Problematisierung des Verhältnisses von Politik und Religion vorgenommen und die Binnenperspektive von Islam und Christentum auf das Verhältnis von Religion und Gewalt kennengelernt haben, sollen in Stunde 4 Fakten über den Islam bzw. muslimisches Leben in Deutschland erarbeitet werden. Dazu sollen in der ersten Stundenhälfte anhand einer Fallgeschichte Kenntnisse über muslimisches Leben in Deutschland erarbeitet werden, die dann in der zweiten Stundenhälfte durch ein Quiz spielerisch überprüft werden. Die Fallgeschichte schildert – wie in der Unterrichtseinheit zu „Islamic Banking" – die Familie Erdal, die in dritter Generation in Deutschland lebt und den muslimischen Glauben praktiziert. Dabei wird auf die fünf Säulen des Islams und die sechs Glaubensgrundsätze eingegangen. Das Quiz überprüft spielerisch das erworbene Wissen, wozu eine Powerpointpräsentation abgespielt wird. Diese Präsentation blendet die jeweilige Frage für ca. 10–15 Sekunden ein. Dann erscheint die nächste Frage. Dieses Zeitlimit ist wichtig, um für alle Schülerinnen und Schüler gleiche Antwortbedingungen zu schaffen, und unterstreicht den spielerischen Charakter dieser Wissensüberprüfung. Anhand einer Lösungsvorlage kann das eigene Wissen und Antwortverhalten überprüft werden.

5. Stunde: Rollenübernahme

Eine andere Dimension interreligiösen Lernens spricht Stunde 5 an. Während es bisher vor allem um die Aneignung von (interreligiösem) Wissen ging, geht es jetzt um die Einübung der Perspektivenübernahme. Auch diese Übung geschieht, wie in der oben dargestellten Einheit „Islamic Banking", durch ein Spiel. Dazu werden die Schülerinnen und Schüler in zwei Gruppen eingeteilt und erhalten verschiedene Rollen. Wichtig dabei ist, dass die Rolle durch die Schülerinnen und Schüler selbst mit Inhalt gefüllt wird. Zwar erhalten sie eine grobe Charakterisierung ihrer Rolle, aber sie müssen jeweils selbst überlegen, welche Haltung die beschriebene Person wohl haben würde. Dies geschieht in einer Gruppenarbeit. Im darauffolgenden, eigentlichen Spiel geht es darum, dass die Gruppen einen Vertreter bzw. eine Vertreterin benennen, die Aussagen über den Glauben und zu Gewalt in den Religionen kommentarlos und stellvertretend für die Gruppe beantworten sollen. Gleichzeitig beantworten die Gruppenmitglieder im Plenum je für sich und alleine die Fragen und halten diese fest. Aus der gegebenen bzw. zu erwartenden Differenz im Antwortverhalten entspinnt sich im Anschluss an dieses Spiel eine Diskussion über die unterschiedlichen Entscheidungen. Mit Blick auf die Anforderungssituation in Stunde 1 wird Stunde 5 durch die Aufgabe abgeschlossen, eine Antwort auf den Vorwurf an Merve, dass der Islam Terrorismus und Gewalt legitimiere, zu formulieren. Auch eine Antwort Tinas sollte formuliert werden.

6. Stunde: „Glaubensbekenntnis auf dem Rücken" – ein Schritt zu gewaltfreiem Umgang auf Grundlage von Religionen

In Stunde 6 wird zusammenfassend rekapituliert, welche Inhalte und welche Prozesse sich in den letzten Stunden ergeben haben. Dabei wird noch einmal auf die Anforderungssituation aus Stunde 1 eingegangen. Es soll nun aber nicht mehr aus der Perspektive einer bestimmten Religion geantwortet werden, sondern die Auszubildenden sollen eigene Antworten auf den pauschalen Vorwurf formulieren, Religionen brächten Gewalt. Dafür sind 20 Minuten eingeplant. In den darauffolgenden 20 Minuten sollen die Schülerinnen und Schüler einen Transfer des Erlernten leisten, indem sie Slogans formulieren, die für einen gewaltfreien Umgang auf der Basis von Religion stehen. Diese Slogans werden abschließend in einer Vernissage präsentiert.

2.
Wirksamkeit interreligiösen Lernens als religionsbezogene Perspektivenübernahme – Eine Interventionsstudie

Magda Bräuer

2.1 Entwicklungsarbeiten und Vorstudien

In diesem Teilkapitel werden die Vorarbeiten beschrieben, die der Hauptuntersuchung vorangingen. Entsprechend stehen die Entwicklung von Untersuchungsinstrumenten sowie Pilotierungen im Zentrum. Darüber hinaus wird der Fragebogen vorgestellt.

2.1.1 Ausgangspunkt und Ziele

Interreligiöse Kompetenz wird nicht nur in der Religionspädagogik, sondern zunehmend auch in anderen Bereichen der Wirtschaft, Politik und Öffentlichkeit als bedeutsam für ein friedliches Zusammenleben in multikulturellen und multireligiösen Gesellschaften angesehen. Dabei besteht auch überwiegend Konsens darüber, dass die Schule und insbesondere der Religionsunterricht zum Aufbau dieser Kompetenz beitragen sollen. Dies gilt speziell auch für die berufliche Bildung und den Berufsschulreligionsunterricht (BRU), da sich der BRU durch eine multireligiöse Schülerschaft auszeichnet und die Auszubildenden in ihrem Arbeitsleben unterschiedlichen Religionszugehörigkeiten begegnen.

Wie kann jedoch der BRU zur Ausbildung einer interreligiösen Kompetenz beitragen? Obwohl die Zahl der religionsdidaktischen Ansätze vermuten ließe, dass diesbezüglich auch die Forschung besonders ausgebaut ist, finden sich nur wenige empirische Studien, die Aussagen zur Wirksamkeit dieser didaktischen Ansätze und insbesondere zur interreligiösen Kompetenzentwicklung im Rahmen des Religionsunterrichts an berufsbildenden Schulen zulassen (vgl. Kapitel 1.2, S. 43 ff.). Entsprechend konnte für die vorliegende Untersuchung nur auf wenige Vorarbeiten zurückgegriffen werden, vor allem aber nicht auf bereits bewährte Untersuchungsinstrumente.

Die wahrgenommene Relevanz interreligiösen Lernens im Rahmen des BRU sowie das gleichzeitige weitreichende Fehlen empirischer Analysen zu interreligiös ausgerichteten religionsdidaktischen Ansätzen stellen den Ausgangspunkt der vorliegenden Studie dar. Die beiden Institute für berufsorientierte Religionspädagogik an der Universität Tübingen, das Evangelische Institut für berufsorientierte Religionspädagogik (EIBOR) und das Katholische Institut für berufsorientierte Religionspädagogik (KIBOR), haben es sich zur Aufgabe gemacht, Anforderungen, die sich aus der Praxis ergeben, theoretisch und empirisch zu untersuchen, wodurch sich u. a. Arbeitsschwerpunkte in den Bereichen Interreligiöses Lernen, Unterrichtsforschung sowie Entwicklung von schülerorientierten, didaktisch innovativen Unterrichtsmaterialien ergeben.

Seit 2010 geht es dabei vermehrt darum, die interreligiöse Kompetenzentwicklung im Berufsschulreligionsunterricht zu stärken und speziell, im Rahmen einer Interventionsstudie, die Wirksamkeit interreligiösen Lernens anhand spezifischer didaktischer Ansätze zu erforschen. Hierbei lag und liegt das Erkenntnisinteresse darin, zu erfahren, ob und gegebenenfalls in welcher Weise im BRU interreligiöse Kompetenz-entwicklung durch zwei speziell dafür entwickelte Unterrichtseinheiten (Treatments) gefördert werden kann und ob die Kompetenzentwicklung dabei – je nach religions-didaktischer Ausrichtung der Unterrichtseinheit – verschieden ausfällt (vgl. S. 48 ff.). Zur Beantwortung dieser Fragen galt es zum einen, zwei interreligiös ausgerichtete Unterrichtseinheiten, welche sich in ihrer thematischen Ausrichtung sowie in der di-daktischen Ausgestaltung unterscheiden (*mit* vs. *ohne* Berufsbezug, wobei dieser Be-zug als Form der Schülerorientierung bzw. des Lebensweltbezugs verstanden wird), zu entwickeln. Zum anderen musste ein Messinstrument entworfen werden, mit wel-chem interreligiöse Kompetenz empirisch erfasst werden kann, um somit Aussagen darüber treffen zu können, wie sich der Unterricht mit den entwickelten Materialien auf die interreligiöse Kompetenz der Schülerinnen und Schüler auswirkt. Dabei sollte differenziert betrachtet werden, welche Komponenten interreligiöser Kompetenz im Einzelnen gefördert werden können. Da die Untersuchung von Wirksamkeitsfragen dieser Art die Identifikation von operationalisierbaren und validierbaren Kompeten-zen voraussetzt, war zunächst zu klären, wie interreligiöse Kompetenz genau ver-standen wird bzw., genauer gesagt, welches Kompetenzmodell zugrunde gelegt wird. Wie oben beschrieben (vgl. S. 56 ff.), existiert aus religionspädagogisch-theoretischer Sicht ein breites Spektrum unterschiedlicher Aspekte interreligiöser Kompetenz, de-ren empirische Validierung jedoch noch nicht weit vorangeschritten ist. Angelehnt an vorhandene Arbeiten (wie z. B. Benner, Schieder, Schluß & Willems, 2011) baut die vorliegende Studie auf einem Kompetenzmodell auf, welches sich auf die folgenden drei Komponenten konzentriert: religionsbezogenes Wissen, religionsbezogene Per-spektivenübernahme und religionsbezogene Einstellungen. Ursprünglich sollte auch die religionsbezogene Handlungskompetenz einbezogen werden, die sich jedoch mit den im Projekt eingesetzten Instrumenten nicht zuverlässig erfassen lässt. In der Ber-liner Untersuchung zur religiösen Kompetenz (Benner et al., 2011) und auch im Rah-men eigener Pilotierungen wurde deutlich, dass sich die Komponente Handlungsfä-higkeit in aller Regel einer im schulischen Rahmen möglichen Überprüfung entzieht. Aus diesem Grund wird sie zwar aus theoretischer Perspektive als Komponente des zugrundeliegenden Kompetenzmodells bejaht, das Bestreben, sie auch empirisch zu erfassen, musste jedoch im Laufe des Projekts verworfen werden.

Das zentrale Konstrukt der religionsbezogenen Perspektivenübernahme wird in Anlehnung an Selman (1984) sowie in Analogie u. a. an die geschichtsdidaktischen Untersuchungen von Hartmann, Sauer und Hasselhorn (2009) als die Fähigkeit ver-standen, sich in Akteure verschiedener Religionszugehörigkeiten und religiöser Prä-gung sowie Situationen mit religiösen Implikationen hineinzuversetzen und dabei die jeweiligen religiösen Denk- und Handlungshorizonte so zu berücksichtigen, wie sie sich vom betreffenden Akteur her darstellen. Religionsbezogene Perspektivenüber-nahme kann dementsprechend als die für interreligiöse Zusammenhänge entschei-dende Form des Deutens bzw. Verstehens aufgefasst werden und setzt religionsbe-zogenes Wissen voraus. Für den tatsächlichen Vollzug der Perspektivenübernahme dürften zudem auch Einstellungen von Einfluss sein, da zur Perspektivenübernahme auch eine entsprechende Bereitschaft gehört. Eine positive Wirkung der Treatments wurde im Rahmen dieser Studie dementsprechend als Zunahme der Fähigkeit zur religionsbezogenen Perspektivenübernahme und des religionsbezogenen Wissens bestimmt. Außerdem wurde angenommen, dass die Fähigkeit zur religionsbezogenen Perspektivenübernahme eine entscheidende Voraussetzung für religionsbezogene Handlungskompetenz darstellt, auch wenn diese nicht eigens empirisch untersucht werden konnte. Darüber hinaus wurde erwartet, dass der Anstieg der Fähigkeit zur religionsbezogenen Perspektivenübernahme und des religionsbezogenen Wissens mit veränderten religionsbezogenen Einstellungen im Sinne religiöser Toleranz und des Abbaus von Xenophobie einhergehen könnte. Aufgrund der Befunde früherer Studien (Ritzer, 2010; Ziebertz, 2010) war allerdings von vornherein auch zu erwarten, dass Einstellungsänderungen im Religionsunterricht nur schwer erreichbar sind. Als im Projekt zu überprüfende Hypothese wurde deshalb formuliert, dass keine Einstellungsänderungen festzustellen sein würden. Hinsichtlich der Fähigkeit zur Perspektivenübernahme waren im Rahmen früherer Studien zumindest teilweise positive Wirkungen auch im Bereich von Unterricht zu erkennen (vgl. Ritzer, 2010; Schultz, Barr & Selman, 2001).

Dieses Verständnis interreligiöser Kompetenz stellt nicht nur für die Evaluation, sondern auch für die Entwicklung der Treatments eine wichtige Grundlage dar. Da auf die Konzeption und die Ausgestaltung der beiden Treatments bereits genauer eingegangen wurde, werden im Rahmen dieses Kapitels lediglich deren Entwicklungsschritte skizziert (siehe 2.1.3). Die Entwicklungsarbeit sowie der Aufbau des Messinstruments, welches für die Evaluation der Treatments entscheidend ist, werden hingegen genauer aufgezeigt (siehe 2.1.2). Zuvor wird jedoch noch auf wesentliche Aspekte der angestrebten Stichprobe eingegangen.

Da ein Anliegen von EIBOR und KIBOR darin besteht, ihre religionspädagogischen Forschungsarbeiten auf möglichst verschiedene Ausbildungsbereiche zu richten und der kaufmännische Bereich zuvor weniger im Blick war, wurde entschieden, dass sich die vorliegende Studie auf kaufmännische Ausbildungsgänge beziehen soll. Eine zunächst beabsichtigte weitere Eingrenzung auf den Ausbildungsgang „Bankkauffrau/-mann" sollte eine bessere Einschätzbarkeit des Anspruchsniveaus sowie einen konkreten Berufsbezug der zu entwickelnden Treatments ermöglichen. Da entgegen erster Recherchen nur in einem Teil der Bankfachklassen in Baden-Württemberg Religionsunterricht angeboten wird bzw. in manchen Fällen andere, in der Regel pragmatische Gründe gegen eine Beteiligung an der Studie sprachen, wurden zusätzlich zu den Bankfachklassen auch Industriefachklassen aus dem kaufmännischen Bereich mit einbezogen. Nach Einschätzung von erfahrenen Religionslehrkräften des kaufmännischen Bereichs konnte diese Entscheidung hinsichtlich der Vergleichbarkeit des Anspruchsniveaus durchaus vertreten werden. Im Hinblick auf die empirische Datenauswertung stellte der Einbezug eines zweiten Ausbildungsgangs zudem eine wichtige Voraussetzung für die Aussagekraft der Ergebnisse dar. Auf diese Weise konnte nicht nur die angezielte Größe des Samples realisiert, sondern auch die Voraussetzung für eine vergleichende Auswertung im Blick auf unterschiedliche

Schülervoraussetzungen geschaffen werden: Auf der Grundlage des im Blick auf zwei unterschiedliche Ausbildungsgänge differenzierten Samples konnte überprüft werden, ob mögliche Unterschiede in der Wirksamkeit der beiden Treatments tatsächlich auf die verschiedenen religionsdidaktischen Ausrichtungen zurückgehen und nicht etwa auf ausbildungsgangbezogene Lernvoraussetzungen. Eine detaillierte Beschreibung der realisierten Stichprobenzusammensetzung wird unter 2.2.2 dargestellt.

Aufgrund des erheblichen Arbeitsaufwandes und der hohen Kosten, die mit einer umfangreichen Interventionsstudie verbunden sind, wurde ein Antrag für die DFG (Deutsche Forschungsgemeinschaft) entwickelt, der nach einer Ausarbeitungsphase mit diversen Vorstudien 2013 positiv beschieden wurde.

2.1.2 Das Messinstrument

Um evidenzbasierte Aussagen über die Wirksamkeit der Treatments im Rahmen von Interventionsstudien treffen zu können, wird ein geeignetes Instrument benötigt, mit welchem das zu untersuchende Konstrukt reliabel und valide erfasst werden kann. Im Falle dieser Studie eignete sich hierfür eine quantitative Datenerhebung mittels eines Fragebogens, welcher vor Beginn und am Ende der Treatments sowie – zur Kontrolle der Nachhaltigkeit – zusätzlich in einem längeren zeitlichen Abstand eingesetzt wurde. Der Fragebogen musste natürlich so konzipiert sein, dass er die interreligiöse Kompetenz der Schülerinnen und Schüler im intendierten Sinne erfasst. Genauer gesagt wurde für die Überprüfung der Frage, inwieweit sich die interreligiöse Kompetenz von Schülerinnen und Schülern im Verlauf einer bestimmten Unterrichtseinheit verändert, ein Fragebogen benötigt, welcher differenziert das zugrundeliegende Kompetenzmodell interreligiösen Lernens abbildet. Als konzeptionelle Grundlage des Fragebogens ist folglich das bereits vorgestellte Kompetenzmodell interreligiösen Lernens, mit den Komponenten religionsbezogenes Wissen, religionsbezogene Perspektivenübernahme und religionsbezogene Einstellungen anzusehen. Um aussagekräftige Ergebnisse zu erhalten, war es entscheidend, dass alle genannten Komponenten durch das Messinstrument zuverlässig erfasst werden. Der Begriff der Zuverlässigkeit verweist in diesem Zusammenhang darauf, dass das Messinstrument bestimmten Gütekriterien für empirische Untersuchungen gerecht werden sollte. Hierzu gehören insbesondere die Gültigkeit der Messung im Sinne der tatsächlichen Erfassung der Merkmale (Validität), die Unabhängigkeit der Messung von diversen Rahmenbedingungen (Objektivität) und die Genauigkeit der Messung (Reliabilität). Hinzu kommen Nebengütekriterien wie Testökonomie, Nützlichkeit, Zumutbarkeit oder Skalierung.

Frühere Untersuchungen als Ausgangspunkt der Instrumentenentwicklung

Da die Entwicklung eines Instruments, welches diesen Kriterien entspricht, sich äußerst komplex und arbeitsaufwändig gestaltet, ist es vorteilhaft, wenn auf bereits validierte Instrumente zurückgegriffen werden kann. Entsprechend der geringen

Anzahl an empirischen Forschungsarbeiten in der Religionspädagogik stehen jedoch so gut wie keine bewährten Testinstrumente zur Verfügung, welche sich zur Erfassung interreligiöser Kompetenz in dem hier verstandenen Sinne eignen und die den psychometrischen Standards gerecht werden. So ergaben erste Recherchen, dass zur Messung religionsbezogener Einstellungen geeignete, auf den Berufsschulreligionsunterricht in leicht modifizierbarer Form übertragbare Instrumente verfügbar waren, während für die anderen Komponenten kaum bewährte Instrumente vorlagen. Die Überprüfung der hierbei gefundenen Instrumente hinsichtlich ihrer Eignung für die vorliegende Untersuchung führte zu folgenden Ergebnissen:

Die bei der interreligiös ausgerichteten Curriculum-Studie des Niederländers Carl Sterkens (2001) eingesetzten Instrumente sind auch für das vorliegende Projekt von Interesse, orientieren sich jedoch eher an Identitätsbildung und Lernzielen anstelle von Kompetenzen und sind auf eine andere Altersgruppe ausgerichtet. Auch bei der von Ziebertz (2010) durchgeführten Interventionsstudie zum interreligiösen Lernen im Bereich Gender, welche an die Arbeit von Sterkens (2001) anknüpft, wird nicht direkt von einem religionsbezogenen Kompetenzmodell ausgegangen, jedoch von Lerndimensionen, welche sich als Teilkompetenzen verstehen lassen. Diese Studie bezieht sich außerdem auf eine mit der in der vorliegenden Untersuchung angestrebte, grob vergleichbare Altersgruppe und bietet für die Erfassung von (religionsbezogenen) Einstellungen folgende fünf Skalen: Diskriminierung, Akzeptanz, Toleranz, Ethnozentrismus und Patriotismus. Auch wiesen die Skalen eine zufriedenstellende bis gute interne Konsistenz auf. Mit Ausnahme eines Toleranz-Items konnten die Skalen Patriotismus, Akzeptanz und Toleranz in das neu zu konzipierende Messinstrument aufgenommen werden. In der österreichischen Wirksamkeitsstudie zum Religionsunterricht von Ritzer (2010), deren Befunde zur (religiösen) Pluralitätsverarbeitung auf die Bedeutung der Perspektivenübernahme verweisen, wurden ebenfalls Aspekte religionsbezogener Einstellungen (religiöse Indifferenz und religiöse Intoleranz) erhoben. Hierbei ist jedoch anzumerken, dass im Rahmen dieser Studie zwar versucht wird, religionsbezogene Veränderungen während eines Schuljahres zu erfassen, dass dabei aber kein Bezug auf bestimmte didaktische Ansätze genommen wird. Bezüglich der Komponente „religionsbezogene Einstellungen" konnten dennoch drei Items, zum Teil in etwas abgeänderter Form, übernommen werden. Des Weiteren wurden auch bei der Shell Jugendstudie (2010) religionsbezogene Einstellungen im Sinne von Xenophobie erhoben, welche für eine Adaption im vorliegenden Projekt geeignet erschienen.

Eine wichtige Grundlage für die Operationalisierung religionsbezogenen Wissens und religionsbezogener Perspektivenübernahme stellte das Berliner Modell von Benner et al. (2011) dar. Das von Benner et al. verwendete Kompetenzmodell wurde im Rahmen einer Untersuchung zu Kompetenzen und Standards im Religionsunterricht entwickelt und unterscheidet drei Komponenten religiöser Kompetenz: religionskundliche Grundkenntnisse (Wissen als Voraussetzung), religiöse Deutungskompetenz (Verstehen) und religiöse Partizipationskompetenz. Zu jeder dieser Komponenten wurden von Benner et al. (2011) Testaufgaben entwickelt, mit deren

Hilfe die drei Komponenten zumindest teilweise validiert werden konnten. Interreligiöse Kompetenz spielte hierbei zwar nur am Rande eine Rolle, dennoch konnte im vorliegenden Projekt bei der Entwicklung von Items zur Erfassung des religionsbezogenen Wissens auf die Testaufgaben aufgebaut werden, die sich auf die religionskundlichen Grundkenntnisse beziehen. Für die Entwicklung des Instruments zur religionsbezogenen Perspektivenübernahme stellte besonders die Komponente religiöse Deutungskompetenz sowie die Weiterentwicklung des Berliner Modells zu einem theoretisch begründeten Modell interreligiöser Kompetenz durch Willems (2011) eine wichtige Basis dar. Als weiterer wichtiger Ausgangspunkt der Operationalisierung religionsbezogener Perspektivenübernahme können zudem empiriegestützte Modelle zur Ausbildung interkultureller Sensibilität (Bennett, 1993), zur Selbsteinschätzung von Perspektivenübernahme (Davis, 1983) und entsprechende fachdidaktische Forschungen (Geschichte: Hartmann et al., 2009; Ethik/LER: Kenngott, 2012; die auf die Holocaust Education bezogene Interventionsstudie zur Perspektivenübernahme von Schultz et al., 2001) angesehen werden. Allerdings werden bei der vorliegenden Untersuchung nicht die Selbsteinschätzungen der Fähigkeit zur Perspektivenübernahme erhoben, sondern anhand entsprechender Aufgaben tatsächlich vorhandene Fähigkeiten geprüft.

Zusammenfassend zeigte sich, dass zur Erfassung von religionsbezogenen Einstellungen zum Teil geeignete – für das spezifische Anliegen in modifizierter Form übertragbare – Messinstrumente vorlagen, wohingegen diese für die Erfassung des religionsbezogenen Wissens und der religionsbezogenen Perspektivenübernahme auf Basis vorhandener Studien eigens entworfen werden mussten. Auf welcher Grundlage dies geschah und wie die Endversion des Fragebogens aufgebaut ist, wird im Folgenden aufgezeigt.

Aufbau des Fragebogens

Auf Basis des hier verwendeten Kompetenzmodells sowie weiterer Überlegungen zur empirischen Erfassung wurde der Fragebogenentwicklung folgende Konzeption zugrunde gelegt: Ein Teil der Aufgaben zum religionsbezogenen Wissen sowie zur religionsbezogenen Perspektivenübernahme sollte sich auf Inhalte beziehen, welche in beiden Treatments vorkommen. Der andere Teil der Aufgaben zu diesen Komponenten interreligiöser Kompetenz sollte sich auf Inhalte beziehen, welche jeweils nur in einer der beiden Treatments behandelt werden. Zur Erfassung des religionsbezogenen Wissens (RWi) beinhaltet der Fragebogen daher folgende drei Aufgabentypen: 1. Treatmentunspezifisches RWi (bezieht sich auf Inhalte, welche in beiden Treatments behandelt werden), 2. „Religionen und Gewalt"-spezifisches RWi (bezieht sich auf Inhalte der Unterrichtseinheit „Religionen und Gewalt") und 3. „Islamic Banking"-spezifisches RWi (bezieht sich auf Inhalte der Unterrichtseinheit „Islamic Banking"). Die Aufgaben zur religionsbezogenen Perspektivenübernahme (RPÜ) können analog untergliedert werden: treatmentunspezifische RPÜ, „Religionen und Gewalt"-spezifische RPÜ und „Islamic Banking"-spezifische RPÜ.

Diesem Aufbau liegt die Annahme zugrunde, dass besonders dann deutlich werden kann, wie sich die verschiedenen Treatments auf die interreligiöse Kompetenz der Schülerinnen und Schüler auswirken, wenn neben den treatmentunspezifischen Fragen auch Inhalte abgefragt bzw. getestet werden, welche tatsächlich in den Treatments vermittelt wurden. Die treatmentspezifischen Aufgaben sollten Aufschluss darüber liefern, ob in diesen speziellen Bereichen besondere Treatmenteffekte erkennbar sind. Insofern kam es immer wieder auf eine präzise Abstimmung des Fragebogens mit der Entwicklung der Treatments an.

Neben den RWI- und RPÜ-Aufgaben umfasst das Messinstrument außerdem noch Aufgaben zur Erfassung religionsbezogener Einstellungen, zur Religiosität und zu soziodemografischen Merkmalen. Die Ausgestaltung des Fragebogens, wie er im Rahmen des Hauptlaufs der Studie zum Einsatz kam, wird im Folgenden detailliert erläutert. Hierfür wurde die Darstellung in vier Teile untergliedert, von welchen drei den Komponenten interreligiöser Kompetenz entsprechen. Der vierte Unterpunkt bezieht sich auf Kontroll- und Moderatorvariablen wie die Religiosität und soziodemografische Merkmale. Der Fragebogen selbst findet sich außerdem im Anhang (Anhang B, S. 233 ff.).

(1) Religionsbezogenes Wissen

Im Ganzen umfasst der Fragebogen 14 Aufgaben mit insgesamt 40 Items, die sich auf religionsbezogenes Wissen beziehen. Hiervon sind sieben Aufgaben bzw. 20 Items (F1–F3, F5–F8) treatmentunspezifisch. Bei der Entwicklung dieser treatmentunspezifischen Aufgaben galt es zunächst, Lerninhalte zu identifizieren, welche in beiden Unterrichtseinheiten vermittelt werden. Da sich beide Einheiten vor allem mit dem Christentum und dem Islam befassen, wurden für diesen Fragebogenteil Items entworfen, die sich auf Grundlagenwissen im Blick auf diese beiden Religionen beziehen. So wurden beispielsweise Aufgaben formuliert, durch welche die Schülerinnen und Schüler zum Entstehungszeitpunkt der Religionen oder zu den fünf Säulen des Islams befragt werden.

Bei den treatmentspezifischen Aufgaben wurde der Einbezug der wichtigsten Lerninhalte des jeweiligen Treatments berücksichtigt. Auf Basis der Unterrichtseinheit „Religionen und Gewalt" wurden drei Aufgaben (F4, F12 und F19) mit insgesamt sieben Items entwickelt. Diese beziehen sich auf das Vorkommen von Gewalt in den Heiligen Schriften der beiden Religionen und auf die Hintergründe von Gewalt im Namen von Religionen. Zur Unterrichtseinheit „Islamic Banking" wurden vier Aufgaben (F9–F11 und F18) mit insgesamt 13 Items formuliert. Inhaltlich beziehen sich diese auf das Zinsverbot in Bibel und Koran sowie auf die Grundsätze von christlichen und islamischen Banken.

Fast alle Items zum religionsbezogenen Wissen (außer F1, F2 und F12), sowohl treatmentspezifische als auch -unspezifische, wurden als Aussagen mit richtigem oder falschem Gehalt formuliert. Zur Beantwortung stand den Schülerinnen und Schülern eine vierstufige verbalisierte Antwortskala zur Verfügung. Für die Wahl einer geradzahligen Skala sprach, dass ein mittlerer Skalenpunkt vermieden werden kann, der häufig als „Fluchtkategorie" verwendet wird, wenn sich die Befragten nicht entscheiden können oder wollen. Im Gegensatz zu einer dichotomen Antwortskala wurde der Vorteil von vier Skalenpunkten vor allem in der Reduktion der Ratewahrscheinlichkeit gesehen. Passend zur Aufgaben- bzw. Itemformulierung wurden die Skalenpunkte mit *stimmt; stimmt eher; stimmt eher nicht; stimmt nicht* oder mit *gehört dazu; gehört eher dazu; gehört eher nicht dazu; gehört nicht dazu* beschriftet. Da bei Aufgabe F1, für welche als Einstiegsfrage bewusst ein Item mit geringer Schwierigkeit gewählt wurde, direkt gefragt wird, wie das Heilige Buch des Islam heißt, werden hier konkrete Antwortmöglichkeiten (*Thora, Bibel, Evangelium, Koran*) vorgegeben. Die Aufgaben F2 und F12 wurden analog gestaltet. Bei diesen erschien es aufgrund inhaltlicher Überlegungen sinnvoll, nur drei Antwortoptionen zu verwenden.

(2) Religionsbezogene Perspektivenübernahme

In Anlehnung an vorhandene Untersuchungen (z.B. Selman, 1984; Hartmann et al., 2009) wurden die Aufgaben zur Erfassung religionsbezogener Perspektivenübernahme als Fallgeschichten gestaltet, die sich auf treatmentunspezifische bzw. -spezifische interreligiöse Anforderungssituationen beziehen. Nach jeder der Fallgeschichten folgen positiv oder negativ formulierte Aussagen (Items), welche bestimmte Sichtweisen gegenüber den in den Geschichten bedeutsamen religiösen Bedürfnissen oder Handlungsweisen so zum Ausdruck bringen, dass eine Perspektivenübernahme erforderlich ist. Anhand einleitender Fragen werden die Schülerinnen und Schüler dazu aufgefordert, sich in die in den Fallgeschichten präsentierten Figuren hineinzuversetzen und aus deren Perspektive anzugeben, inwieweit die Aussagen hinsichtlich der dargestellten Situation oder darauf bezogener Handlungsweisen „geeignet" sind. Basierend auf dem theoretischen interreligiösen Kompetenzmodell liegt der Konstruktion dieser Aufgabenart die Annahme zugrunde, dass die Befragten zur kompetenten Bewertung der Aussagen jeweils auch religionsbezogenes Wissen benötigen, aber zusätzlich dazu fähig sein müssen, eine religionsbezogene Perspektive zu übernehmen. Genauer gesagt stützt sich der Aufbau auf der theoretischen Erwartung, dass religionsbezogenes Wissen eine notwendige, aber keine hinreichende Bedingung für religionsbezogene Perspektivenübernahme darstellt (s. dazu unten, S. 101). Demzufolge ist für eine kompetente religionsbezogene Perspektivenübernahme zusätzlich zum entsprechenden Wissen noch eine weitere Fähigkeit entscheidend. Die spezielle Konstruktion der Aufgaben stellt einen Versuch dar, diese zusätzliche Fähigkeit oder Kompetenzkomponente empirisch fassbar zu machen. Wie bei den Aufgaben zum religionsbezogenen Wissen wurde auch hier eine vierstufige Antwortskala gewählt, von welcher jedoch in diesem Fall nur die Endpunkte benannt wurden. Dies war notwendig, da die Bezeichnung der inneren Skalenpunkte nicht immer knapp und stimmig formuliert werden konnte. Je nach Aufgabenformulierung wurden die Skalenendpunkte mit *geeignet* bzw. *nicht geeignet* oder mit *stimmt* bzw. *stimmt nicht* beschriftet.

Zur Erfassung der treatmentunspezifischen religionsbezogenen Perspektivenübernahme wurden fünf Fallgeschichten mit insgesamt 25 Items entwickelt (F17, F21,
F23, F25 und F26). Diese Fallgeschichten thematisieren religiöse Feiern, die Gebetspflicht im Islam, den Wunsch einer Eheschließung zwischen einer Muslima und einem
evangelischen Christen (s. Bsp. S. 66 f.) sowie die Speisevorschriften im Islam und
Christentum. Als Beispiel kann die Fallgeschichte zum Thema Gebetspflicht dienen:

> *Ertan arbeitet als Industriemechaniker in einem produzierenden Unternehmen. Er besucht*
> *regelmäßig die Moschee und würde gerne seiner täglichen Gebetspflicht auch im Betriebs-*
> *alltag nachkommen. Eines Tages vertraut Ertan seinem Freund und Kollegen Marcel an,*
> *dass er unglücklich damit ist, dass er während der Arbeit nicht beten kann. Andere Arbeits-*
> *kollegen bekommen dies mit und diskutieren Ertans Anliegen untereinander.*

Eines von fünf Items, die an diese Fallgeschichte anschließen, lautet: „*Ertan hätte*
sich in der Firma erst gar nicht bewerben sollen." Anhand der zu den fünf Items
gehörigen einleitenden Frage „*Folgende Äußerungen werden gemacht. Welche ist im*
Blick auf Ertan geeignet?" werden die Schülerinnen und Schüler dazu aufgefordert,
anzugeben, ob sie die im jeweiligen Item enthaltene Aussage für Ertans Problemlage
aus seiner Sicht passend finden. Wird sie als „*geeignet*" eingestuft, so wird dies als
Ausdruck einer geringen Fähigkeit zur interreligiösen Perspektivenübernahme gewertet, da in diesem Fall das Item negativ formuliert ist. Ein positiv formuliertes Item
lautet: „*Die Teamleitung soll versuchen, eine Lösung zu finden, die den Betriebsablauf*
nicht stört." Hier wird es als kompetent bewertet, wenn die Schülerinnen und Schüler
die Aussage als „*geeignet*" einstufen.

Zur Erfassung der treatmentspezifischen religionsbezogenen Perspektivenübernahme im Zusammenhang mit der Unterrichtseinheit „Religionen und Gewalt" wurden drei Fallgeschichten (F20, F24 und F27) mit insgesamt zehn Items entwickelt.
Diese Fallgeschichten beinhalten alle das Thema Gewalt in verschiedenen Zusammenhängen mit Religionen.

Bezogen auf die Unterrichtseinheit „Islamic Banking" beinhaltet die Endversion
des Fragebogens lediglich eine Fallgeschichte (F22) mit drei Items, welche sich auf
eine Beratungssituation eines Bankangestellten und eines Ehepaars aus dem Nahen
Osten beziehen. Während der Entwicklungsarbeit des Fragebogens wurde auch für
dieses Treatment der Versuch unternommen, mehrere Fallgeschichten und Items zu
entwerfen. Diese mussten jedoch in Anbetracht der Befunde der Testläufe verworfen
werden. Ein Grund für die Entwicklungsschwierigkeiten bei diesen Aufgaben kann
möglicherweise in der sehr spezifischen Thematik der Unterrichtseinheit gesehen
werden, welche nur wenig Raum für Fallgeschichten zulässt, die sich auf unterschiedliche Anforderungen beziehen, aber dennoch treatmentspezifisch sind.

(3) Religionsbezogene Einstellungen

Wie bereits gezeigt wurde, konnten für die Messung religionsbezogener Einstellungen Items aus vorhandenen Studien, zum Teil in etwas abgeänderter Form, übernom-

men werden. Im Ganzen umfasst die Endversion des Fragebogens vier Aufgaben mit insgesamt 23 Items (Aufgaben F13–F16), mit deren Hilfe verschiedene Aspekte religionsbezogener Einstellungen erfasst werden. So wurden in Anlehnung an die Shell-Jugendstudie 2010 folgende Items zu Xenophobie aufgenommen:

- Aufgabe F13 (Shell Deutschland Holding, 2010, S. 379): „*Meinen Sie, dass Deutschland zukünftig mehr, genauso viel oder weniger Zuwanderer als bisher aufnehmen sollte?*
  Antwortmöglichkeiten: *mehr als bisher/genauso viel wie bisher/weniger als bisher*
- Aufgabe F16 (Shell Deutschland Holding, 2010, S. 380): *Fänden Sie es gut, wäre es Ihnen egal oder fänden Sie es nicht so gut, wenn in die Wohnung nebenan folgende Menschen einziehen würden? – ein homosexuelles Paar (Schwule, Lesben), eine Aussiedlerfamilie aus Russland, eine deutsche Familie mit vielen Kindern, eine Wohngemeinschaft mit mehreren Studenten, ein altes Rentnerehepaar, eine deutsche Familie, die von Sozialhilfe lebt, eine Familie aus Afrika mit dunkler Hautfarbe, eine türkische Familie*
  Zu jedem dieser Fälle gibt es folgende Antwortmöglichkeiten: *fände ich gut/wäre mir egal/fände ich nicht so gut*

Die Angabe, dass weniger Zuwanderer aufgenommen werden sollten und die ablehnende Haltung gegenüber der Nachbarschaft von Menschen, gegen die es zahlreiche Vorurteile gibt, werden als geringe Offenheit gegenüber Fremden gewertet.

Aufgabe F14 umfasst insgesamt neun Items, welche aus verschiedenen Skalen von Ziebertz (2010) und Ritzer (2010) übernommen wurden und welche sich auf die folgenden Aspekte beziehen:

- (Religiöse) Akzeptanz (Ziebertz, 2010, S. 179): *Ich finde es spannend, mich mit anderen Kulturen zu beschäftigen; Menschen aus anderen Kulturen finde ich spannend; Ich versuche, Mitschüler einer anderen Religion kennen zu lernen; Mich interessiert, was Menschen in andern Ländern denken.*
- (Religiöse) Toleranz (Ziebertz, 2010, S. 179): *Menschen aus anderen Kulturen sind offener; Familien anderer Kulturen haben einen stärkeren Zusammenhalt.*
- Religiöse Indifferenz (Ritzer, 2010, S. 327 und S. 329): *Über Glauben zu diskutieren lohnt sich nicht, weil sowieso jeder glauben soll, was er will; Mir ist egal, woran jemand glaubt; Es gibt nur einen wahren Glauben* (Originalformulierung: Es gibt nur einen wahren Glauben und das ist der meine.).

In Anlehnung an die zugrundeliegenden Untersuchungen wurde eine fünfstufige, endpunktbenannte Antwortskala mit der Beschriftung *Ich stimme voll und ganz zu.* bzw. *Ich stimme überhaupt nicht zu.* gewählt. Eine hohe Zustimmung signalisiert dabei eine hohe Ausprägung des untersuchten Aspekts.

Von Ziebertz (2010, S. 180) wurden außerdem noch folgende fünf Items übernommen, welche sich auf den Aspekt Patriotismus beziehen (F15): *Es ist wichtig für mich ... Vertrauen in die Heimat zu haben; ... stolz auf die eigene Nation zu sein; ...*

die eigenen Nationalmannschaften bei Wettkämpfen zu unterstützen; ... *die heimische Wirtschaft gegenüber der globalen Konkurrenz zu unterstützen*; ... *die Nationalhymne zu kennen.* Zur Beantwortung wurde hierfür ebenfalls eine fünfstufige, endpunktbenannte Likert-Skala gewählt, welche entsprechend der einführenden Frage mit *sehr wichtig* und *überhaupt nicht wichtig* benannt wurde. Werden die Items als sehr wichtig eingestuft, wird dies als stark ausgeprägter Patriotismus gewertet.

(4) Religiosität und soziodemografische Merkmale

Neben den drei Komponenten interreligiöser Kompetenz beinhaltet der Fragebogen außerdem fünf Aufgaben (F35–F38 und F40) mit insgesamt neun Items, anhand welcher die Religiosität der Schülerinnen und Schüler erfasst wird. Die Items wurden in Anlehnung an den Religionsmonitor 2008 (Bertelsmann Stiftung, 2008, S. 242–245) entwickelt und zum Teil im Original übernommen. Es wurden folgende Fragen gestellt: *Wie häufig beten Sie? Als wie religiös würden Sie sich selbst bezeichnen? Wie häufig nehmen Sie am Gottesdienst teil? Wie religiös wurden Sie erzogen?* Für alle Items werden Antwortmöglichkeiten (s. Fragebogen im Anhang, S. 244 ff.) vorgegeben, von welchen die Schülerinnen und Schüler die für sie zutreffende Antwort ankreuzen können. Darüber hinaus wird Religiosität durch folgende Items erfasst, welche – zum Teil in leicht abgewandelter Form – aus einer bundesweiten Studie zur Konfirmandenarbeit übernommen wurden (Ilg, Schweitzer & Elsenbast, 2009, S. 390): *Die Welt wurde von Gott erschaffen*; *Gott liebt jeden Menschen und kümmert sich um uns*; *Jesus ist auferstanden*; *In schwierigen Situationen hilft mir mein Glaube an Gott* und *Ich glaube an Gott.* Diesbezüglich sollten die Schülerinnen und Schüler auf einer fünfstufigen, endpunktbenannten Likert-Skala angeben, ob die einzelnen Aussagen ihrer Ansicht nach stimmen oder nicht stimmen. Des Weiteren werden durch den Fragebogen folgende soziodemografische Merkmale erhoben:

- Geschlecht
- Alter
- Ausbildungsberuf
- Zeugnisnoten
- Höchster allgemeinbildender Schulabschluss
- Geburtsland
- Geburtsland der Eltern
- Heimatland
- Religionszugehörigkeit.

Am Ende des Fragebogens befindet sich außerdem eine Aufgabe, anhand welcher erfasst wird, wie viel Zeit für das Ausfüllen benötigt und wie sorgfältig und ernsthaft dabei vorgegangen wurde. Im Rahmen des Posttests wird von den Schülerinnen und Schülern zusätzlich noch erfragt, in wie vielen bzw. in welchen der sechs Unterrichtsstunden der Intervention sie anwesend waren. Ebenso wie die soziodemografischen

Merkmale können auch die Religiosität, die Ausfülldauer, die Sorgfalt beim Ausfüllen sowie die Häufigkeit der Anwesenheit in der Unterrichtseinheit als Kontroll- oder Moderatorvariablen analysiert werden.

Wie bereits erwähnt, wurde der Fragebogen im Rahmen des Hauptlaufs der Studie so eingesetzt, wie er hier beschrieben wurde. Dieser Endfassung gingen jedoch mehrere Vorstudien und Pilotierungen sowie damit einhergehende Überarbeitungs- und Optimierungsschritte voraus. Da – wie bereits ersichtlich wurde – die Treatments für die Fragebogenentwicklung und -optimierung besonders wichtig waren, werden im Folgenden zunächst die ersten Schritte der Treatmententwicklung und deren zugrundeliegender Aufbau aufgezeigt, bevor in Abschnitt 2.1.4 auf die Vorstudien und Pilotierung eingegangen wird. Nachdem die beiden Treatments in Kapitel 1.4 inhaltlich vorgestellt wurden, folgt an dieser Stelle nur eine skizzenhafte Darstellung.

2.1.3 Die Treatments

Als Arbeitsgrundlage der Treatmententwicklung können insbesondere theoretische religionsdidaktische Überlegungen, aber auch explorative Vorstudien angesehen werden. So konnten anhand von Expertenbefragungen und der Videografie einschlägiger Unterrichtsstunden Erwartungen und Erfahrungen bezüglich interreligiösen Lernens zugrunde gelegt werden. Diese wiesen darauf hin, dass es im Schulalltag nur selten eine Unterrichtspraxis gibt, die den Herausforderungen interreligiösen Lernens gerecht zu werden scheint, jedoch ein wachsendes Interesse an interreligiösen Themen im Berufsschulreligionsunterricht vorhanden sei (vgl. Biesinger, Elsenbast, Kießling & Obermann, 2011). Außerdem lieferten solche Erfahrungen auch wichtige Impulse für die Entwicklung der Treatments. Wie bereits in den vorangehenden Kapiteln deutlich wurde, liegen der Konzeption der Treatments darüber hinaus insbesondere zwei verschiedene religionsdidaktische Ansätze zugrunde, welche sich im jeweiligen Lebenswelt- bzw. Berufsbezug unterscheiden (vgl. oben, S. 52 f.). Beide Treatments wurden jeweils in Teams von Religionspädagoginnen und Religionspädagogen, welche zum Teil selbst an beruflichen Schulen unterrichten, entworfen. Hinsichtlich islamischer Inhalte wurden sie von muslimischen Expertinnen und Experten beraten und unterstützt. Die beiden Religionspädagoginnen, welche hauptverantwortlich für die Unterrichtseinheit „Islamic Banking" zuständig waren, unterrichten neben Religion außerdem auch wirtschaftswissenschaftliche Fächer. Wie im Folgenden dargestellt, wurden die Treatments ebenso wie das Messinstrument mehrfach getestet und infolgedessen überarbeitet und u. a. aufgrund der Rückmeldungen der Unterrichtenden sowie der beteiligten Schülerinnen und Schüler optimiert.

2.1.4 Vorstudien und Pilotierung

Im Rahmen der Entwicklungsarbeiten wurden mehrere Testläufe durchgeführt, bei welchen die Treatments und das Messinstrument entweder jeweils für sich oder gemeinsam erprobt wurden, um anschließend optimiert werden zu können. Entsprechend der Projektphasen können sie in Vorstudien, welche innerhalb der Vorbereitungsphase von 2011 bis Herbst 2013 durchgeführt wurden, und in Pilotierungsstudien, welche innerhalb der darauffolgenden ersten Projektphase bis Herbst 2014 stattgefunden haben, untergliedert werden. Der Schwerpunkt der zweiten Projektphase (ab Winter 2014) lag dann auf der Durchführung der Interventionsstudie und der Auswertung der dabei gewonnenen Daten.

Vorstudien

Eine erste Erprobung der prototypischen Treatments wurde Anfang 2011 in insgesamt vier Klassen durchgeführt. Hierbei standen die Umsetzbarkeit der Unterrichtsentwürfe in der Praxis sowie daraus hervorgehende Hinweise zur Verbesserung im Zentrum des Interesses. Da es im Rahmen von Interventionsstudien entscheidend ist, dass die Treatments von allen Lehrpersonen der teilnehmenden Klassen möglichst identisch und in der Gestalt, die konzeptionell vorgesehen ist, durchgeführt werden, diente diese erste Vorstudie auch bereits der Überprüfung der sogenannten Treatmentintegrität. Hierfür wurden die gehaltenen Unterrichtsstunden auf Video aufgezeichnet und anschließend von mehreren religionspädagogischen Expertinnen und Experten analysiert. Als Auswertungsgrundlage diente ein Raster, mit welchem neben der Treatmentintegrität auch interreligiöse Lernprozesse und die erwarteten Wirkungen der Treatments im Spiegel des tatsächlich gehaltenen Unterrichts analysiert werden konnten. Diese Form der Beobachtung hatte den Vorteil, dass die aufgezeichneten Unterrichtsstunden wiederholt und in Ruhe betrachtet wurden und die Beobachter offen darüber kommunizieren konnten. Anhand von leitfadengestützten Interviews, welche nach Abschluss der Unterrichtseinheiten mit den beteiligten Lehrkräften sowie mit jeweils einer Schülergruppe pro Klasse durchgeführt wurden, konnten mögliche Bedenken hinsichtlich der Beeinflussung des Schülerverhaltens durch die Videoaufzeichnungen zumindest durch Lehrereinschätzungen und Schüleraussagen entkräftet und Erfahrungen aus dem Unterricht aufgenommen werden. Die Lehrerinterviews wurden insbesondere im Hinblick auf die von den Lehrkräften geschilderte Umsetzbarkeit der Treatments, inklusive wahrgenommener Auffälligkeiten oder Probleme, ausgewertet. In diesem Zusammenhang wurden auch die von den Lehrkräften vorgeschlagenen Verbesserungsmöglichkeiten festgehalten. Die Analyse der Schülerinterviews bezog sich vor allem darauf, wie die Methoden und Inhalte der Unterrichtseinheiten bei den Schülerinnen und Schülern ankommen. Angesichts der angestrebten Schülerorientierung der Einheiten lieferten diese Rückmeldungen äußerst interessante Anregungen für die Optimierung der Unterrichtseinheiten. Insgesamt zeigte diese erste Vorstudie, dass der Einsatz der prototypischen Unterrichtseinheiten den mit dem Vorhaben verbundenen Forschungszielen noch nicht ausreichend gerecht wurde. So war weder die Treatmentintegrität wirklich gewährleistet noch konnte davon ausgegangen werden, dass die angestrebte Förderung interreligiöser Kompetenz stattfinden würde. Optimierungsbedarf stellte sich insbesondere hinsichtlich situierter Lernprozesse und der Förderung religionsbezogener Perspektivenübernahme heraus.

Eine erste Testphase im Blick auf das Messinstrument fand zwischen November 2011 und März 2012 statt. Hierbei wurde der Fragebogen in mehreren Schritten mit dazwischenliegenden Optimierungen in sechs Klassen kaufmännischer Schulen ($N = 107$) eingesetzt. Diese ersten Erprobungen dienten insbesondere dem explorativen Aufschluss der Beziehungen zwischen den Items sowie der Überprüfung der Verständlichkeit und Schwierigkeit der Aufgaben. Hierzu wurden die teilnehmenden Schülerinnen und Schüler darum gebeten, den Fragebogen zu kommentieren (im Sinne eines kognitiven Pretests). Insgesamt zeigte sich, dass der Einsatz des Fragebogens recht positiv bewertet wurde, lediglich die Länge wurde teilweise kritisiert. In einem weiteren Schritt wurde der Fragebogen im Mai/Juni 2012 einer größeren Schülergruppe ($N = 435$) vorgelegt. Erste Reliabilitätsanalysen zu postulierten Skalen ergaben zwar zum Teil akzeptable Befunde, wiesen jedoch auch auf weiteren Optimierungsbedarf hin.

Nach weiteren kleineren Erprobungen des Fragebogens und entsprechenden Überarbeitungen, wie z.B. dem Ausschluss von Items aufgrund einer zu geringen Itemschwierigkeit, wurde dieser erneut im März 2013 mit insgesamt 417 Schülerinnen und Schülern getestet. Im Rahmen dieser Vorstudie konnten, nachdem mithilfe von Faktorenanalysen ungeeignete Items ausgesondert wurden, folgende Skalen gebildet werden: *religionsbezogenes Wissen* ($\alpha = .71$, 39 Items), *religionsbezogene Perspektivenübernahme* ($\alpha = .72$, 21 Items), *Toleranz & Akzeptanz* ($\alpha = .81$, 6 Items) und *Patriotismus* ($\alpha = .75$, 5 Items). Mit Blick auf eine praktikable Fragebogenlänge wurden daraufhin außerdem Items zur Erfassung religionsbezogenen Wissens ausgeschlossen, sodass für eine angemessenere Erfassung des zentralen Konstrukts der religionsbezogenen Perspektivenübernahme weitere Items entwickelt werden konnten.

Eine gemeinsame Erprobung des modifizierten Messinstruments und der überarbeiteten Treatments wurde im Sommer 2013 in vier Klassen durchgeführt. Hierbei wurde das Messinstrument bei einem Prä- und einem Posttest eingesetzt. Insgesamt konnten von 61 Schülerinnen und Schülern die Fragebögen beider Messzeitpunkte einander zugeordnet werden. Die Ergebnisse ließen erkennen, dass sich die Treatments, wie erwünscht, positiv auf die Bereiche zum religionsbezogenen Wissen und zur religionsbezogenen Perspektivenübernahme auswirkten, erwartungsgemäß jedoch nicht auf die erfassten Einstellungen. Bei der Interpretation der Befunde musste auch hier wieder berücksichtigt werden, dass es sich um eine eher kleine Stichprobe handelt. Insgesamt konnte jedoch daraus geschlossen werden, dass durch das Messinstrument gute bis befriedigende Ausgangswerte erzielt werden konnten und sich die ausgewählte Art der Operationalisierung bewährte. Folglich stellte der Fragebogen zu diesem Zeitpunkt eine brauchbare Grundlage für die Weiterarbeit dar. Die Befunde wiesen aber auch auf einen zusätzlichen Optimierungsbedarf des Messinstruments hin, insbesondere zur Erreichung einer höheren Skalenkonsistenz und hinsichtlich der Erweiterung der Erfassungsgrundlage religionsbezogener Perspektivenübernahme. Ebenso zeigten die Erfahrungen der Lehrkräfte, welche die Unterrichtseinheiten testeten, dass auch die Treatments noch weiter überarbeitet werden sollten.

Pilotierungen

Nach erneuter Überarbeitung der Treatments und des Messinstruments wurden diese gemeinsam in zwei Pilotierungsstudien in insgesamt sieben kaufmännischen Schulklassen getestet (Winter 2013/2014 und Frühjahr/Sommer 2014). Zur genaueren Analyse der Treatmentintegrität und interreligiöser Lernprozesse wurden die Unterrichtsstunden, wie bereits im Rahmen der ersten Vorstudie Anfang 2011, auf Video aufgezeichnet. Zur Überprüfung der Treatmentintegrität wurden die videografierten Unterrichtsstunden einerseits von geschulten studentischen Mitarbeiterinnen mit den im Projekt entwickelten und den Lehrkräften vorgegebenen Unterrichtsstrukturplänen abgeglichen. Andererseits füllten die teilnehmenden Lehrpersonen zu jeder Unterrichtsstunde einen sogenannten Notationsbogen aus, auf welchem sie Abweichungen und Gründe für diese festhielten. Die videografierten Unterrichtsstunden dienten auch dazu, herauszufinden, ob die eingesetzten Unterrichtsmaterialien und -methoden – wie vom Entwicklungsteam beabsichtig – funktionierten und ob sie die intendierten Wirkungen zeigen. Hierfür wurden die Aufnahmen von den Projektmitarbeitern gemeinsam analysiert. Diese Analyse erwies sich zwar als sehr aufwändig, aber auch als äußerst gewinnbringend. So konnte einerseits die Treatmentintegrität und die Funktionsweise einzelner Methoden sichergestellt werden, andererseits wurde ersichtlich, dass Teile des Unterrichtsstrukturplans noch um detailliertere Hinweise ergänzt und einzelne Unterrichtselemente modifiziert werden sollten. Nicht zuletzt bildete die gemeinsame Unterrichtsbeobachtung per Video auch eine Art Kontext für die Interpretation der Befunde.

Zusätzlich zur Videografie der Unterrichtsstunden wurden jeweils nach der Hälfte und am Ende der Unterrichtseinheit leitfadengestützte Lehrer- und Schülergruppeninterviews durchgeführt, welche wieder insbesondere hinsichtlich der Umsetzbarkeit der Treatments sowie damit verbundener Verbesserungsvorschläge analysiert wurden. So wurde unter anderem deutlich, dass die Lehrkräfte, insbesondere bezüglich der Einheit „Islamic Banking", weiteres Hintergrundwissen benötigten, um den Unterricht kompetent halten zu können. Auch bei den Schülerinterviews wurde zunächst wieder auf solche Rückmeldungen geachtet, welche sich auf methodische und inhaltliche Aspekte der Unterrichtseinheiten beziehen. Die so gewonnenen Erkenntnisse wurden in einem letzten Überarbeitungsschritt in die Unterrichtseinheiten eingearbeitet.

Bei der Analyse der Interviews zeigte sich jedoch auch, dass hier Aspekte zur subjektiven Unterrichtswahrnehmung zum Ausdruck kommen, welche ebenfalls für das Verständnis interreligiöser Lernprozesse und für die Kontextbeschreibung der quantitativen Ergebnissee von Bedeutung sein könnten. Aus diesem Grund wurden die Interviews in einem zweiten Schritt tiefergehend analysiert. Das diesbezügliche Vorgehen sowie eine Zusammenfassung der Ergebnisse sind im folgenden Unterkapitel (2.1.5) dargestellt.

Im Hinblick auf das Messinstrument konnten bei der Pilotierung im Winter 2013/2014 akzeptable Ergebnisse erzielt werden. So wurden für die einzelnen Skalen folgende verbesserte Cronbachs Alpha Werte ermittelt: religionsbezogenes Wissen:

α = .78, religionsbezogene Perspektivenübernahme: α = .81 und religionsbezogene Einstellungen α = .66 (wobei der Wert für die Einstellungen als grenzwertig anzusehen ist). Optimierungsbedarf ergab sich jedoch insbesondere aufgrund inhaltlicher Überlegungen. Ausgangspunkt hierfür war die Vorstellung und Diskussion des Fragebogens im Rahmen einer interdisziplinären Arbeitsgruppe der Universität Tübingen. Hierbei wurde insbesondere kritisch hinterfragt, inwieweit die Fähigkeit zur religionsbezogenen Perspektivenübernahme durch die bereits bestehenden Items erfasst wird und ob sich dies von der Erfassung des religionsbezogenen Wissens konkret trennen lässt. Basierend auf diesen Überlegungen wurden die entsprechenden Items so modifiziert, dass sie klar die Übernahme der Perspektive einer bestimmten Person in religiösen Kontexten verlangen. Der erneut überarbeitete Fragebogen wurde im Sommer 2014 mit einer Stichprobe von ca. 240 Schülerinnen und Schülern getestet. Auf Basis von Item- und Faktorenanalysen wurden nicht geeignete Items, z. B. aufgrund einer zu geringen/zu hohen Itemschwierigkeit, niedriger Trennschärfe, geringer Kommunalität oder keiner Zugehörigkeit zu einem Faktor, aus dem Fragebogen entfernt. Diese Testung und Überarbeitung stellte den letzten Entwicklungsschritt dar, bevor das Messinstrument in der Hauptstudie eingesetzt wurde.

2.1.5 Lehrer- und Schülerwahrnehmungen zu den Unterrichtsprozessen

Wie oben bereits beschrieben, wurden die im Rahmen der Pilotierung durchgeführte Lehrer- und Schülergruppeninterviews, welche insbesondere darauf zielten, Hinweise zur Optimierung der Unterrichtseinheiten zu bekommen, in einem zweiten Schritt tiefergehend analysiert. Hierbei war von Interesse, wie die Unterrichtsprozesse von den Lehrpersonen sowie den Schülerinnen und Schülern wahrgenommen wurden, um somit Einblicke in interreligiöse Lernprozesse aus Sicht der Beteiligten zu erhalten. Bevor die Ergebnisse zusammenfassend dargestellt werden, erfolgt zunächst eine kurze Beschreibung des Vorgehens inklusive des zugrundeliegenden Materials.

Beschreibung des Vorgehens

Insgesamt wurde in sieben Klassen, welche von sechs verschiedenen Lehrpersonen unterrichtet wurden, jeweils nach der Hälfte und am Ende der Unterrichtseinheit ein Lehrer- und ein Schülergruppeninterview durchgeführt. In drei der Klassen wurde die Einheit „Islamic Banking" und in vier der Klassen die Einheit „Religionen und Gewalt" unterrichtet. Da eine Lehrperson zwei Klassen unterrichtete und sich jeweils zu beiden Klassen gemeinsam äußerte, liegen insgesamt 12 Lehrer- und 14 Schülergruppeninterviews vor. Alle Interviews wurden mit einem Diktiergerät aufgezeichnet und in Anlehnung an das System „Talk in Qualitative Social Research" (Bohnsack, 2011, S. 242) mit Hilfe der Software „F4" transkribiert. Zur Anonymisierung der personenbezogenen Daten wurden verschiedene Maßnahmen getroffen. Die den

Interviews zugrunde liegenden Leitfäden sind für alle Interviews thematisch gleich aufgebaut und wurden lediglich an die verschiedenen Interviewtypen (Lehrer-/Schülergruppeninterviews, „Islamic-Banking"/„Religionen und Gewalt") angepasst. Sie bestehen aus zwei Bereichen, wovon der erste überwiegend Fragen umfasst, welche sich auf den didaktischen und methodischen Aufbau der Unterrichtseinheiten beziehen (z. B. Zeitplan, Umsetzbarkeit der gewählten Methoden, Eignung der Materialien etc.). Anhand des zweiten Bereichs werden Komponenten interreligiöser Kompetenz sowie unterschiedliche Merkmale, die sich auf den Lernprozess beziehen, thematisiert. Die Analyse der Interviews erfolgte in Anlehnung an die strukturierende qualitative Inhaltsanalyse nach Mayring (2015, S. 103). Auf Basis der zugrundeliegenden Fragestellung, wie die beteiligten Personen die Unterrichtsprozesse wahrgenommen haben, wurde ein Kodiersystem entwickelt, anhand dessen die Aussagen inhaltlich strukturiert zusammengefasst werden konnten. Das endgültige Kodiersystem, welches während des Materialdurchlaufs verfeinert wurde, umfasst folgende Kategorien: *Interesse, Beteiligung, Kritik, Religionsbezogene Perspektivenübernahme, Einstellungen, Wissenszuwachs, Einfluss der Studie.* Da an dieser Stelle keine detaillierte Ergebnisbeschreibung der einzelnen Kategorien vorgenommen werden kann, werden im Folgenden die Ergebnisse zusammenfassend aufgezeigt. Eine ausführlichere Abbildung befindet sich im Anhang (Anhang C, S. 247 ff.).

Zusammenfassende Darstellung der Ergebnisse

Insgesamt weisen die Interviews auf ein hohes Interesse der Schülerinnen und Schüler an beiden Unterrichtsthemen hin. Im Rahmen der Unterrichtseinheit „Islamic Banking" wurde das vorhandene Interesse nicht nur durch die Thematik, sondern auch durch den Berufsbezug sowie durch das Gegenüberstellen verschiedener Religionen begründet. Bezüglich der Einheit „Religionen und Gewalt" erscheint es vor allem interessant gewesen zu sein, die Gewaltthematik aus unterschiedlichen Perspektiven zu beleuchten. Folglich kann angenommen werden, dass der Berufsbezug sowie die perspektivische Behandlung eines Lerngegenstands dabei hilfreich war, das Interesse der Schülerinnen und Schüler zu wecken. Die Schülerinnen und Schüler aller Klassen schienen sich zudem überwiegend sehr engagiert am Unterricht zu beteiligen. Neben dem vorhandenen Interesse wurden hierfür insbesondere die abwechslungsreichen didaktischen Methoden, welche ein selbständiges Arbeiten und kontroverse Diskussionen ermöglichten, als ausschlaggebend beschrieben. Im Zusammenhang mit der Thematisierung des islamischen Bankwesens wurde aber auch Kritik deutlich, die sich besonders auf betriebswirtschaftliche Aspekte bezieht. Zu Beginn der Einheit schienen sich die Schülerinnen und Schüler zudem durch die positive Hervorhebung des islamischen Banksystems in ihrer beruflichen Rolle angegriffen gefühlt zu haben. Bezüglich beider Unterrichtseinheiten wurde außerdem kritisiert, dass sich diese nur auf das Christentum und den Islam und nicht auf weitere Religionen beziehen. Hierdurch wird jedoch zugleich das Interesse der Schülerinnen und Schüler an anderen Religionen erkennbar, welches auf eine offene Haltung schließen lässt. Auf diese überwiegend offene und tolerante Einstellung verweisen darüber hinaus noch weitere Interviewpassagen. So schienen die Schülerinnen und Schüler Wert auf einen respektvollen Umgang zu legen. Darüber hinaus wurde zum Beispiel auch der Einbezug von Religion in das Bankwesen mehrheitlich positiv bewertet, obwohl eine islamische Bank für niemanden als Alternative in Frage zu kommen schien.

Allgemein zeigte sich, dass durch die Unterrichtseinheiten vermutlich keine Einstellungsänderung, jedoch eine Sensibilisierung bewirkt werden konnte und dass die Schülerinnen und Schüler zum Nachdenken angeregt werden konnten. Dementsprechend scheinen sie differenziert mit Religionen umgehen und andere Perspektiven berücksichtigen zu können sowie die Relevanz der Perspektivenübernahme erkannt zu haben. Ob sie sich in diese aber wirklich hineinversetzen können und dazu auch bereit sind oder ob sie lediglich wissen, wie eine Perspektive eingenommen wird, blieb hingegen offen. Wie auch theoretisch angenommen wird, weisen die Einschätzungen der Lehrpersonen und der Schülerinnen und Schüler darauf hin, dass für die Übernahme einer anderen Perspektive die Bereitschaft dazu erforderlich ist und entsprechendes Hintergrundwissen benötigt wird. Diesbezüglich deuten die Interviews an, dass vor allem auf der Sachebene ein Wissenszuwachs vermutet werden kann und die zentralen Lernziele erreicht werden konnten. Die Aneignung von Detailwissen wurde von den Lehrpersonen jedoch aufgrund einer sehr hohen Informationsdichte kritisch betrachtet. Als entscheidende Einflussfaktoren für den Wissenszuwachs können außerdem das Vorwissen, das Interesse und die Einstellungen der Schülerinnen und Schüler betrachtet werden. Darüber hinaus scheinen auch abwechslungsreiche didaktische Methoden, durch welche unterschiedliche Lerntypen berücksichtigt werden, lernförderlich gewesen zu sein.

Dass die Unterrichtseinheiten im Rahmen einer Studie durchgeführt wurden, kann sich möglicherweise auf die Lernprozesse der Schülerinnen und Schüler ausgewirkt haben. Als ein Einflussfaktor könnte zum Beispiel das Ausfüllen des Fragebogens vor Beginn der Einheit gesehen werden. Da dieser von den Schülerinnen und Schülern zum Teil kritisiert und als zu umfangreich oder zu schwierig beschrieben wurde, könnte er beispielsweise eine negative Wirkung auf die Motivation und infolgedessen auf die Lernprozesse gehabt haben. Ein anderer Einflussfaktor könnte die Videografie der Unterrichtsstunden im Rahmen der Pilotierung gewesen sein. Hierzu wurde in den Interviews jedoch von Seiten der Schülerinnen und Schüler geäußert, dass sie die Kamera nur kurz zu Beginn der ersten Stunde wahrgenommen haben, wodurch eine Beeinflussung eher unwahrscheinlich erscheint. Des Weiteren könnte die Durchführung der Unterrichtseinheiten sich auch positiv auf die Beteiligung der Schülerinnen und Schüler ausgewirkt haben, da sich diese im Rahmen der Studie besonders anstrengen wollten. Die Interviews weisen jedoch insgesamt eher darauf hin, dass die Schülerbeteiligung mit der des regulären Religionsunterrichts vergleichbar war.

Martin Losert

2.2 Empirische Befunde zur interreligiösen Kompetenzentwicklung in Bank- und Industriefachklassen

2.2.1 Fragestellungen und Hypothesen

Das zentrale Forschungsinteresse lag bei der Untersuchung der Wirksamkeit der beiden Treatments bzw. Unterrichtseinheiten „Islamic Banking" und „Religion und Gewalt" an berufsbildenden kaufmännischen Schulen. Beide Treatments weisen einen Religionsbezug auf. Konzeptuell verschieden sind die beiden Unterrichtseinheiten dahingehend, dass das Treatment „Islamic Banking" einen Erfahrungs- bzw. Lebensweltbezug für die Schülerinnen und Schüler in Bankfachklassen aufweist, während das Treatment „Religionen und Gewalt" zumindest im engeren Sinne keinen solchen Bezug beinhaltet (zur religionsdidaktischen Erläuterung s. o., S. 70 ff.). Von Interesse ist die Veränderung von religionsbezogenem Wissen (RWi), religionsbezogener Perspektivenübernahme (RPÜ) und religionsbezogenen Einstellungen (RE) durch den Einsatz der beiden Treatments (zu den drei Komponenten s. o., S. 62 ff. und 89 ff.). Um überprüfen zu können, ob Unterschiede in der Wirksamkeit der beiden Treatments aufgrund des gegebenen bzw. nicht gegebenen Erfahrungs- und Lebensweltbezugs entstehen – und nicht etwa auf einem unspezifischen Vorteil des Treatments „Islamic Banking" gänzlich unabhängig von dessen Einsatz in dem spezifischen Ausbildungsberuf Bankkaufmann/-frau basieren – kommen die beiden Treatments zudem in Industriefachklassen zum Einsatz. In diesen Klassen lässt sich ein ähnlich niedriger Erfahrungs- bzw. Lebensweltbezug der beiden Treatments postulieren, wodurch sich die Lerneffekte in diesen Klassen als Referenzwert zu den Bankfachklassen eignen. Als Vergleichsgruppe für die beiden Treatments werden Bank- und Industriefachklassen herangezogen, in denen regulärer Unterricht stattfindet.

Die erste Forschungsfrage besteht in der Annahme, dass die Wirksamkeit der Treatments nicht in allen Schulklassen gleich hoch ausfallen wird. Es gilt zu untersuchen, ob die Treatmentwirksamkeit zwischen den Klassen variiert und inwiefern sich diese Variabilität durch bekannte Klassenmerkmale erklären lässt.

Ein weiteres Forschungsinteresse liegt darin, den Zusammenhang zwischen den beiden Konstrukten RWi und RPÜ genauer zu beleuchten. Es lässt sich ableiten, dass RWi eine notwendige Voraussetzung für RPÜ sein sollte, da die Fähigkeit zur RPÜ definitionsgemäß auf dem vorhandenen religionsbezogenen Wissen einer Person aufbaut. Weiterhin erscheint plausibel, dass sich die Fähigkeit zur RPÜ nicht zwangsläufig durch die Verfügbarkeit von ausreichend hohem RWi ergibt. In anderen Worten: RWi ist keine hinreichende Voraussetzung für RPÜ.

Bereits im Antrag an die Deutsche Forschungsgemeinschaft (DFG) wurden die folgenden, nun im Blick auf das realisierte Design leicht modifizierten Hypothesen formuliert:

- *H0: Keine Wirkung der Treatments auf die religionsbezogenen Einstellungen.* Die Hypothese H0 besagt, dass die RE sich in den beiden Treatmentgruppen nicht stärker verändern als in den Kontrollgruppen, in welchen der Religionsunterricht unverändert, wie von den Lehrkräften vorgesehen, stattfindet. In Bankfachklassen ändern sich demnach die Einstellungen bei dem Treatment mit Erfahrungs- bzw. Lebensweltbezug („Islamic Banking") nicht stärker als bei dem Treatment ohne diesen Bezug („Religionen und Gewalt").
- *H1a: Wissen und Perspektivenübernahme nach Treatment „Islamic Banking".* Laut dieser Hypothese erhöhen sich durch den Unterricht mit dem Treatment „Islamic Banking" sowohl das RWi als auch die RPÜ stärker als in der Kontrollgruppe.
- *H1b: Wissen und Perspektivenübernahme nach Treatment „Religionen und Gewalt".* Durch den Unterricht mit dem Treatment „Religionen und Gewalt" erhöhen sich sowohl das RWi als auch die RPÜ stärker als in der Kontrollgruppe.
- *H2: Bedeutung des Erfahrungs- bzw. Lebensweltbezugs.* In Bankfachklassen ermöglicht ein zugleich religions- und erfahrungs- bzw. lebensweltbezogenes Treatment („Islamic Banking") größere Zuwächse bei RWi und RPÜ als ein allein religionsbezogenes Treatment („Religionen und Gewalt"). In Industriefachklassen ist keine unterschiedliche Wirksamkeit der beiden Treatments zu erwarten.
- *H3: Treatmentwirksamkeit in Abhängigkeit von Religionszugehörigkeit.* Die Wirkungen der beiden Treatments fallen bei muslimischen Schülerinnen und Schülern geringer aus als bei christlichen Schülerinnen und Schülern.

Als weitere Hypothesen wurden formuliert:
- *H4: Varianz der Treatmentwirkung zwischen den Klassen.* Die Wirkung der jeweiligen Unterrichtseinheit unterscheidet sich zwischen den Klassen, und diese Unterschiede können auf Merkmale der Klassen, wie etwa die die Klassengröße oder die Religiosität der Schülerinnen und Schüler, zurückgeführt werden.
- *H5: Wissen und positive Einstellungen als notwendige, aber nicht hinreichende Voraussetzung für Perspektivenübernahme.* Die oben beschriebene Abhängigkeitsbeziehung zwischen RWi und RPÜ ist auch für die RE zu betrachten. Es wird erwartet, dass sowohl RWi als auch RE eine notwendige, aber nicht hinreichende Voraussetzung für RPÜ sind.

2.2.2 Methode und Durchführung

Zur Überprüfung der Hypothesen wurde ein Feldexperiment an Beruflichen Schulen in Baden-Württemberg durchgeführt. Die Rekrutierung der teilnehmenden Schulen sowie der Lehrerinnen und Lehrer erfolgte auf Grundlage der vom Kultusministerium Baden-Württemberg zur Verfügung gestellten Liste aller Schulen, an denen Religionsunterricht für Bank- und/oder Industriefachklassen stattfindet. Aus dieser Liste wurde zunächst eine Zufallsauswahl der Schulen erstellt, mit der die angestrebte Stichprobengröße von insgesamt ca. 100 Schulklassen erreicht werden sollte. Jedoch ergaben die Rückmeldungen der Schulleitungen, dass an einigen dieser Schulen derzeit de facto kein Religionsunterricht für die beiden Ausbildungsgänge durchgeführt wird. Um dennoch die Teilnahme von ausreichend Schulklassen gewährleisten zu können, wurde statt der vorgesehenen Zufallsauswahl der Schulen die Kontaktierung aller bekannten Schulen als notwendig erachtet. Nach Kontaktierung aller 72 dieser Schulen gingen positive Rückmeldungen von 44 Schulleitungen ein, die sich zur Teilnahme an der Studie bereit erklärten. Gründe für einen Verzicht auf die Teilnahme lagen zum Großteil in ungeeigneten organisatorischen Rahmenbedingungen und fehlenden zeitlichen Kapazitäten im Religionsunterricht. Nach Bereitstellung der Kontaktdaten der Lehrerkräfte durch die Schulleitungen erfolgte deren Kontaktierung, woraus die Zusage von 67 Lehrerkräften mit 114 unterrichteten Schulklassen resultierte. Mit diesen Zusagen wurde die Teilnehmergewinnung abgeschlossen und die Studiendurchführung gestartet.

Design

Es wurde als experimentelles Design eine Interventionsstudie (s. oben, S. 48 ff.) mit wiederholter Messung bei drei Erhebungszeitpunkten gewählt. Jeder teilnehmenden Schulklasse wurde zufällig eine der drei Unterrichtsvarianten (Treatment „Islamic Banking", Treatment „Religionen und Gewalt", Kontrollgruppe mit regulärem Unterricht) zugeteilt. Alle drei Varianten kamen sowohl in Bankfachklassen als auch in Industriefachklassen zur Anwendung. Die erste Datenerhebung mit dem Schülerfragebogen (im Folgenden auch als Pretest oder t_1 bezeichnet) fand unmittelbar vor dem Einsatz der Unterrichtseinheiten statt, die zweite Datenerhebung (Posttest, t_2) unmittelbar nach deren Einsatz und die dritte Erhebung (Follow-Up, t_3) rund sechs Monate später.

Material und Durchführung

An zwei Orten Baden-Württembergs wurden im September 2014 Schulungen der Lehrerkräfte durchgeführt, die über den Fortbildungsserver des Regierungspräsidiums Karlsruhe öffentlich ausgeschrieben wurden. Die Schulungen verfolgten zwei wesentliche Ziele. Erstens wurden den Lehrkräften das Studiendesign und der Ablauf der Datenerhebung erläutert. Hierzu gehörte neben den Aspekten der korrekten Studiendurchführung zur Sicherstellung der experimentellen Validität auch die Verwendung von Notationsbögen zum tatsächlich durchgeführten Unterricht, wodurch die Überprüfung der Treatmentintegrität gewährleistet wurde. Zweitens erhielten die Lehrkräfte ausführliche Informationen zu den Unterrichtseinheiten und ihren didaktischen Grundlagen. Dabei erhielten die Lehrkräfte nur zu denjenigen Unterrichtseinheiten eine Schulung, für deren Einsatz eine ihrer Schulklassen ausgewählt wurde. Den Lehrkräften, die nicht an der Schulung teilnehmen konnten, wurden die genannten Informationen schriftlich zur Verfügung gestellt. Bei Studienbeginn erhielten die teilnehmenden Schulen die folgenden Materialien:

- Separate Anschreiben und Einverständniserklärungen zur Studienteilnahme an die Schulleitung und die Schülerinnen und Schüler.
- Informationsschreiben zur Durchführung der Intervention und der Fragebogenerhebungen an die Lehrkräfte.
- Unterrichtsmaterialien inklusive thematischer Hintergrundinformationen sowie Kopien der Arbeitsblätter für die Schülerinnen und Schüler.
- Notationsbögen für die Lehrerkräfte für den Vermerk eventueller Abweichungen von den Vorgaben für die Studiendurchführung. Die Auswertung dieser Bögen zeigte, dass die planmäßige und einheitliche Durchführung der Unterrichtseinheiten durch die Lehrkräfte in zufriedenstellender Weise gegeben war.

Die Fragebögen wurden für jeden der Untersuchungszeitpunkte getrennt an die Lehrkräfte versandt und jeweils unmittelbar nach ihrem Einsatz an die Studienleitung retourniert.

Der Pre- und Posttest (t_1 und t_2) fanden im Zeitraum Herbst und Winter 2014/2015 statt, die Follow-Up-Erhebung im Sommer 2015. Der deutliche Großteil der Erhebungen für t_1 und t_2 erfolgte dabei zwischen November 2014 und Januar 2015, wobei zwischen diesen beiden Erhebungen in den meisten Fällen ca. drei Wochen lagen. Die meisten t_3-Erhebungen fanden im Juni und Juli 2015 statt. Somit betrug der durchschnittliche Abstand zwischen t_2 und t_3 rund sechs Monate.

Stichprobe

Es nahmen 104 Klassen teil, wobei von 88 dieser Klassen (entspricht 85% der Klassen) die Daten bei allen drei Messzeitpunkten vorlagen. Insgesamt standen 4983 Fragebögen zur Verfügung, von denen 1732 von t_1 stammten, 1639 von t_2 und 1612 von t_3. Nach Ausschluss von unsachgemäß ausgefüllten Fragebögen (mit fehlenden demografischen Angaben oder mehr als 10% nicht beantworten RWi- bzw. RPÜ- bzw. RE-items) verblieben noch 4734 Fragebögen, darunter 1655 bei t_1, 1549 bei t_2 und 1530 bei t_3. Dies entspricht einem Ausschluss von 5% der Fragebögen.

Für die 1655 Fragebögen von t_1 werden die deskriptiven Statistiken in Tabelle 11 genannt. Mit diesem Datensatz wurde eine explorative Faktorenanalyse durchgeführt, um die Skalen für RWi, RPÜ und RE zu finden, mit denen letztlich die Evaluation der Treatments stattfinden kann.

Nach der Faktorenanalyse (vgl. unten, S. 107 ff.) wurde auf Grundlage der oben genannten 4734 Fragebögen die relevante Stichprobe für alle weiteren Analysen gebildet. Dazu wurde zunächst eine Zuordnung der Fragebögen über die drei Messzeitpunkte hergestellt, das heißt es wurden diejenigen Auszubildenden identifiziert,

für die der Fragebogen für alle drei Messzeitpunkte vorliegt. Dies war für 1315 Auszubildende der Fall (somit 3945 Fragebögen), das heißt für 16% der 4734 Fragebögen
gelang keine Zuordnung über die Messzeitpunkte hinweg. Zuletzt wurden diejenigen
Versuchspersonen ausgeschlossen, die keine vollständigen Angaben bei den demografischen Kontrollvariablen machten oder bei mindestens einem Messzeitpunkt bei
mindestens einem Faktor mehr als 20% der Items nicht beantworteten. Dies traf auf
weitere 210 Auszubildende (16%) zu.

Schlussendlich verblieben somit 1105 Auszubildende, von denen für alle drei
Messzeitpunkte zufriedenstellend vollständig ausgefüllte Fragebögen vorlagen. Diese
Stichprobe wurde für alle weiteren Analysen verwendet. Ihre demografische Zusam-
mensetzung findet sich ebenfalls in Tabelle 11.

Wie Tabelle 11 zu entnehmen ist, traten im Datensatz für t_1, t_2 und t_3 mehrere
Religionszugehörigkeiten mit sehr geringer Häufigkeit auf. Die Religionszugehörigkeiten christlich-orthodox, apostolisch und freikirchlich-evangelisch wurden in der
Kontrollgruppe (KG) und den beiden Treatmentgruppen („Islamic Banking" – IB;
„Religion und Gewalt" – R&G) stets von weniger als zehn Auszubildenden angegeben. Daher erfolgte die Zusammenlegung dieser drei Religionszugehörigkeiten
gemeinsam mit römisch-katholisch und evangelisch zu einer Oberkategorie „Christentum". Die Heterogenität dieser Kategorie ist zwar erkennbar, jedoch aufgrund des
überaus hohen Anteils von römisch-katholischen und evangelischen Schülerinnen und
Schülern nicht als entscheidend für den Vergleich mit anderen Religionszugehörigkeiten, insbesondere dem Islam, einzuschätzen. Neben den christlichen bildeten die
muslimischen Auszubildenden sowie diejenigen ohne Bekenntnis die drei unter dem
Aspekt der Religionszugehörigkeit gebildeten Gruppen im Datensatz zur Bewertung
der Treatmentwirkungen (vgl. Tabelle 11). Zuletzt ist zu erwähnen, dass drei buddhis-
tische Auszubildende sowie ein Mitglied der Zeugen Jehovas keiner dieser Gruppen
sinnvoll zugeordnet werden konnten, daher wurden diese Personen gemeinsam mit
den Auszubildenden, die keinerlei Angaben zu ihrer Religionszugehörigkeit machten,
aus dem Datensatz ausgeschlossen.

Tabelle 11: Deskriptive Kennwerte der zwei Datensätze: Für die Faktorenanalyse (nur t_1) bzw. für den Treatmentvergleich (t_1, t_2, t_3).

Variable	Ausprägung	Datensatz für Faktorenanalyse (t_1)				Datensatz für Treatmentvergleich (t_1, t_2, t_3)			
		KG	IB	R&G	Σ	KG	IB	R&G	Σ
Ausbildungsgang	Bankfachklassen	298 (14)	229 (13)	166 (9)	693 (36)	191 (14)	156 (13)	122 (9)	469 (36)
	Industriefachklassen	242 (14)	274 (16)	433 (22)	949 (52)	155 (14)	189 (16)	292 (22)	636 (52)
Religionszugehörigkeit	römisch-katholisch	187	190	206	583	120	129	156	405
	evangelisch	264	232	293	789	174	161	204	539
	muslimisch	25	18	27	70	20	13	17	50
	christlich-orthodox	12	8	10	30	7	9	7	23
	apostolisch	6	5	1	12	6	5	1	12
	freikirchlich-evangelisch	3	3	6	12	3	3	6	12
	ohne Bekenntnis	28	32	33	63	16	25	23	64
	keine Angabe & sonstige	9	8	12	29	-	-	-	-
Religion	Christentum	472	438	516	1426	310	307	374	991
	Islam	25	18	27	70	20	13	17	50
	ohne Bekenntnis	33	32	28	93	16	25	23	54
	keine Angabe & sonstige	9	8	12	27	-	-	-	-
Migrationshintergrund	ohne; mit	393; 118	382; 121	503; 138		264; 82	264; 81	325; 89	
Alter		18.5 (2.0)	18.9 (2.6)	19.0 (2.7)		18.6 (2.1)	19.0 (2.6)	18.9 (2.7)	
Geschlecht	m; w	188; 358	191; 315	229; 370		108; 238	130; 215	153; 261	
Bildungsabschluss	Hauptschule; Mittlere Reife; FHSR; Abitur	2; 266; 108; 160	4; 278; 99; 118	0; 331; 113; 127		0; 185; 66; 95	0; 186; 71; 88	0; 247; 80; 87	

Anmerkung. Angegeben wird die Anzahl der Auszubildenden und gegebenenfalls in Klammern die Anzahl der Klassen. Für das Alter werden *M* und *SD* genannt.

2.2.3 Ergebnisse

In diesem Teilkapitel werden alle durchgeführten quantitativen Analysen und ihre Ergebnisse vorgestellt. Zunächst werden die beiden faktorenanalytischen Untersuchungen behandelt, die getrennt für RWi und RPÜ einerseits und RE andererseits durchgeführt wurden. Anhand dieser Faktorenanalyse ergeben sich Erkenntnisse über die Struktur interreligiöser Kompetenz. Dabei wird zudem die Kodierung und Polung der Aufgaben sowie die Skalierung der resultierenden Messinstrumente dargestellt. Der folgende Abschnitt behandelt die Überprüfung von klassenbedingten Unterschieden in der Wirkung der Unterrichtseinheiten. Es werden dabei die Unterschiede hinsichtlich der interreligiösen Kompetenzen aufgezeigt, die zwischen den Klassen bestehen, die jeweils mit der gleichen Einheit unterrichtet wurden. Der nächste Abschnitt stellt die Analysen der Unterrichtseffekte dar, wobei auf Unterschiede zwischen den Unterrichtseinheiten, zwischen den Ausbildungsgängen sowie zwischen den Religionszugehörigkeiten eingegangen wird. Zuletzt findet sich die Untersuchung der Abhängigkeitsbeziehungen zwischen den drei Komponenten interreligiöser Kompetenz – RPÜ, RWi und RE. Abgeschlossen wird das Kapitel durch eine zusammenfassende Diskussion der empirisch gewonnenen Erkenntnisse.

Faktorenanalyse für religionsbezogenes Wissen und Perspektivenübernahme.

Die empirische Struktur der Kompetenzen RWi und RPÜ wurden anhand einer Faktorenanalyse bestimmt. Die Faktorenanalyse basierte auf den Daten von 1655 Auszubildenden beim ersten Messzeitpunkt (s. Tabelle 11 für eine deskriptive Übersicht über den Datensatz). Der Fragebogen (siehe Anhang, S. 233 ff.) umfasst 78 Aufgaben zu RWi und RPÜ, die in den Aufgabenblöcken F1 bis F12 und F17 bis F27 gestellt werden.

In der Studienplanung war vorgesehen, dass in mindestens einer der beiden Unterrichtseinheiten interreligiöse Kenntnisse vermittelt werden, die für die Beantwortung der 78 Aufgaben hilfreich sind. Dadurch sollte gewährleistet werden, dass alle betrachteten Aufgaben für eine Überprüfung der durch die Einheiten erzeugten Lernerfolge geeignet sind. Im Zuge von Überarbeitungen der Unterrichtseinheiten entfielen jedoch die Lerninhalte zu den interreligiösen Kenntnissen, die für 12 der 78 Aufgaben relevant sind, aus beiden Unterrichtseinheiten. Diese 12 Aufgaben – F3.2, F8.1, F8.3, F11.1, F18.1, F18.2 und F27.1 bis F27.6 – können für die Untersuchung der Effektivität der Unterrichtseinheiten daher nicht herangezogen werden und wurden aus sämtlichen Analysen, auch der folgenden Faktorenanalyse, ausgeschlossen. Im Weiteren werden daher nur die verbliebenen 66 Aufgaben zu RWi und RPÜ betrachtet.

Mehrere Vorbereitungsschritte gingen der eigentlichen Faktorenanalyse voraus. Zunächst wurde die Antwortkodierung und Skalierung der Aufgaben angepasst. Da die Aufgaben zu RWi und RPÜ so erstellt wurden, dass stets eine eindeutig richtige Antwort vorliegt, erschien ein dichotomes Antwortformat besser geeignet als ein abgestuftes (intervall- oder ordinalskaliertes) Format. Daher wurden für alle Aufgaben zu RWi und RPÜ eine Antwortmöglichkeit als richtig gewertet. Für die Aufgaben mit vierstufigem Antwortformat bedeutet dies, dass lediglich eine äußere Antwortkategorie als richtige Antwort gewertet wurde und die übrigen drei Kategorien als inkorrekt.

Für die dichotomisierten Aufgaben wurde im nächsten Schritt die Aufgabenschwierigkeit, d. h. der Anteil richtiger Antworten in der Stichprobe berechnet. Von allen weiteren Analysen ausgeschlossen wurden Aufgaben mit zu geringer Schwierigkeit, wobei die Grenze auf mehr als 80 % richtige Antworten beim ersten Messzeitpunkt festgelegt wurde; dies traf auf sechs Aufgaben (F1, F25.2, F26.2, F26.4, F26.5 und F26.6) zu. Zudem wurde eine zu schwierige Aufgabe (F6.1) ausgeschlossen, die von weniger als 8 % der Auszubildenden bei t_1 korrekt beantwortet wurde.

Für die verbliebenen 59 Aufgaben wurde eine Faktorenanalyse durchgeführt. Die Methodik orientierte sich an dem Vorgehen von Losert, Merkt und Schweitzer (2015). Zunächst wurde eine Parallelanalyse (Horn, 1965) zur Bestimmung der Anzahl zu extrahierender Faktoren unter Verwendung der für dichotome Antwortformate geeigneten tetrachorischen Korrelationsmatrix durchgeführt (Garrido, Abad & Ponsoda, 2011, 2013). Die so bestimmte angemessene Anzahl an Faktoren wurde durch Hauptachsen-Faktorisierung (*Principal-Axis-Factoring*) extrahiert und mit dem Promax-Verfahren schiefwinklig (*oblique*) rotiert. Zur Bewertung der Ladungen wurde die *Pattern*-Matrix, nicht die *Structure*-Matrix, gewählt. Die Ladungen in der Pattern-Matrix sind als der Beitrag zu interpretieren, den jeder Faktor unabhängig von den anderen Faktoren zur Erklärung der Aufgabenvarianzen beiträgt (Rencher & Christensen, 2012; Rummel, 1988). Aufgaben, deren Varianz in der Faktorlösung nicht adäquat erklärt wird, wurden Schritt für Schritt einzeln aus dem Datensatz entfernt, und nach jeder dieser Reduzierungen wurden die Faktoren erneut extrahiert. Für den Ausschluss in Betracht gezogen wurden in jedem Schritt all die Aufgaben, die bei keinem der Faktoren eine absolute Ladung größer als .30 aufwiesen. Unter diesen Aufgaben wurde dann diejenige ausgeschlossen, deren maximale Ladung am kleinsten war. Der Vorgang der schrittweisen Aufgabenreduzierung wurde so lange wiederholt, bis die Varianzen aller Aufgaben in der Faktorlösung zufriedenstellend erklärt werden, d. h. jede Aufgabe bei mindestens einem Faktor eine Ladung größer als .30 (oder kleiner als -.30) hatte. Zu diesem Zeitpunkt wurde erneut eine Parallel-Analyse durchgeführt, um sicherzustellen, dass sich die Anzahl der zu extrahierenden Faktoren durch die Reduktion der Aufgabenmenge nicht verändert hat.

In der durchgeführten Analyse lieferte das Verfahren folgende Ergebnisse. Die Parallel-Analyse für alle 59 Aufgaben sprach für die Existenz von acht Faktoren. Im iterativen Ausschlussverfahren mussten 20 Aufgaben ausgeschlossen werden. Eine erneute Parallel-Analyse mit den verbliebenen 39 Aufgaben bestätigte, dass weiterhin acht Faktoren zu extrahieren sind. Damit war die finale Faktorlösung gefunden, deren vollständige Ladungsmatrix im Anhang (S. 256 f.) einzusehen ist. In der Ladungsmatrix wurde die kritische Grenze erneut bei Absolutwerten von .30 gesetzt, d. h. den Faktoren wurden jeweils diejenigen Aufgaben inhaltlich zugeordnet, die auf diesem

Faktor eine Ladung größer als .30 (oder kleiner als -.30) aufwiesen. Mit diesem Kriterium ergeben sich die in den folgenden Abschnitten dargestellten Faktoren.

RPÜ I – Perspektivenübernahme im Beruf

Neun RPÜ-Aufgaben haben eine ausreichend hohe Ladung auf dem ersten Faktor. Jedoch beziehen sich vier dieser Aufgaben (F20.1, F20.3, F23.3 und F23.4) auf Themen, die ausschließlich in dem Treatment „Religionen und Gewalt" behandelt werden. Würde eine Skala aus allen neun Aufgaben gebildet, so könnte daher mit dieser Skala die Wirksamkeit der beiden Treatments nicht sinnvoll verglichen werden. Aus diesem Grunde wurden die vier oben genannten modulspezifischen Aufgaben nicht in die Skala aufgenommen. Stattdessen wurde eine Skala gebildet, die aus den in Tabelle 12 genannten fünf Aufgaben besteht. Inhaltlich weisen diese Aufgaben einen klaren gemeinsamen Kern auf, da es bei ihnen darum geht, sich in einem beruflichen Kontext in eine Person muslimischen Glaubens hinein zu versetzen und darauf basierend verschiedene Handlungsoptionen abzuwägen, die sich den Beteiligten in der beschriebenen Problemsituation bieten. Dabei stehen die Schülerinnen und Schüler vor der Aufgabe, ihr Wissen über die Gebetspflicht der Musliminnen und Muslime in einer konkreten Situation anzuwenden, mit den Interessen des Arbeitgebers zu vereinbaren und dabei in verschiedene Perspektiven (sowohl die des Muslims als auch die seiner Vorgesetzter) zu schlüpfen. Daher wird dieser Faktor betitelt als RPÜ I – Perspektivenübernahme im Beruf.

Tabelle 12: Die gewählten Aufgaben des ersten Faktors: RPÜ I – Perspektivenübernahme im Beruf.

Nummer	Fallgeschichte[c]	Einleitungsfrage	Aufgabe
F22.1[b]	Ertan arbeitet in einem produzierenden Unternehmen. Er würde		Ertan hätte sich in der Firma erst gar nicht bewerben sollen.
F22.2[a]	gerne seiner täglichen Gebetspflicht auch im Betriebsalltag nachkommen.	Folgende Äußerungen werden	Die Teamleitung soll versuchen, eine Lösung zu finden, die den Betriebsablauf nicht stört.
F22.3[b]	Eines Tages vertraut Ertan einem Kollegen an, dass er unglücklich damit ist, dass er während der	gemacht. Welche ist im Blick auf Ertan geeignet?	Am besten wechselt Ertan seine Stelle.
F22.4[a]	Arbeit nicht beten kann. Andere Arbeitskollegen bekommen dies mit		Ertan soll prüfen, ob er Möglichkeiten hat, sein Gebet in den Arbeitsablauf zu integrieren oder nachzuholen.
F22.5[b]	und diskutieren Ertans Anliegen.		Ertan soll am Wochenende beten.

[a] Korrekte Antwort: „geeignet"
[b] Korrekte Antwort: „nicht geeignet"
[c] Wird hier leicht gekürzt wiedergegeben. Vollständiger Wortlaut siehe Anhang (S. 233 ff.).

RPÜ II – Perspektivenübernahme im Privatleben

Auf dem zweiten Faktor laden die fünf Aufgaben, die in Tabelle 13 zusammengestellt sind. Thematisch handeln diese Aufgaben davon, die Plausibilität der genannten Reaktionen von Personen christlichen sowie muslimischen Glaubens in einem fiktiven privaten Kontext einzuschätzen. Von zentraler Bedeutung ist hierbei, dass die möglichen Reaktionen dahingehend interpretiert werden sollen, inwiefern sie sich aus den Heiligen Schriften der jeweiligen Religion ergeben. Somit bietet dieser zweite Faktor Erkenntnisse darüber, ob die Schülerinnen und Schüler ihr RWi in einem privaten Kontext auf eine echte Fallgeschichte transferieren können. Dieser Faktor erhält die Bezeichnung RPÜ II – Perspektivenübernahme im Privatleben.

Tabelle 13: Die Aufgaben des zweiten Faktors: RPÜ II – Perspektivenübernahme im Privatleben.

Nummer	Fallgeschichte	Einleitungsfrage	Aufgabe
F24a.1[b]	Ayse ist die 20-jährige Tochter religiös engagierter muslimischer Eltern, die aus der Türkei stammen. Sie möchte Malte, einen 25-jährigen Büroangestellten, Sohn bewusst evangelischer deutscher Eltern heiraten. Jetzt denkt sie nach, wie die Eltern wohl reagieren werden, wenn sie sich auf den Koran bzw. die Bibel berufen.	a) Wie könnten Ayses Eltern reagieren, wenn sie sich auf den Koran berufen?	Ayses Eltern werden jede türkisch-deutsche Ehe ablehnen.
F24a.3[b]			Ayses Eltern lehnen muslimisch-christliche Ehen generell ab.
F24b.1[b]			Maltes Eltern werden jede türkisch-deutsche Ehe ablehnen.
F24b.2[b]		b) Wie könnten Maltes Eltern reagieren, wenn sie sich auf die Bibel berufen?	Maltes Eltern lehnen muslimisch-christliche Ehen generell ab.
F24b.3[a]			Maltes Eltern sehen keine Gründe, die gegen die geplante Eheschließung sprechen.

[a] Korrekte Antwort: „stimmt"
[b] Korrekte Antwort: „stimmt nicht"

RWi – Glaubensgrundsätze

Den neun RWi-Aufgaben, die zum dritten Faktor gehören (siehe Tabelle 14), ist gemein, dass Kenntnisse zu den im Koran genannten Glaubensgrundsätzen, Prinzipien und Themen abgefragt werden.[1] Dieser Skala wird daher der Name RWi – Glaubensgrundsätze gegeben. In beiden Unterrichtseinheiten werden relevante Inhalte zu diesen neun Aufgaben vermittelt.

---

1 Die Aufgabe F17.1 stellt einen Sonderfall dar. Durch die Einbettung in eine Fallgeschichte wurde sie als Aufgabe zur RPÜ konzipiert. Für die korrekte Beantwortung der Aufgabe scheint jedoch das relevante Wissen ausschlaggebend zu sein; der Fähigkeit zur RPÜ kommt wider Erwarten keine besondere Bedeutung zu.

Tabelle 14: Die gewählten Aufgaben des dritten Faktors: RWi – Glaubensgrundsätze.

Nummer	Fallgeschichte[c]	Einleitungsfrage	Aufgabe
F03.1[a]	-	Was trifft zu?	Im Koran wird von Jesus erzählt.
F05.2[b]	-	Mohammed lehrte …	… dass keiner sich um seine Mitmenschen kümmern muss, weil Allah sich um sie kümmert.
F07.1[b]			Kopftuch
F07.2[b]		Entscheiden Sie, welche der folgenden Elemente zu den fünf Säulen des Islam gehören.	Koranstudium
F07.3[b]	-		Heiliger Krieg
F07.4[a]			Glaubensbekenntnis
F07.5[a]			Armensteuer
F08.5[b]	-	Sind die folgenden Aussagen richtig?	Dem Koran zufolge ist die Ehe zwischen einem Muslim und einer Christin verboten.
F17.1[b]	Meryem, eine muslimische Schülerin, möchte nicht an dem Weihnachtsgottesdienst in ihrer Schule teilnehmen.	Welche Gründe könnten zu dieser Entscheidung geführt haben? Sie möchte nicht daran teilnehmen, weil …	… zu Gott gebetet wird.

[a] Korrekte Antwort: „stimmt"
[b] Korrekte Antwort: „stimmt nicht"
[c] Wird hier verkürzt wiedergegeben. Vollständiger Wortlaut siehe Anhang (S. 233 ff.).

RWi – Religionen und Gewalt

Vier Aufgaben haben ausreichend hohe Faktorladungen auf dem vierten Faktor (vgl. Tabelle 15). All diese Aufgaben beziehen sich auf die speziell in dem Treatment „Religionen und Gewalt" vermittelten Inhalte zu den christlichen Kreuzzügen. Die aus diesen vier Aufgaben gebildete Skala eignet sich daher besonders dafür, die spezifisch in diesem Treatment stattfindende Wissensvermittlung zu evaluieren. Die Skala wird im Folgenden als RWi – „Religionen und Gewalt" bezeichnet.

Tabelle 15: Die Aufgaben des vierten Faktors: RWi – Religionen und Gewalt.

Nummer	Fallgeschichte	Einleitungsfrage	Aufgabe
F19.1[a]			Papst Urban II. wollte seine irdische Macht festigen.
F19.2[a]	Im Jahr 1095 rief Papst Urban II. zum ersten Kreuzzug auf. Daraufhin nahm 1099 ein Kreuzfahrerheer Jerusalem ein.	Welche Aussagen stimmen?	Die Teilnehmer am Kreuzzug versprachen sich Seelenheil.
F19.3[b]			Papst Urban II. meinte, die Christen sollten keinen Krieg führen, sondern die orientalische Kultur kennenlernen.
F19.4[b]			Weil die Bevölkerungszahl in Europa im Mittelalter abnahm, wollten die Christen Muslime nach Europa holen.

[a] Korrekte Antwort: „stimmt"
[b] Korrekte Antwort: „stimmt nicht"

RWi – Islamic Banking I & II

Äquivalent zum vierten Faktor enthalten die Faktoren fünf und sechs jeweils ausschließlich Wissensfragen, die sich mit den Lernzielen des Treatments „Islamic Banking" befassen. Die drei Aufgaben des fünften Faktors (s. Tabelle 16) erfragen die
Kenntnisse der Schülerinnen und Schüler zu den Prinzipien von Banken, die sich nach
christlichen Glaubensgrundsätzen richten. Demgegenüber beschäftigen sich die Fragen des sechsten Faktors (s. Tabelle 17) mit dem Zinsverbot, wie es sowohl im Islam
als auch im Christentum zu interpretieren ist. Die beiden gebildeten Skalen werden als
RWi – Islamic Banking I bzw. II betitelt. Die Leistungen der Schülerinnen und Schüler auf diesen beiden Skalen bieten daher Informationen über die Wissensvermittlung
speziell im Treatment „Islamic Banking".

Tabelle 16: Die Aufgaben des fünften Faktors: RWi – Islamic Banking I.

Nummer	Einleitungsfrage	Aufgabe
F10.1[b]	Banken, die sich nach christlichen	Gewinnmaximierung als oberstes Kriterium.
F10.2[b]	Grundsätzen richten, ist bei ihrer	Spekulative Finanzprodukte entwickeln.
F10.3[a]	Tätigkeit wichtig:	Mit Kundengeldern ethisch wirtschaften.

[a] Korrekte Antwort: „stimmt"
[b] Korrekte Antwort: „stimmt nicht"

Tabelle 17: Die Aufgaben des sechsten Faktors: RWi – Islamic Banking II.

Nummer	Fallgeschichte	Einleitungsfrage	Aufgabe
F9.3[a]		In welcher Schrift wird das Zinsverbot erwähnt?	Im Koran.
F11.2[b]	Banken, die sich nach muslimischen Grund-sätzen richten, bieten Finanzprodukte an, die ohne Darlehens- und Guthabenzinsen auskom-men. Sie unterscheiden sich dadurch von anderen Banken.	Wie ist dieser Unterschied zu erklären?	Im Christentum wird das Zinsverbot als Wucherver-bot interpretiert.
F11.3[a]			Muslime leiten das Zins-verbot aus dem Koran ab.

[a] Korrekte Antwort: „stimmt"
[b] Korrekte Antwort: „stimmt nicht"

Kein klarer inhaltlicher Kern und somit keine Nützlichkeit für die Evaluation der
Treatmentwirksamkeit konnten für die übrigen beiden Faktoren sieben und acht
identifiziert werden. Faktor sieben setzt sich zusammen aus einer RPÜ-Aufgabe
mit Bezug auf Inhalte des Treatments „Religionen und Gewalt" (F23.5), aus RPÜ-
Aufgaben basierend auf Lernzielen in „Islamic Banking" (F21.1 bis F21.3) und aus
zwei RPÜ-Aufgaben ohne speziellen Treatmentbezug (F26.1 und F26.3). Aufgrund
dieser Heterogenität lässt sich keine Skala bilden, die für Vergleiche zwischen den
Treatments geeignet ist. Die beiden letztgenannten Aufgaben (F26.1 und F26.3) weisen zudem ausreichend hohe Ladungen auf dem achten Faktor auf, welcher außerdem

aus einer RPÜ-Aufgabe zur Einheit „Islamic Banking" (F21.2) und einer negativ auf dem Faktor ladenden allgemeinen RPÜ-Aufgabe (F24.3) besteht. Eine inhaltliche Interpretation der mit diesem Faktor verbundenen Kompetenz konnte aufgrund dieser Diversität nicht erzielt werden.

Tabelle 18 gibt einen Überblick über die gebildeten Skalen. Angegeben sind neben dem Skalentitel eine Zusammenfassung ihres inhaltlichen Kerns, die Anzahl der in die Skala eingehenden Aufgaben sowie die Schätzung der Reliabilität der Skala.

Tabelle 18: Übersicht über die Skalen für die Kompetenzen RPÜ und RWi.

Skala	Erklärung	Reliabilität	Itemanzahl
Religionsbezogene Perspektivenübernahme I (RPÜ I – Perspektivenübernahme im Beruf)	Fähigkeit, sich in Personen muslimischen Glaubens in einem beruflichen Kontext hineinzuversetzen und ihre Handlungsoptionen auf Grundlage religionsbezogenen Wissens abzuwägen.	t_1: α^* = .81 t_2: α = .88 t_3: α = .88	5 Items
Religionsbezogene Perspektivenübernahme II (RPÜ II – Perspektivenübernahme im Privatleben)	Fähigkeit, sich in Personen muslimischen und christlichen Glaubens in einem privaten Kontext hineinzuversetzen und ihre Handlungsoptionen auf Grundlage religionsbezogenen Wissens abzuwägen.	t_1: α = .87 t_2: α = .89 t_3: α = .89	5 Items
Religionsbezogenes Wissen (RWi – Glaubensgrundsätze)	Wissen über die Glaubensgrundsätze des Islams.	t_1: α = .77 t_2: α = .83 t_3: α = .82	9 Items
Treatmentspezifisches religionsbezogenes Wissen (RWi – Religionen und Gewalt)	Wissen über die christlichen Kreuzzüge.	t_1: α = .81 t_2: α = .85 t_3: α = .82	4 Items
Treatmentspezifisches religionsbezogenes Wissen (RWi – Islamic Banking I)	Wissen über die Prinzipien christlicher Banken.	t_1: α = .80 t_2: α = .91 t_3: α = .89	3 Items
Treatmentspezifisches religionsbezogenes Wissen (RWi – Islamic Banking II)	Wissen über das Zinsverbot in Christentum und Islam.	t_1: α = .67 t_2: α = .84 t_3: α = .79	3 Items

* Cronbachs Alpha wurde in der Version für ordinale Antwortformate berechnet, die auf polychorischen Korrelationsmatrizen beruht (Gadermann, Guhn & Zumbo, 2012; Zumbo, Gadermann & Zeisser, 2007).

Faktorenanalyse für religionsbezogene Einstellungen

Eine weitere Faktorenanalyse wurde für die Aufgaben zu RE durchgeführt. In die Analyse gingen erneut die Antworten von 1655 Auszubildenden beim Pretest (t_1) ein. Die Analyse startete mit allen 23 Einstellungsfragen (F13 bis F16; siehe Fragebogen im Anhang, S. 233 ff.) Für die Einstellungsfragen wurde das jeweilige im Fragebogen gewählte Antwortformat bei der Kodierung der Antworten beibehalten. Für alle Fragen wurde eine Ordinalskalierung angenommen. Die Polung wurde für die meisten

Aufgaben umgedreht, um die Interpretation der später resultierenden Faktoren zu erleichtern. Die Polung wurde wie folgt abgeändert:

- Bei der Frage F13 (Frage zur Zuwanderung) wurde die erste Antwortkategorie „mehr als bisher" als die höchste Antwortalternative in einer ordinalen Abfolge von „weniger als bisher" über „genauso viel wie bisher" bis hin zu „mehr als bisher" definiert.
- Bei den Fragen F14.1 bis einschließlich F14.8 (Fragen zur Einstellung gegenüber anderen Kulturen und Religionen) wurde ebenso die erste Antwortkategorie „Ich stimme voll und ganz zu" als höchste Antwortalternative in einer ordinalen Abfolge beginnend bei „Ich stimme überhaupt nicht zu" gewählt.
- Bei der Frage F14.9 galt die umgekehrte Polung: Die Antwort „Ich stimme überhaupt nicht zu" war hier die höchste Antwortalternative. Dies geht darauf zurück, dass diese Frage als einzige eine klar negative Einstellung gegenüber anderen Religionen („Es gibt nur einen wahren Glauben") erfasst.
- Alle Fragen zu F15 (Patriotismus) erhielten eine ordinale Reihenfolge von „überhaupt nicht wichtig" bis „sehr wichtig", wodurch die Wahl einer hohen Antwortalternative ein hohes Maß an Patriotismus widerspiegelt.
- Und die Fragen zu F16 (Einstellung gegenüber potenziellen Nachbarn) erhielten eine ordinale Polung von „fände ich nicht so gut" bis „fände ich gut", d.h. die Wahl der höchsten Antwortalternative entspricht hier einer positiven Einstellung gegenüber den möglichen Nachbarn.

Die Parallel-Analyse basierend auf der polychorischen Korrelationsmatrix legte die Extraktion von fünf Faktoren nahe. Durch Ausschluss der Aufgaben mit unzureichenden Ladungen (vgl. die obige Beschreibung bei der Faktorenanalyse zu RWi und RPÜ) wurde die faktorenanalytische Lösung auf 18 Aufgaben reduziert. Eine erneute Parallel-Analyse führte zu dem Ergebnis, dass weiterhin fünf Faktoren zu extrahieren sind. Die vollständige resultierende Ladungsmatrix findet sich im Anhang (S. 257). Erneut wurden den Faktoren diejenigen Aufgaben zugeordnet, die absolute Ladungen größer als .30 aufwiesen.

Die vier Aufgaben des ersten Einstellungsfaktors (s. Tabelle 19) wurden aus der acht Items umfassenden Skala „Akzeptanz" von Ziebertz (2010) übernommen. Den vier Aufgaben ist gemeinsam, dass sie einen aktiven, offenen Umgang mit anderen Kulturen und Religionen erfassen. Daher wurde für diesen ersten Faktor RE die Bezeichnung „RE I – Offenheit" gewählt.

Tabelle 19: Die Aufgaben des ersten Einstellungsfaktors: RE I – Offenheit.

Nummer	Einleitungsfrage	Aufgabe
F14.1	Kreuzen Sie an,	Ich finde es spannend, mich mit anderen Kulturen zu beschäftigen.
F14.2	inwieweit Sie den folgenden Aussa-	Menschen aus anderen Kulturen finde ich spannend.
F14.3	gen zustimmen oder nicht.	Ich versuche, Mitschüler einer anderen Religion kennen zu lernen.
F14.4		Mich interessiert, was Menschen in anderen Ländern denken.

Anmerkung. Alle Aufgaben wurden auf einer fünfstufigen Ordinalskala mit den Polen „Ich stimme voll und ganz zu" und „Ich stimme überhaupt nicht zu" beantwortet. Die erste Antwortkategorie bedeutet ein maximales Ausmaß an Offenheit.

Die fünf Aufgaben des zweiten Einstellungsfaktors (s. Tabelle 20) entstammen ebenfalls den Studien von Ziebertz (2010). Da diese Aufgaben sich auf Patriotismus beziehen und keinen direkten Bezug zu anderen Kulturen oder Religionen aufweisen, wurde dieser zweite Faktor schlicht als „Patriotismus" bezeichnet.

Tabelle 20: Die Aufgaben des zweiten Einstellungsfaktors: Patriotismus

Nummer	Einleitungsfrage	Aufgabe
F15.1		… Vertrauen in die Heimat zu haben.
F15.2		… stolz auf die eigene Nation zu sein.
F15.3	Es ist wichtig für mich …	… die eigenen Nationalmannschaften bei Wettkämpfen zu unterstützen.
F15.4		… die heimische Wirtschaft gegenüber der globalen Konkurrenz zu unterstützen.
F15.5		… die Nationalhymne zu kennen.

Anmerkung. Alle Aufgaben wurden auf einer fünfstufigen Ordinalskala mit den Polen „sehr wichtig" und „überhaupt nicht wichtig" beantwortet. Die erstere Antwortkategorie repräsentiert ein maximales Ausmaß an Patriotismus.

Aus der Shell Jugendstudie 2010 (Shell Deutschland Holding, 2010) wurden die vier Aufgaben übernommen, die den dritten Einstellungsfaktor bilden (s. Tabelle 21). Durch diese Aufgaben wird die Haltung gegenüber Fremden erfasst, die anderen Kulturen oder sozialen Schichten angehören. Dafür wurde die Bezeichnung „RE II – Soziokulturelle Toleranz" gewählt.

Tabelle 21: Die Aufgaben des dritten Einstellungsfaktors: RE II – Soziokulturelle Toleranz.

Nummer [a]	Einleitungsfrage [b]	Aufgabe
F16.2		eine Aussiedlerfamilie aus Russland
F16.6	Wie fänden Sie es, wenn in die Wohnung nebenan folgende	eine deutsche Familie, die von Sozialhilfe lebt
F16.7	Menschen einziehen würden?	eine Familie aus Afrika mit dunkler Hautfarbe
F16.8		eine türkische Familie

Anmerkung. [a] Alle Aufgaben wurden auf einer dreistufigen Ordinalskala mit den Kategorien „fände ich gut", „wäre mir egal" und „fände ich nicht so gut" beantwortet. Erstere Antwortkategorie bedeutet ein maximales Ausmaß an Toleranz und letztere Kategorie repräsentiert ein minimales Ausmaß. [b] Hier gekürzt wiedergeben. Siehe Anhang (S. 233 ff.) für die vollständige Frage.

Die Aufgaben des vierten Faktors (s. Tabelle 22) entstammen den von Ritzer (2010) etablierten Skalen „Religiöse Indifferenz" und „Religiöse Intoleranz". In der von uns gewählten Polung stehen hohe Ausprägungen auf diesem Faktor für hohe Toleranz gegenüber unterschiedlichen Glaubensrichtungen, daher wird für diesen Faktor die Bezeichnung „RE III – Akzeptanz von Glaubensvielfalt" verwendet.

Tabelle 22: Die Aufgaben des vierten Einstellungsfaktors: RE III – Akzeptanz von Glaubensvielfalt.

Nummer	Einleitungsfrage	Aufgabe
F14.7	Kreuzen Sie an, inwieweit Sie den folgenden Aussagen zustimmen oder nicht.	Über Glauben zu diskutieren lohnt sich nicht, weil sowieso jeder glauben soll, was er will.
F14.8		Mir ist egal, woran jemand glaubt.
F14.9		Es gibt nur einen wahren Glauben.

Anmerkung. Alle Aufgaben wurden auf einer fünfstufigen Ordinalskala mit den Polen „Ich stimme voll und ganz zu" und „Ich stimme überhaupt nicht zu" beantwortet. Die erstere Antwortkategorie bedeutet ein maximales Ausmaß an Offenheit bei den Teilaufgaben 7 und 8; sie steht hingegen für ein minimales Ausmaß an Offenheit bei der Teilaufgabe 9.

Die zwei Aufgaben des fünften und letzten Einstellungsfaktors (s. Tabelle 23) gehen auf die Skala zu religiöser Toleranz von Ziebertz (2010) zurück. Da sich speziell diese zwei Aufgaben dadurch auszeichnen, dass sie die Zuschreibung positiver Eigenschaften an andere Kulturen erfassen, wählten wir die Bezeichnung „RE IV – Positive kulturelle Vorurteile".

Tabelle 23: Die Aufgaben des fünften Einstellungsfaktors: RE IV – Positive kulturelle Vorurteile.

Nummer	Einleitungsfrage	Aufgabe
F14.5	Kreuzen Sie an, inwieweit Sie den folgenden Aussagen zustimmen oder nicht.	Menschen aus anderen Kulturen sind offener.
F14.6		Familien anderer Kulturen haben einen stärkeren Zusammenhalt.

Anmerkung. Beide Aufgaben wurden auf einer fünfstufigen Ordinalskala mit den Polen „Ich stimme voll und ganz zu" und „Ich stimme überhaupt nicht zu" beantwortet. Die erstere Antwortkategorie bedeutet eine höchstmögliche Ausprägung positiver kultureller Vorurteile.

Tabelle 24 bietet einen Überblick über die wichtigsten Kennwerte der gebildeten Einstellungsskalen. Angegeben sind neben dem Skalentitel eine Zusammenfassung des jeweiligen inhaltlichen Kerns, die Anzahl der in die Skala eingehenden Aufgaben sowie die in der Stichprobe gegebene Reliabilität der Skala.

Tabelle 24: Übersicht über die Skalen religionsbezogener Einstellungen.

Skala	Erklärung	Reliabilität	Itemanzahl
Religionsbezogene Einstellung I (RE I – Offenheit)	Offenheit für andere Kulturen und Religionen.	t_1: α = .85 t_2: α = .90 t_3: α = .90	4 Items
Patriotismus	Emotionale und kulturelle Verbundenheit mit dem Heimatland.	t_1: α = .69 t_2: α = .78 t_3: α = .82	5 Items
Religionsbezogene Einstellung II (RE II – Soziokulturelle Toleranz)	Toleranz gegenüber Personen unterschiedlicher soziokultureller Herkunft.	t_1: α = .68 t_2: α = .72 t_3: α = .73	4 Items
Religionsbezogene Einstellung III (RE III – Akzeptanz von Glaubensvielfalt)	Toleranz gegenüber unterschiedlichen Glaubensrichtungen.	t_1: α = .69 t_2: α = .65 t_3: α = .68	3 Items
Religionsbezogene Einstellung IV (RE IV – Positive kulturelle Vorurteile)	Zuordnung positiver Werte an andere Kulturen.	t_1: α = .59 t_2: α = .70 t_3: α = .72	2 Items

Skalierung der Messinstrumente

Die Kompetenzen der Schülerinnen und Schüler auf den Skalen zu RPÜ und RWi wurden unter Anwendung von Modellen der Item-Response-Theorie berechnet. Modellanpassungstests basierend auf dem Verhältnis der Likelihoods des 1PL-Modells (sogenanntes Raschmodell), des 2PL-Modells (sog. Birnbaummodell) und des 3PL-Modells ergaben, dass für alle Skalen die beste Schätzung der Kompetenzen vom 2PL-Modell geleistet wird.

Die Schätzungen für die Ausprägung der RE der Schülerinnen und Schüler sowie ihrer Religiosität erfolgte ebenfalls durch Modelle der Item-Response-Theorie. Die Anpassungstests offenbarten, dass für alle Skalen das generalisierte Partial Credit Modell (eine Verallgemeinerung des 2PL-Modells für ordinale Antwortformate) gegenüber dem (nicht generalisierten) Partial Credit Modell zu bevorzugen ist.

Klassenbedingte Varianz der Unterrichtseffekte

Durch den Einsatz von Mehrebenenmodellen lässt sich die Varianz von abhängigen Variablen in mehrere Komponenten aufteilen. Zunächst wurde die Analyse zweier Komponenten durchgeführt: (i) die Varianz zwischen den Schülerinnen und Schülern und (ii) die Varianz zwischen den Schulklassen. Als abhängige Variable wurde dabei jede Skala des RWi, der RPÜ und der RE zu jedem der drei Messzeitpunkte betrachtet. In jedem dieser Fälle wurde der Intraklassenkorrelationskoeffizient (ICC) berechnet, der sich aus dem Verhältnis des Varianzanteils zwischen den Schulklassen zum Varianzanteil zwischen den Schülerinnen und Schülern ergibt. Der ICC beziffert damit, welcher Anteil der beobachteten Streuung in der abhängigen Variable (RWi,

RPÜ, RE) auf Leistungsunterschiede zwischen den Klassen zurückgeht. Als Kontroll-variablen gingen in den Modellen die folgenden Variablen ein:

- Für die Betrachtung der Varianz der abhängigen Variablen zum Zeitpunkt t_1 wur-den die Faktoren Treatment (Kontrollgruppe, „Religionen und Gewalt", „Islamic Banking") und Ausbildungsgang (Bankfachklassen und Industriefachklassen) berücksichtigt.
- Für die Betrachtung der Varianz der abhängigen Variablen zum Zeitpunkt t_2 und t_3 wurden neben den oben genannten Faktoren stets auch die Höhe der abhängigen Variablen zum Zeitpunkt t_1, d. h. das Ausgangsniveau der Schülerinnen und Schü-ler kontrolliert.

Diese Kontrollvariablen erfüllen den Zweck, dass der berechnete ICC das Ausmaß an Varianz zwischen den Schulklassen widerspiegelt, das nicht bereits a priori bei t_1 vorlag oder aufgrund der Experimentalbedingung entstand, sondern erst im Zuge der Treatments. Die resultierenden ICC-Werte finden sich in den Tabellen 25 (Skalen zu RWi und RPÜ) und 26 (Skalen zu RE). Rückschlüsse auf die durch das Treatment zwischen den Klassen erzeugte Varianz liefern die Werte für t_2 und t_3. Sehr niedrige ICC-Werte unter 5% sind dabei für RPÜ und RE zu verzeichnen. Größere klassenbe-dingte Varianzanteile sind bei RWi beobachtbar, wobei der mit Abstand größte Wert von über 10% bei der Skala RWi – Glaubensgrundsätze vorliegt. Die vorliegenden Ergebnisse sprechen somit dafür, dass das durch die Treatments vermittelte Wissen sich je nach Schulklasse unterscheidet, die Vermittlung von RPÜ jedoch kaum bis gar nicht zwischen den Klassen variiert.

Die statistische Bedeutsamkeit der Varianz zwischen den Schulklassen, speziell im Hinblick auf die zu evaluierende durchschnittliche Treatmentwirksamkeit, wur-de in einem weiteren Schritt überprüft. Hierzu wurde zunächst ein Modell mit den wichtigsten hypothesenrelevanten Variablen und Kontrollvariablen definiert. Dieses Modell umfasste

- die Variablen Messzeitpunkt, Treatment und Ausbildungsgang, sowie alle mögli-chen Interaktionen zwischen diesen drei Variablen,
- die Interaktionen zwischen Messzeitpunkt, Treatment und Religionszugehörigkeit,
- die Kontrollvariablen Alter, Geschlecht, Religiosität, höchster Bildungsabschluss auf Personenebene und
- die Kontrollvariablen Klassengröße sowie mittleres Alter und mittlere Religiosität innerhalb der Klasse auf Klassenebene.

Für die Modellierung der zufälligen Effekte in dem Mehrebenenmodell wurden stets vier Modellalternativen betrachtet:

- M0: Eigener t_1-Wert für jede Versuchsperson
- M1: Der Effekt aus M0 und eigene Lerneffekte (Veränderung von t_1 nach t_2 sowie von t_1 nach t_3) für jede Versuchsperson

- M2: Die Effekte aus M1 und eigener t_1-Wert für jede Schulklasse
- M3: Die Effekte aus M2 und sowie eigene Lerneffekte für jede Schulklasse

Dies bedeutet, dass M0 und M1 keine zwischen den Klassen vorliegenden Varianzen modellieren, sondern lediglich die Unterschiede zwischen den Schülerinnen und Schülern hinsichtlich ihres Ausgangsniveaus und ihres Lernprozesses berücksichtigen. Bei M2 werden zusätzlich unterschiedliche Ausgangsniveaus der Klassen postuliert, und M3 ergänzt die inhaltlich besonders interessanten Unterschiede im Lernprozess zwischen den Klassen.

Die vier Modellalternativen wurden anhand von Likelihood-Quotienten-Tests für alle Skalen (RWi, RPÜ, RE) verglichen. Die jeweils gewählten Modelle sind in den Tabellen 25 und 26 aufgelistet. Lediglich für eine einzige Skala – RWi – Glaubensgrundsätze – wird die beste Anpassung an die Daten durch das komplexeste Modell M3 erreicht. Diese Skala weist (folgerichtig) auch den größten ICC-Wert auf. Somit liegt in Übereinstimmung mit der ICC-Analyse die Schlussfolgerung nahe, dass die Wirksamkeit der Treatments hinsichtlich der Wissenszuwächse bei den Glaubensgrundsätzen zwischen den Schulklassen verschieden ist.

Tabelle 25: Intraklassenkorrelationskoeffizienten (ICC) in Prozent sowie gewählte Modellierung der zufälligen Effekte (Details siehe Text) für die Skalen zu religionsbezogenem Wissen und Perspektivenübernahme.

	RPÜ I – Perspektiven- übernahme im Beruf	RPÜ II – Perspektiven- übernahme im Privatleben	RWi I – Glaubens- grundsätze	RWi II – Religion und Gewalt	RWi – Islamic Banking I	RWi – Islamic Banking II
t_1	1.4	0.0	4.4	1.3	3.4	4.1
t_2	0.4	1.7	14.0	2.6	4.5	5.9
t_3	0.0	2.6	12.9	2.2	1.9	4.1
zufällige Effekte	M1	M1	M3	M1	M2	M2

Tabelle 26: Intraklassenkorrelationskoeffizienten (ICC) in Prozent sowie gewählte Modellierung der zufälligen Effekte (Details siehe Text) für die Skalen religionsbezogener Einstellungen.

	RE I – Offenheit	Patriotis- mus	RE II – Soziokul- turelle Toleranz	RE III – Akzeptanz von Glaubensvielfalt	RE IV – Positive kulturelle Vorurteile
t_1	4.8	0.3	2.8	0.0	2.0
t_2	3.0	3.2	0.0	1.0	1.7
t_3	2.0	1.2	0.9	1.3	4.3
zufällige Effekte	M2	M1	M2	M0	M2

Abschließend wurde der Versuch unternommen, Klassenmerkmale zu identifizieren, die die Wirkung der Unterrichtseffekte hinsichtlich RWi (Glaubensgrundsätze) beeinflussen. Betrachtet wurden die Klassengröße, die mittlere Religiosität der Schülerinnen und Schüler in der Klasse und das mittlere Alter in der Klasse. Die Erklärungskraft dieser Prädiktoren wurde jeweils einzeln getestet und Likelihood-Quotienten-Tests ergaben, dass keine dieser Variablen Einfluss auf die Stärke der Unterrichtseffekte nahm.[2]

Hypothesen zu den Unterrichtseffekten

In den folgenden Analysen zur Wirksamkeit der Unterrichtsmodule werden die jeweils gewählten zufälligen Effekte (vgl. Tabellen 25 und 26) in Mehrebenenmodellen zugrunde gelegt. Die inhaltlichen Hypothesen zu Unterschieden in den Unterrichtseffekten wurden basierend auf diesen Modellen getestet.

Die abhängigen Variablen (RPÜ, RWi und RE) wurden anhand ihrer Verteilung bei t_1 standardisiert. Dadurch lassen sich die Variablen dahingehend miteinander vergleichen, in welcher Höhe die Lerneffekte der Unterrichtseinheiten auftraten. Die resultierenden standardisierten Regressionskoeffizienten für diese Änderungen werden basierend auf der Einteilung von Cohens *d* ab einer absoluten Größe von 0.2 als kleine Effekte, ab 0.5 als mittlere Effekte und ab 0.8 als große Effekte interpretiert.

Als Kontrollvariablen gingen in alle Modelle erneut auf Individualebene das Alter, das Geschlecht, die Religiosität und der höchste erworbene Bildungsabschluss ein; auf Klassenebene wurden das mittlere Alter und die mittlere Religiosität in der Klasse sowie die Klassengröße berücksichtigt.

Die Hypothesentests erfolgten durch den Vergleich mehrerer in sich geschachtelter Modelle mittels Likelihood-Quotienten-Tests. Die folgenden Modelle wurden in der ersten Auswertungsphase in Betracht gezogen:

- M0 enthält die Variablen Messzeitpunkt, Treatment, Religionszugehörigkeit und Ausbildungsgang, jedoch *keine Interaktionen* zwischen diesen Variablen.
- M1 enthält alle Parameter aus M0 und zusätzlich eine *Interaktion zwischen Messzeitpunkt und Treatment.*
- M2a enthält alle Parameter aus M1 und zusätzlich eine Dreifachinteraktion zwischen Messzeitpunkt, Treatment und *Religionszugehörigkeit.*
- M2b enthält alle Parameter aus M1 und zusätzlich eine Dreifachinteraktion zwischen Messzeitpunkt, Treatment und *Ausbildungsgang.*
- M3 enthält alle Parameter aus M2a und M2b.

Inhaltlich lassen sich die Modelle wie folgt interpretieren:

- M0 postuliert, dass die Leistungsentwicklung über die Zeit von den Treatmentbedingungen unabhängig ist, d. h. die Treatments keinen unterschiedlichen Einfluss auf die Leistung nehmen. Gilt M0, so können die beiden Unterrichtsmodule an-

---

2 Getestet wurden diese Variablen in dem endgültigen und vollständigen Modell der Unterrichtseffekte, das im folgenden Abschnitt erarbeitet wird.

hand der Leistungsentwicklung nicht von der Kontrollbedingung unterschieden werden.

- M1 nimmt hingegen an, dass die Leistungsentwicklung von den Treatmentbedingungen abhängt.
- M2a beinhaltet zudem, dass die treatmentabhängige Leistungsentwicklung je nach Religionszugehörigkeit verschieden ist. In anderen Worten: Der Lerneffekt durch die Treatments hängt von der Religionszugehörigkeit ab.
- M2b beinhaltet keinen Einfluss der Religionszugehörigkeit auf den Lerneffekt, sondern nimmt an, dass die treatmentabhängige Leistungsentwicklung je nach Ausbildungsgang verschieden ist.
- M3 postuliert zuletzt, dass sowohl die Einflüsse von M2a als auch M2b gegeben sind und diese Einflüsse voneinander trennbar sind.

Der Modellvergleich erfolgte in zwei Schritten. Zunächst wurde M1 gegen M2a und M1 gegen M2b getestet. Falls (a) in beiden Fällen M1 zu bevorzugen war, folgte anschließend der Test von M0 gegen M1. Falls (b) sowohl M2a als auch M2b gegenüber M1 zu präferieren war, testeten wir diese beiden Modelle jeweils gegen M3. Auf diese Weise ergab sich stets die Wahl genau eines Modells.

Ergebnisse für Einstellungen

Die Modellvergleiche ergaben für alle fünf Einstellungsskalen eine Präferenz für das Modell M0. Es fanden sich somit keinerlei Evidenzen, dass die Treatments einen Einfluss auf die Einstellungen der Schülerinnen und Schüler nahmen. In Übereinstimmung mit den in Hypothese H0 (s. Abschnitt 2.2.1) formulierten Erwartungen traten somit keine Einstellungsänderungen durch die beiden Unterrichtseinheiten auf.

Ergebnisse für Wissen und Perspektivenübernahme

Bei vier der sechs Skalen (RPÜ I, RPÜ II, RWi Islamic Banking I und II) erreichte das Modell M2b die beste Anpassung an die Daten; hier war somit eine ausbildungsgangspezifische Wirkung der Treatments zu verzeichnen. Dieser Einfluss des Ausbildungsgangs offenbarte sich auch bei RWi – Glaubensgrundsätze, da dort das noch allgemeinere Modell M3 zu bevorzugen war. Die ausbildungsgangspezifische Wirkung der Treatments auf die genannten fünf Kompetenzen wird in den Tabellen 27, 28 und 29 veranschaulicht. Für die Wissensskala RWi – Religionen und Gewalt wurde das Modell M1 gewählt, d. h. es lag eine Treatmentwirkung vor, die unabhängig vom Ausbildungsgang auftrat. Die diesbezüglichen Effekte werden in den folgenden Ergebnisbeschreibungen an gegebener Stelle erwähnt, jedoch nicht in einer eigenen Tabelle zusammengefasst.

Tabelle 27 fasst die Ergebnisse zur Hypothese H1a (vgl. S. 102) zusammen, laut der das Treatment „Islamic Banking" größere Zuwächse in RWi und RPÜ als in der

Kontrollbedingung erzeugen sollte. Klar positive Evidenz lag hinsichtlich RWi – Glaubensgrundsätze und RWi – Islamic Banking I und II vor: Das Treatment „Islamic Banking" vergrößerte das Wissen in beiden Ausbildungsgängen nachhaltig stärker als der Unterricht in der Kontrollbedingung. Die Effekte betragen in den meisten Fällen ca. eine Standardabweichung und können daher als große Effekte interpretiert werden. Lediglich der langfristige Lernerfolg in Bankfachklassen stellt mit 0.429 *SD* einen Effekt mittlerer Größe dar. In den Industriefachklassen fanden sich gleichgerichtete, mittlere bis große Effekte für RPÜ I und RPÜ II. Eine langfristige Verbesserung von RPÜ I im Vergleich zur Kontrollgruppe konnte jedoch nicht erreicht werden (Unterschied in Höhe von 0.183 *SD*, $p > .05$), lediglich eine kurzfristige Wirkung war hier zu verzeichnen. In Bankfachklassen waren entgegen der Hypothese H1a keine Zugewinne hinsichtlich RPÜ durch das Treatment „Islamic Banking" im Vergleich zur Kontrollgruppe beobachtbar.

Tabelle 28 zeigt die Ergebnisse zur Hypothese H1b (vgl. S. 102), die größere Zuwächse in RWi und RPÜ durch das Treatment „Religionen und Gewalt" im Vergleich zur Kontrollbedingung postulierte. Deutliche Evidenz lag hinsichtlich RWi – Glaubensgrundsätze und RPÜ II – Perspektivenübernahme im privaten Kontext vor: Das Treatment „Religionen und Gewalt" vergrößerte das Wissen und die Kompetenz RPÜ II in beiden Ausbildungsgängen nachhaltig mehr als der Unterricht in der Kontrollbedingung. Die beobachten Kompetenzsteigerungen können als mittlere bis große Effekte gelten. Keine Zugewinne im Vergleich zur Kontrollgruppe waren hingegen durch das Treatment „Religionen und Gewalt" bezüglich RPÜ I – Perspektivenübernahme im beruflichen Kontext auffindbar. Erwartungsgemäß erhöhte sich das treatmentspezifische RWi – Religionen und Gewalt stärker als in der Kontrollgruppe (nicht in einer Tabelle wiedergegeben; Unterschied in Höhe von 0.482 *SD* von t_1 nach t_2 und 0.448 *SD* von t_1 nach t_3). Zudem waren einige Wissenszuwächse für die Aufgaben RWi – Islamic Banking I und II zu beobachten, obwohl diese Aufgaben in keinem direkten Zusammenhang zum Treatment „Religionen und Gewalt" stehen.

Tabelle 27: Ergebnisse zur Hypothese H1a: Größe der standardisierten Lernerfolgsunterschiede zwischen dem Treatment „Islamic Banking" und der Kontrollgruppe. Positive Werte bedeuten einen größeren Wissenszuwachs (z. B. von Messzeitpunkt t_1 zu t_2 in der Spalte „$t_1 \rightarrow t_2$") in der Treatmentgruppe als in der Kontrollgruppe.

Skala	Bankfachklassen		Industriefachklassen	
	$t_1 \rightarrow t_2$	$t_1 \rightarrow t_3$	$t_1 \rightarrow t_2$	$t_1 \rightarrow t_3$
RPÜ I – Im Beruf	-0.079	-0.048	0.319**	0.186
RPÜ II – Im Privatleben	0.251	0.171	0.744***	0.470***
RWi – Glaubensgrundsätze	0.901***	0.429*	1.255***	0.964***
RWi – Islamic Banking I	0.634***	0.343**	0.871***	0.892***
RWi – Islamic Banking II	0.936***	0.709***	1.691***	1.152***

Anmerkung. * $p < .05$, ** $p < .01$, *** $p < .001$.

Tabelle 28: Ergebnisse zur Hypothese H1b: Größe der standardisierten Lernerfolgsunter-schiede zwischen dem Treatment „Religionen und Gewalt" und der Kontroll-gruppe. Positive Werte bedeuten einen größeren Wissenszuwachs (z. B. von Messzeitpunkt t_1 zu t_2 in der Spalte „$t_1 \rightarrow t_2$") in der Treatmentgruppe als in der Kontrollgruppe.

Skala	Bankfachklassen		Industriefachklassen	
	$t_1 \rightarrow t_2$	$t_1 \rightarrow t_3$	$t_1 \rightarrow t_2$	$t_1 \rightarrow t_3$
RPÜ I – Im Beruf	0.192	0.088	0.104	0.096
RPÜ II – Im Privatleben	0.600***	0.530***	0.586***	0.384**
RWi – Glaubensgrundsätze	1.113***	0.452*	1.099***	0.796***
RWi – Islamic Banking I	0.085	0.241	0.354**	0.501***
RWi – Islamic Banking II	0.347*	0.397**	0.377**	0.478***

Anmerkung. * $p < .05$, ** $p < .01$, *** $p < .001$.

Tabelle 29: Ergebnisse zur Hypothese H2: Größe der standardisierten Lernerfolgsun-terschiede zwischen den Treatments „Islamic Banking" und „Religionen und Gewalt." Positive Werte bedeuten einen größeren Wissenszuwachs (z. B. von Messzeitpunkt t_1 zu t_2 in der Spalte „$t_1 \rightarrow t_2$") in der Bedingung „Islamic Banking" als in der Bedingung „Religionen und Gewalt". Negative Werte bedeuten einen im Vergleich kleineren Kompetenzzuwachs durch „Islamic Banking".

Skala	Bankfachklassen		Industriefachklassen	
	$t_1 \rightarrow t_2$	$t_1 \rightarrow t_3$	$t_1 \rightarrow t_2$	$t_1 \rightarrow t_3$
RPÜ I – Im Beruf	-0.079	-0.136	0.215*	0.089
RPÜ II – Im Privatleben	-0.349*	-0.359*	0.159	0.086
RWi I – Glaubensgrundsätze	-0.211	-0.023	0.155	0.167
RWi – Islamic Banking I	0.548***	0.103	0.517***	0.391***
RWi – Islamic Banking II	0.589***	0.312*	1.314***	0.674***

Anmerkung. * $p < .05$, ** $p < .01$, *** $p < .001$

In Tabelle 29 sind die Ergebnisse zur Hypothese H2 (vgl. S. 102) verdeutlicht, die einen Vorteil des Treatments „Islamic Banking" im Vergleich zu „Religionen und Ge-walt" postulierte, welcher aufgrund des hohen Berufsbezuges von „Islamic Banking" in Bankfachklassen auftreten sollte. Es fand sich keine Evidenz für diese Hypothese. Wider Erwarten trat stattdessen zum Teil der umgekehrte Effekt auf: RPÜ II verbes-serte sich in Bankfachklassen in größerem Ausmaß durch „Religionen und Gewalt" als durch „Islamic Banking". Ebenfalls unerwartet zeigte sich in Industriefachklassen hinsichtlich der Kompetenzzuwächse bei RPÜ I eine größere Effektivität von „Isla-mic Banking" im Vergleich zu „Religionen und Gewalt", obwohl in diesem Ausbil-dungsgang ein ähnlicher Erfahrungs- und Lebensweltbezug beider Treatments vorlag. Hinsichtlich RWi konnte die Hypothese H2 ebenso nicht gestützt werden; beim reli-gionsbezogenen Wissen traten keine Unterschiede zwischen den Treatments auf. Ein Vorteil des Treatments „Islamic Banking" gegenüber „Religionen und Gewalt" war zwar erwartungsgemäß für die treatmentspezifischen Wissensfragen RPÜ „Islamic

Banking" I und II zu verzeichnen, der Vorteil des Treatments „Islamic Banking" fiel jedoch erstaunlicherweise in Bankfachklassen fast durchweg kleiner aus als in Industriefachklassen.

Für die Hypothese H3 (vgl. S. 102), welche einen Einfluss der Religionszugehörigkeit auf die Unterrichtseffekte postulierte, konnte schwache Evidenz gefunden werden. Das religionsbezogene Wissen, gemessen mittels der Skala RWi I: Glaubensgrundsätze, erhöhte sich durch das Treatment „Religionen und Gewalt" bei Muslimas und Muslimen tendenziell in geringerem Ausmaß als bei Christen (Unterschied in Höhe von -0.448 SD, p = .076). Bei der Interpretation dieses Befundes müssen die unterschiedlichen Lernvoraussetzungen berücksichtigt werden. Wie deskriptive Betrachtungen deutlich aufzeigen, verfügten die Auszubildenden mit muslimischer Religionszugehörigkeit bei t_1 bereits über ein deutlich größeres Wissen (M = 1.57) als die christlichen Auszubildenden (M = -0.07). Durch den Unterricht erhöhte sich das Wissen auch bei den Muslimas und Muslime deutlich (um 0.57 Maßeinheiten auf M = 2.14), der Lernzuwachs war jedoch bei den Christen noch größer (um 1.05 Maßeinheiten auf M = 0.98). Hier scheint somit aufgrund der weit überdurchschnittlichen Vorkenntnisse der Muslimas und Muslime ein Deckeneffekt aufgetreten zu sein, d.h. die noch möglichen Lernzuwächse waren bei ihnen nach oben beschränkt.

Zusammenhang zwischen Wissen, Einstellungen und Perspektivenübernahme

Aus inhaltlichen Überlegungen ergibt sich die Annahme, dass zwischen RWi und RE einerseits sowie RPÜ andererseits eine komplexe Abhängigkeitsbeziehung besteht. Die Hypothese lautet, dass die Verfügbarkeit von RWi eine notwendige, nicht jedoch hinreichende Voraussetzung für die Kompetenz RPÜ ist. Für RE lässt sich eine äquivalente Vorhersage ableiten: Auch positive RE sollten notwendig, aber für sich genommen nicht hinreichend sein, um RPÜ zeigen zu können.

Drei Analysemethoden wurden gewählt, um die so formulierte inhaltliche Abhängigkeitsbeziehung statistisch zu überprüfen. Zunächst wurde der einfache lineare Zusammenhang zwischen RWi bzw. RE und RPÜ anhand von gewöhnlichen Pearson-Korrelationen untersucht. Es muss betont werden, dass hiermit eben nur der lineare Zusammenhang aufgeklärt wird und diese Methode der Komplexität der formulierten Abhängigkeitsbeziehung nicht gerecht wird. Daher soll die Pearson-Korrelation lediglich als Vergleichswert für die beiden weiteren Analysen dienen.

Die Notwendigkeit in der formulierten Voraussetzungsbeziehung bedeutet im Wesentlichen, dass die Verfügbarkeit von wenig RWi (bzw. von negativen RE) mit niedrigerer Kompetenz zur RPÜ einhergehen sollte. Höhere Fähigkeiten zur RPÜ können demnach erst bei größerer/positiverer Ausprägung von RWI bzw. RE eintreten. Da RWI und RE jedoch nicht hinreichend für die Ausbildung von RPÜ sind, sind bei hohem/positivem RWi bzw. RE auch weiterhin niedrige RPÜ möglich.

Die so formulierten Erwartungen wurden auf zwei Varianten in statistische Hypothesen übersetzt. Erstens ließen sich die Erwartungen in einer Kreuztabelle der

		Passung von RPÜ	
		ja	nein
RWi/RE	niedrig	A	B
	hoch	C	D

Abbildung 2:   Kreuztabelle der Abhängigkeitsbeziehung zwischen RWi bzw. RE und RPÜ.

möglichen Ausprägungen der Kompetenzen formulieren. Die Kreuztabelle wird in Abbildung 2 dargestellt. Sie enthält die Informationen darüber, wie hoch die Ausprägung bei RWi bzw. RPÜ ist und ob die Ausprägung bei RPÜ eine Passung dazu aufweist. Unter Passung ist zu verstehen, dass bei niedrigem RWi/RE die Kompetenz in RPÜ ebenfalls niedrig ist und bei hohem RWi/RE auch eine hohe Fähigkeit zur RPÜ vorliegt. Die erwartete Abhängigkeitsbeziehung äußert sich dann darin, dass der Fall B deutlich seltener als Fall A auftreten sollte, die Fälle C und D jedoch durchaus ähnlich häufig vorkommen können.

Der Datensatz wurde nun dahingehend analysiert, in welcher Anzahl die vier Fälle auftreten. Hierfür wurden zunächst für die Skala RWi – Glaubensgrundsätze, die fünf Skalen zu RE und die beiden Skalen RPÜ I und II die messzeitpunktspezifischen Mittelwerte berechnet und die Ausprägungen aller Auszubildenden auf diesen Skalen als oberhalb bzw. unterhalb des Mittelwertes kategorisiert. Anschließend wurden die Kreuztabellen messzeitpunktspezifisch erstellt: Zunächst für t_1 alle 12 Kombinationen zwischen den sechs Skalen zu RWi und RE mit den zwei Skalen zu RPÜ, dann für t_2 dieselben 12 Kombinationen und zuletzt für t_3 dieselben 12 Kombinationen. Für alle 36 entstandenen Kreuztabellen wurde ein X^2-Unabhängigkeitstest durchgeführt, um die Nullhypothese zu überprüfen, dass die vier Felder gleich häufig auftreten – wie oben erwähnt ergibt sich aus der Alternativhypothese einer notwendigen, aber nicht hinreichenden Voraussetzungsbeziehung hingegen das seltenere Auftreten von Feld B.

Die zweite Analysemethode setzt nicht an den beobachteten Kompetenzniveaus als solchen an, sondern betrachtet deren Varianz. Die inhaltliche Hypothese legt nahe, dass für geringe Werte bei RWi bzw. RE homogen niedrige Kompetenzen hinsichtlich RPÜ zu erwarten sind (denn RWi und RE sind hier als notwendige Voraussetzung nicht gegeben), während mit Zunahme bei RWi bzw. RE eine höhere Streuung für RPÜ auftreten sollte (denn die notwendige Voraussetzung ist zunehmend gegeben, aber sie erzeugt nicht zwangsläufig, also als hinreichende Bedingung, auch eine Steigerung der RPÜ).

Diese Hypothese wurde überprüft, indem die Schülerinnen und Schüler anhand ihrer Kompetenz auf den Skalen RWi und RE in Gruppen ähnlicher Kompetenzniveaus eingeteilt wurden. Dazu wurden für jede Skala und jeden Messzeitpunkt eine Einteilung in acht Perzentilbereiche vorgenommen; diese umfassten die Leistungsbereiche vom 0-Perzentil bis zum 12.5-Perzentil, vom 12.5-Perzentil bis zum 25-Perzentil usw., bis zum Bereich mit den größten Kompetenzen vom 87.5-Perzentil bis zum 100-Perzentil. Für jede der so gewonnen Leistungsgruppen auf den Skalen zu RWi und RE wurde die Standardabweichung der Kompetenzen bei den Skalen RPÜ I und RPÜ II berechnet. Somit lag für jede Leistungsgruppe deren Varianz hinsichtlich der RPÜ-Kompetenz vor. Zuletzt wurden die acht Leistungsgruppen per Pearson-Korrelation mit den berechneten Standardabweichungen korreliert.

Die Ergebnisse für alle drei bis hierher beschriebenen Analysen (einfache lineare Korrelation der beobachteten Kompetenzen; Unabhängigkeitstest in Kreuztabelle; Korrelation der Leistungsgruppen mit den Standardabweichungen) finden sich in den Tabellen 30 (für RPÜ I) und 31 (für RPÜ II).

Die postulierten Abhängigkeitsbeziehungen lassen sich für RPÜ im beruflichen Kontext (vgl. Tabelle 30) nicht bestätigen. Es liegen zwar für viele Skalen und Messzeitpunkte kleine bis mittelgroße lineare Zusammenhänge mit RPÜ I vor, doch die beiden anderen Analysemethoden zeigen nicht die erwarteten Ergebnisse. Für keine Skala und zu keinem Messzeitpunkt kann die Nullhypothese der Gleichverteilung in der Kreuztabelle abgelehnt werden – d.h. hohe und niedrige Ausprägungen von RPÜ I treten in gleicher relativer Häufigkeit bei hohem und bei niedrigem RWi als auch bei negativen und positiven RE auf. Die Ergebnisse zur Korrelation zwischen dem Ausprägungsniveau von RWi und RE einerseits und der Varianz der beobachteten RPÜ I andererseits laufen den Erwartungen ebenfalls zuwider. Für die vier Einstellungsskalen RE I bis RE IV zeigen sich, anstatt der vorhergesagten positiven Zusammenhänge, mit hoher Konsistenz signifikant negative Zusammenhänge. Somit liegt bei eher negativen RE eine größere Bandbreite an RPÜ-Kompetenzen vor, welche sich verengt, wenn die RE positiver werden. Eine erhöhte Streuung der Fähigkeit zur RPÜ findet sich auch für steigende Werte des Patriotismus.

Für RPÜ II (RPÜ im privaten Kontext) finden sich, wie Tabelle 31 im Überblick zeigt, ein gänzlich anderes Ergebnismuster. Die linearen Zusammenhänge zwischen RWi/RE und RPÜ sind auch hier klein bis mittel. Jedoch finden sich insbesondere in Form der statistisch signifikanten Unabhängigkeitstests – zum Teil aber auch angesichts der ansteigenden Variabilität von RPÜ – klare Anzeichen für die postulierte komplexe Abhängigkeit zwischen den Skalen. Bei allen betrachteten Skalen wird die Hypothese einer Gleichverteilung sowohl für t_1 als auch für t_3 abgelehnt, bei t_2 jedoch interessanterweise nicht. Die Abhängigkeitsbeziehung scheint somit unmittelbar nach den Unterrichtseinheiten vorübergehend aufgehoben zu sein.

Die Betrachtung der Zellenhäufigkeiten für RPÜ im Privatleben zeigen, dass diese das postulierte Muster aufweisen. Beispielsweise ist bei t_1 für RWi – Glaubensgrundsätze zu beobachten (vgl. Abbildung 3), dass bei niedrigem Wissen deutlich häufiger eine dazu passende niedrige Fähigkeit (Zelle A: 346 Auszubildende) zur RPÜ als eine

		Passung von RPÜ II	
		ja	nein
RWi	niedrig	A: 346	B: 246
	hoch	C: 239	D: 274

Abbildung 3:   Kreuztabelle der Abhängigkeitsbeziehung zwischen RWi – Glaubens-grundsätze und RPÜ II beim ersten Messzeitpunkt. Siehe Text für weitere Erläuterungen.

solche hohe Fähigkeit (Zelle B: 246 Auszubildende) auftritt. Liegt hingegen ein hohes RWi vor, so gehen damit ähnlich häufig passende (Zelle C: 239 Mal) wie unpassende (Zelle D: 274 Mal) Ausprägungen der RPÜ-Kompetenz einher. Eine Zusammenschau der beobachteten Fälle in denjenigen Kreuztabellen, für die eine signifikante Ungleichverteilung vorlag, findet sich in Tabelle 32. Für alle Skalen und beide Messzeitpunkte lässt sich das gleiche Muster festhalten: Während bei geringer Ausprägung von RWi/RE häufiger geringe RPÜ als hohe RPÜ auftritt (d. h. A ist deutlich größer als B), wird dieser Unterschied bei hoher Ausprägung von RWi/RE abgeschwächt oder sogar umgekehrt (d. h. C ist nur wenig größer als D bzw. sogar kleiner als D).

Ebenso findet sich zahlreiche Evidenz dafür, dass für RPÜ II der erwartete lineare Zusammenhang zwischen der Größe von RWi/RE und der Streuung von RPÜ besteht. Am deutlichsten ist diese Abhängigkeit für RWi, RE I Offenheit und RE II Soziokulturelle Toleranz zu verzeichnen. Beide Analysemethoden sprechen somit für einen in vielen Situationen vorliegenden Zusammenhang zwischen RWi/RE und RPÜ, der mit dem Postulat der Existenz notwendiger, aber nicht hinreichender Voraussetzung vereinbar ist. Des Weiteren ist das vermehrte Verschwinden des Zusammenhangs bei t_2 – insbesondere in der Analyse der Kreuztabellen – bemerkenswert. Aus Sicht des Experimentaldesigns legt dies nahe, dass die bei t_1 *a priori* gegebene Abhängigkeitsbeziehung durch den Einsatz von Interventionen bei t_2 vorübergehend aufgehoben wird, jedoch im Laufe der Zeit wieder an Bedeutung gewinnt.

Tabelle 30: Der Zusammenhang von RPÜ II – Perspektivenübernahme im Beruf mit religionsbezogenem Wissen und Einstellungen.

Skala	$r_{Pearson}$			$X^2_{Passung}$			r_{SD}		
	t_1	t_2	t_3	t_1	t_2	t_3	t_1	t_2	t_3
RWi – Glaubensgrundsätze	.24***	.28***	.32***	0.26	0.61	1.65	.39	-.80*	-.79*
RE I – Offenheit	.36***	.40***	.36***	0.64	1.04	0.64	-.78*	-.73*	-.40
Patriotismus	-.05	-.09**	-.07*	0.77	0.60	0.65	.78*	.20	.39
RE II – Soziokulturelle Toleranz	.32***	.29***	.26***	1.41	0.15	0.18	-.75#	-.69	-.74#
RE III – Akzeptanz von Glaubensvielfalt	.02	.05	.06*	0.78	0.66	0.72	-.15	-.54	-.84**
RE IV – Positive kulturelle Vorurteile	.12***	.11***	.08**	0.55	0.99	1.28	-.48	-.72#	-.78*

Anmerkung. # $p < .10$, * $p < .05$, ** $p < .01$, *** $p < .001$. Angegeben ist der lineare Zusammenhang zwischen der Skala und RPÜ ($r_{Pearson}$), die Passung zwischen der Skala und RPÜ nach Dichotomisierung am Mittelwert ($X^2_{Passung}$) und die Korrelation zwischen der Skala und der Standardabweichung von RPÜ (r_{SD}). Für Details zur Berechnung und Bedeutung dieser Kennwerte siehe Text.

Tabelle 31: Der Zusammenhang von RPÜ II – Perspektivenübernahme im Privatleben mit religionsbezogenem Wissen und Einstellungen.

Skala	$r_{Pearson}$			$X^2_{Passung}$			r_{SD}		
	t_1	t_2	t_3	t_1	t_2	t_3	t_1	t_2	t_3
RWi – Glaubensgrundsätze	.13***	.32***	.31***	15.04***	0.22	6.53*	.84**	.95***	.96***
RE I – Offenheit	.13***	.16***	.12***	15.86***	0.08	7.91*	.84**	.52	.72*
Patriotismus	.02	.02	.03	15.81***	0.05	6.52*	.65#	.27	-.27
RE II – Soziokulturelle Toleranz	.14***	.12***	.12***	17.00***	0.60	8.33*	.91*	.88#	.80#
RE III – Akzeptanz von Glaubensvielfalt	-.03	.09**	.09**	14.21***	0.63	8.04**	.53	.57	.47
RE IV – Positive kulturelle Vorurteile	-.01	-.04	-.02	15.94***	0.65	7.00**	.33	-.39	-.80*

Anmerkung. # $p < .10$, * $p < .05$, ** $p < .01$, *** $p < .001$. Angegeben ist der lineare Zusammenhang zwischen der Skala und RPÜ ($r_{Pearson}$), die Passung zwischen der Skala und RPÜ nach Dichotomisierung ($X^2_{Passung}$) und die Korrelation zwischen der Skala und der Standardabweichung von RPÜ (r_{SD}). Für Details zur Berechnung und Bedeutung dieser Kennwerte siehe Text.

Tabelle 32: Beobachtete Zellenhäufigkeiten in den signifikant ungleich verteilten Kreuztabellen für RPÜ II im privaten Kontext (Details siehe Text). Stellen die Skalen
eine notwendige, aber nicht hinreichende Voraussetzung für RPÜ dar, so
wird eine im Vergleich zu den anderen Feldern geringere Häufigkeit im Feld
B erwartet.

Skala	Pretest (t_1)				Follow-Up-Test (t_3)			
	A	B	C	D	A	B	C	D
RWi – Glaubensgrundsätze	346	246	239	274	362	205	302	236
RE I – Offenheit	345	214	271	275	319	215	292	279
Patriotismus	330	253	232	290	337	267	240	261
RE II – Soziokulturelle Toleranz	319	210	275	301	280	208	299	318
RE III – Akzeptanz von Glaubensvielfalt	261	240	245	359	299	217	290	299
RE IV – Positive kulturelle Vorurteile	330	258	227	290	331	278	229	267

Diskussion

Die vorliegende Interventionsstudie befasste sich mit der Förderung interreligiöser
Kompetenz im Religionsunterricht an berufsbildenden Schulen. Hierfür wurden zwei
Unterrichtseinheiten entwickelt und in Industriefachklassen sowie Bankfachklassen
eingesetzt. Die zentrale Fragestellung war, inwiefern sich die Präsenz eines Lebensweltbezugs der Unterrichtseinheiten auf die Kompetenzentwicklung der Auszubildenden positiv auswirkt.

Daher wurde die Unterrichtseinheit „Islamic Banking", welche in Bankfachklassen einen starken Lebensweltbezug in Form eines klaren Berufsbezugs und in Industriefachklassen einen geringeren Berufsbezug aufwies, mit der Unterrichtseinheit
„Religionen und Gewalt" verglichen, welche als themenbezogener Unterricht ohne
klaren Lebenswelt-/Berufsbezug in den beiden Ausbildungsgängen anzusehen ist.

Die Kompetenzentwicklung der Auszubildenden wurde vor dem Hintergrund
eines Modells interreligiöser Kompetenz (Schweitzer, 2014b; s. o., S. 59 ff.) bewertet, welches unter anderem die Existenz von drei Kompetenzbereichen postuliert:
religionsbezogene Einstellungen (RE), religionsbezogenes Wissen (RWi) und religionsbezogene Perspektivenübernahme (RPÜ). Besonderes Augenmerk wurde in der
vorliegenden Interventionsstudie auf die Abhängigkeitsbeziehungen zwischen diesen
Kompetenzbereichen sowie auf die mögliche Existenz speziell auf die Unterrichtseinheiten bezogener Kompetenzen gelegt. Des Weiteren wurde die Frage aufgenommen,
in welchem Ausmaß sich die Lernerfolge zwischen den Schulklassen – bei Einsatz
der selben Unterrichtseinheit – unterscheiden und welche Merkmale der Schulklassen
diese Unterschiede bedingen.

Die Ergebnisse zeigen, dass sich das dreigliedrige Kompetenzmodell in den erhobenen Daten wiederfinden lässt. Mehrere Facetten der Kompetenz RE konnten
identifiziert werden, welche eine hohe Übereinstimmung mit den aus früheren Untersuchungen bekannten Facetten aufweisen (vgl. Ritzer, 2010; Shell Deutschland
Holding, 2010; Ziebertz, 2010). Für die Kompetenz RWi ergaben sich neben einer

allgemeinen Wissensdomäne zum Wissen über den Islam auch Domänen, die jeweils für die Unterrichtseinheiten spezifisches Wissen umfassen. Zwei allgemeine Facetten ließen sich für die Kompetenz RPÜ identifizieren, die sich durch einen beruflichen bzw. privaten Kontext der Kompetenzanwendung unterscheiden. Jedoch waren für RPÜ keine Facetten auffindbar, die diese Kompetenz spezifisch für eine der beiden Unterrichtseinheiten erfassen.

Eine weitere Fragestellung befasste sich damit, ob die Wirkung der Unterrichtseinheiten innerhalb der Schulklassen variieren, also ob die gleiche Unterrichtseinheit in verschiedenen Klassen eine unterschiedliche Effektivität entfaltet. Die Betrachtung der Kompetenzen RE, RWi und RPÜ zeigte auf, dass sich lediglich das religionsbezogene Wissen nach dem Treatment zwischen den Klassen unterschied. Zwischen den Schulklassen entstanden hingegen keine Unterschiede hinsichtlich RE und RPÜ. Mehrere Klassenvariablen – das durchschnittliche Alter, die durchschnittliche Religiosität und die Klassengröße – wurden hergezogen, um das unterschiedliche Wissen in den Schulklassen nach Einsatz der Unterrichtseinheiten zu erklären. Keine dieser Variablen nahm jedoch Einfluss auf das Wissen in den Klassen. Um in zukünftigen Untersuchungen Erkenntnisse über diese Leistungsunterschiede gewinnen zu können, erscheint daher die Hinzunahme von Variablen hinsichtlich der Lehrkräfte ratsam. Beispielsweise könnten unterschiedliche Haltungen, etwa Leistungserwartungen, seitens der Lehrkräfte eine Rolle spielen. Darüber hinaus könnte die Atmosphäre im Unterricht von Bedeutung sein, usw.

Die Analyse der Kompetenzentwicklung in den beiden Ausbildungsgängen für die beiden Unterrichtseinheiten ergab folgende Ergebnisse: Alle Facetten religionsbezogener Einstellungen blieben in allen Versuchsgruppen unverändert und ließen sich durchweg nicht durch die Unterrichtseinheiten beeinflussen. Dies geht mit den Befunden anderer Forschungsgruppen konform, die ebenfalls für eine Stabilität von religionsbezogenen Einstellungen sprechen (Ritzer, 2010; Ziebertz, 2010).

Für das religionsbezogene Wissen konnte eine klare und stabile Kompetenzförderung durch die eingesetzten Unterrichtseinheiten nachgewiesen werden. Das allgemeine RWi zum Islam konnte durch beide Unterrichtseinheiten und in beiden Ausbildungsgängen im Vergleich zur Kontrollgruppe deutlich erhöht werden und dieser Lerneffekt war auch noch mehrere Monate nach der Unterrichtsdurchführung vorhanden. Wie erwartet konnten die Unterrichtseinheiten auch jene Domänen des RWi fördern, die jeweils einen speziellen Bezug zu diesen Einheiten aufwiesen.

Ein komplizierterer Befund ergab sich für die Kompetenzförderung der religionsbezogenen Perspektivenübernahme. Mit der Unterrichtseinheit „Islamic Banking" wurde lediglich in Industriefachklassen, nicht jedoch in Bankfachklassen, eine Förderung der Kompetenz RPÜ erreicht. Diese Förderung war für die Facette RPÜ im Privatleben zeitlich stabil. Entgegen unserer Erwartungen konnte also durch „Islamic Banking" in den Bankfachklassen, wo ein besonders starker Berufsbezug dieser Unterrichtseinheit vorlag, *keine* Förderung der Kompetenz religionsbezogener Perspektivenübernahme erzielt werden. Dahingegen führte der Einsatz der Unterrichtseinheit „Religionen und Gewalt" im Vergleich zur Kontrollgruppe sowohl in Industrie- als auch in Bankfachklassen zu einer zeitlich stabilen Verbesserung der Kompetenz RPÜ im Privatleben.

Ein Vergleich der beiden Unterrichtseinheiten in den Bankfachklassen ergab, dass RPÜ im Privatleben stärker durch „Religionen und Gewalt" gefördert wurde als durch „Islamic Banking". Somit konnte ein größerer Kompetenzzuwachs in Bankfachklassen erreicht werden, wenn kein besonderer Berufsbezug vorhanden ist („Religionen und Gewalt") als bei einem stark ausgeprägten Berufsbezug („Islamic Banking"). Dies legt nahe, dass die Herstellung eines besonders stark ausgeprägten Berufsbezugs eine optimale Kompetenzförderung verhindern kann. Es ist anzumerken, dass die genannten Befunde nur für RPÜ im Privatleben auftraten. Die Kompetenz zu RPÜ im Beruf ließ sich in Bankfachklassen durch keine der beiden Unterrichtseinheiten fördern.

Eine Abhängigkeit der Effektivität der Unterrichtseinheiten von der Religionszugehörigkeit der Auszubildenden konnte mit Einschränkungen nachgewiesen werden. Es zeigte sich hinsichtlich des religionsbezogenen Wissens zum Islam ein in der Tendenz geringerer Lernzuwachs bei Muslimas und Muslimen im Vergleich zu den Christen. Dieser Unterschied scheint darauf zurückführen zu sein, dass Auszubildende muslimischen Glaubens bereits vor dem Unterricht über ein deutlich größeres Wissen verfügten und damit die Möglichkeit des Wissenszuwachses bei ihnen nach oben beschränkt war, während die Auszubildenden christlichen Glaubens aufgrund geringerer Vorkenntnisse ein weitaus größeres Spektrum an Inhalten erlernen konnten.

Die Analyse der Abhängigkeitsbeziehungen zwischen den drei Kompetenzbereichen RE, RWi und RPÜ ergab ebenfalls ein komplexes Ergebnismuster. Für die Kompetenz RPÜ im Privatleben konnte eine Abhängigkeitsbeziehung zu RE und RWi nachgewiesen werden. Sowohl RE und RWi können in dem Sinne als notwendige, aber nicht hinreichende Voraussetzungen für RPÜ im Privatleben aufgefasst werden, dass geringeres Wissen und negativere Einstellungen mit einer einheitlich eher schwach ausgeprägten RPÜ-Kompetenz einhergehen, während bei größerem Wissen und positiveren Einstellungen zum Teil stärker ausgeprägte RPÜ-Kompetenzen auftreten, diese zum Teil aber auch gering bleiben. In anderen Worten: Die Präsenz von ausreichend RWi und ausreichend positiven RE ist der Fähigkeit zur RPÜ im Privatleben zwar förderlich, kann diese aber nicht garantieren. Tiefergehend ist hier außerdem den gefundenen Hinweisen nachzugehen, dass diese Voraussetzungsbeziehung unmittelbar nach den Unterrichtseinheiten vorübergehend verschwand. Hier stellen sich unter anderem die Fragen, wodurch genau diese Aufhebung der Abhängigkeit ausgelöst wurde und warum dieser Effekt nur von zeitlich begrenzter Dauer war.

Jedoch zeigte sich für die Kompetenz RPÜ im beruflichen Kontext ein gänzlich anderes Bild. Die erwartete Abhängigkeitsbeziehung zu RE und RWi konnte nicht nachgewiesen werden. Stattdessen zeigte sich in einem eher inkonsistenten Ergebnismuster ein zu den Erwartungen gegensätzlicher Befund: Eine höhere Diversität der Fähigkeit zur RPÜ lag eher bei geringem Wissen bzw. negativen Einstellungen vor, und diese Heterogenität der beobachteten RPÜ sank, sobald sich das Wissen erhöhte bzw. die Einstellungen positiver wurden. Aufgrund der Neuartigkeit der gewählten

Fragestellung und Methodik wird an dieser Stelle keine Interpretation dieses überraschenden Befundes versucht.

In Anbetracht der eben diskutierten Ergebnisse muss festgehalten werden, dass die Befunde für die beiden RPÜ-Facetten, die RPÜ in einem privaten bzw. beruflichen Kontext erfassen, in vielen Fällen deutlich auseinandergehen. Eine tiefergehende Interpretation dieser Differenzen bietet sich angesichts der wenigen gesicherten empirischen Befunde zum Konstrukt RPÜ und insbesondere der beiden hier gewonnenen neuen Operationalisierungen zum jetzigen Zeitpunkt nicht an. Doch ist schon jetzt klar, dass sich aus diesen beiden RPÜ-Facetten und ihrer empirischen Unterscheidbarkeit die Notwendigkeit ergibt, das Konstrukt RPÜ und seine Operationalisierung in Zukunft eingehender theoretisch und empirisch zu durchleuchten. Die vorliegende Interventionsstudie bietet hierfür einen geeigneten Ausgangspunkt.

Friedrich Schweitzer, Reinhold Boschki

3. Zur Bedeutung der Befunde – Konsequenzen für religionsdidaktische Forschung und religionspädagogische Theoriebildung

Die im vorangehenden Kapitel dargestellten und diskutierten Befunde aus der Studie zum „Interreligiösen Lernen durch Perspektivenübernahme im BRU", wie das Projekt in der offiziellen Bezeichnung heißt, sollen im Folgenden nicht erneut zusammengefasst werden. Vielmehr geht es nun um weiterreichende Reflexionen, die auf eine religionsdidaktische und religionspädagogische Einordnung zielen. Aufgrund der inhaltlichen Ausrichtung der Studie wird zunächst die Bedeutung der Befunde im Blick auf interreligiöses Lernen in den Blick genommen, in einem zweiten Schritt dann die Bedeutung für Religionsdidaktik und Religionspädagogik.

3.1 Zur Bedeutung der Befunde im Blick auf interreligiöses Lernen

Zunächst verdienen an dieser Stelle zwei allgemeine Ergebnisse eigens festgehalten zu werden:

- Empirische Untersuchungen zum interreligiösen Lernen und seiner Wirksamkeit sind offenbar möglich und sinnvoll. Es kann durchaus gelingen, Wirkungen interreligiösen Lernens valide zu erfassen.
- Die in der vorliegenden Studie erhobenen Befunde belegen, dass interreligiöses Lernen im Religionsunterricht tatsächlich Wirkungen zeigen kann. Zudem gehen diese Wirkungen zumindest im vorliegenden Falle tatsächlich in die gewünschte Richtung. Insofern unterstreicht die Studie den Sinn interreligiösen Lernens als Praxis im Religionsunterricht im Blick auf dessen Realisierbarkeit, auch wenn dieser grundsätzlichen Einschätzung im Folgenden weitere, nicht zuletzt auch einschränkende Bestimmungen hinzugefügt werden müssen.

Die Operationalisierung interreligiösen Lernens mithilfe der drei Komponenten religionsbezogenes Wissen, religionsbezogene Perspektivenübernahme und religionsbezogene Einstellungen hat sich als ein sinnvoller Weg dafür erwiesen, die Wirksamkeit interreligiösen Lernens im Religionsunterricht differenziert zu erfassen. Dabei geht es nicht darum, eine vollständige oder erschöpfende Erfassung all dessen zu behaupten, was in der Literatur zum interreligiösen Lernen zählt (vgl. dazu oben, S. 56 ff.). Vielmehr handelt es sich bei den drei genannten Komponenten um eine Art gemeinsamen Kern, der zumindest der Sache nach in fast allen Ansätzen zum interreligiösen Lernen zu finden ist. Allerdings sind bei der empirischen Untersuchung auch Unterschiede im

Blick auf die verschiedenen Komponenten hervorgetreten, die einer genaueren Betrachtung bedürfen. Im Anschluss an die Ausführungen im vorangehenden Teilkapitel seien noch einmal einige der wichtigsten Befunde genannt:

- Am klarsten stellt sich die Wirksamkeit im Blick auf *religionsbezogenes Wissen* dar. Über die verschiedenen Versuchsgruppen im Projekt hinweg, die aus verschiedenen Ausbildungsgängen kamen und die entweder an der Unterrichtseinheit „Religionen und Gewalt" oder „Islamic Banking" beteiligt waren, konnte das Wissen der Schülerinnen und Schüler gestärkt werden. Die entsprechende Zunahme beim religionsbezogenen Wissen konnte auch noch im zeitlichen Abstand nachgewiesen werden. Insofern kann hier von einem nachhaltigen Effekt gesprochen werden.
- Die Befunde zur *religionsbezogenen Perspektivenübernahme* fielen unterschiedlich aus und müssen differenziert betrachtet werden. Zunächst ist festzuhalten, dass auch hier Effekte im Sinne einer Zunahme der entsprechenden Kompetenz zu beobachten waren, allerdings in unterschiedlicher Ausprägung. Zunächst ergab sich die Notwendigkeit, zwischen „Perspektivenübernahme im Beruf" (RPÜ I) und „Perspektivenübernahme im Privatleben" (RPÜ II) zu unterscheiden – schon dies eine Differenzierung, die theoretisch nicht vorgesehen war. Für diese beiden Formen waren sodann unterschiedliche Zugewinne zu konstatieren: Bei der Unterrichtseinheit „Religionen und Gewalt" gab es keine Zunahme bezüglich RPÜ I (Perspektivenübernahme im beruflichen Kontext). Die Unterrichtseinheit „Islamic Banking" erbrachte vor allem bei den Industriekaufleuten deutliche Effekte sowohl für RPÜ I als auch für RPÜ II, nicht jedoch in den Bankklassen. Manche der Effekte erwiesen sich zudem nicht als nachhaltig.
- Bei den *religionsbezogenen Einstellungen* schließlich ergaben sich keine Effekte. Offenbar waren die Impulse aus den beiden Unterrichtseinheiten gleichermaßen nicht geeignet oder ausreichend dafür, eine Änderung bei den Einstellungen zu erzielen.

Wie sind diese Befunde einzuschätzen? Die Zunahme beim Wissen ist natürlich erfreulich. Sie könnte aber gerade bei interreligiösem Lernen auch als unzureichend eingeschätzt werden, eben weil Wissen allein hier kaum ausreicht, jedenfalls nicht im Sinne der Aufnahme von Informationen. Gegenüber diesem möglichen Einwand ist darauf hinzuweisen, dass das im Fragebogen erhobene Wissen keineswegs bloß „träges Wissen" betrifft, sondern auch Verstehensprozesse einschließt. Darüber hinaus könnte sich hier einmal mehr zeigen, dass Wissen der von der Schule vorzugsweise bearbeitete Bereich ist, was nicht einfach gering geschätzt werden sollte. Der Aufbau eines geordneten und gesicherten Wissens ist eine wichtige Voraussetzung auch für andere Aspekte des interreligiösen Lernens, wie sich bei der Perspektivenübernahme zeigt. Wissen ist den Befunden im vorliegenden Projekt zufolge eine notwendige, aber nicht hinreichende Voraussetzung für die Perspektivenübernahme. Das gilt auch für entsprechende Einstellungen, wobei aber weder das Wissen noch die Einstellungen die Perspektivenübernahme gewährleistet. Insofern handelt es sich dabei um eine

eigenständige Komponente interreligiöser Kompetenz, die in Praxis wie Theorie entsprechende Aufmerksamkeit verdient.

Die beschriebenen Unterschiede beim untersuchten Kompetenzzuwachs lassen
sich durchaus plausibel erklären, auch wenn die entsprechende Erklärung den religionsdidaktischen Erwartungen, die auch in das Projekt eingegangen sind, widerspricht.
Gerade dort, wo eine besondere Lebensnähe oder ein besonders ausgeprägter lebens-
weltlicher Bezug der im Unterricht behandelten Themen gegeben war, in Gestalt
des Berufsbezugs bei der Unterrichtseinheit „Islamic Banking" im Falle von Bankklassen, stellten sich vor allem bei der Perspektivenübernahme keine bedeutsamen
Zunahmen ein. Insofern gibt es einen Widerspruch zwischen den Befunden und den
religionsdidaktische Erwartungen, der sich so auflösen lässt, dass es offenbar auch
eine zu große Nähe zur jeweiligen Lebenswelt der Schülerinnen und Schüler geben
kann. Im vorliegenden Falle legt das die Interpretation nahe, dass besonders das in der
Unterrichtseinheit „Islamic Banking" behandelte Zinsverbot für angehende Banker
eine Herausforderung bis hinein in die persönliche oder berufliche Identität darstellen konnte, die zu einer Art Abwehr führte. Entsprechende Unterrichtssequenzen, die
in den Videoaufnahmen zu finden sind, sprechen deutlich für eine solche Reaktion.
Die Schülerinnen und Schüler stellten in den Bankklassen das Zinsverbot in seiner
Begründung in Frage und formulierten engagiert Zweifel daran, ob Finanzgeschäfte
ohne Zinsen überhaupt funktionieren können. Vielleicht verwende man dann eben nur
unterschiedliche Bezeichnungen.

Allgemeiner ausgedrückt ist das religionsdidaktische Prinzip des Lebensweltbezugs dann so zu formulieren, dass es hier ein Optimum gibt, gleichsam zwischen zu
wenig und zu viel Lebensweltbezug. Entsprechend muss bei der Unterrichtsplanung
nicht nur allgemein nach lebensweltlichen Bezügen gefragt, sondern differenziert
nach optimalen Passungsverhältnissen gesucht werden, die je nach Lerngruppe unterschiedlich ausfallen können. Allerdings lassen sich auf eine einzelne Untersuchung
gewiss noch keine allgemeinen didaktischen Regeln bauen. Immerhin aber tritt hier
eine nunmehr empirisch begründete Rückfrage an religionsdidaktische Überzeugungen zutage, die in Zukunft Beachtung finden sollte. Im Übrigen greifen hier Unter-
suchungsperspektiven zur Wirksamkeit interreligiösen Lernens im Sinne der Effekte
von Unterricht auf der einen und Fragen der didaktischen Ausgestaltung und damit
auch der Prozessqualität von Unterricht auf der anderen Seite ineinander. In zukünftigen Untersuchungen könnte auch der damit angesprochene Zusammenhang noch
weiter ausgeleuchtet werden, etwa mit Hilfe zusätzlicher Erhebungsinstrumente zum
Unterrichtsprozess.

Insgesamt ist aber auch im Blick auf die religionsbezogene Perspektivenübernahme festzuhalten, dass eine Unterstützung der entsprechenden Kompetenz im Religionsunterricht prinzipiell möglich ist. Das ist ein erfreuliches Ergebnis, das zugleich
die Notwendigkeit unterstreicht, die unterrichtlichen Unterstützungsmöglichkeiten
genauer zu klären. Denn die Ergebnisse zeigen eben auch, dass sich die gewünschten
Ergebnisse keineswegs automatisch einstellen.

Für beides, den Religionsunterricht selbst, als auch für die Erhebungen zur Perspektivenübernahme, hat sich in der Studie der Einsatz von Fallgeschichten als sinnvoll erwiesen. Zum einen bieten sich solche Fallgeschichten als Anforderungssituationen an, zum anderen gehen sie deutlich über das Abfragen von Wissen hinaus, indem sie einen Blickwechsel der Lernenden provozieren und – zumindest anfanghaft – ermöglichen, die Perspektive von Angehörigen einer anderen Religionsgemeinschaft zu verstehen, sich selbst und die anderen aus dieser Perspektive zu betrachten und Schlüsse zu ziehen, die das Fallbeispiel zur Lösung eines Problems oder einer Aufgabe erfordert.

Dass keine Einstellungsänderungen zu verzeichnen waren, kann als enttäuschend angesehen werden, eben weil solche Einstellungsänderungen beim interreligiösen Lernen durchweg erwünscht sind, etwa im Sinne einer größeren Offenheit für andere Religionen und Kulturen. Zwei unterschiedliche Überlegungen bieten sich an dieser Stelle dazu an:

- Zum einen könnte darauf verwiesen werden, dass Einstellungsänderungen eben kaum in der kurzen Zeit einer einzelnen Unterrichtseinheit erzielt werden können. Vielmehr sind dafür von vornherein längere Zeiträume von Monaten oder ganzen Schuljahren zu veranschlagen. Darüber hinaus sollte der entsprechende Unterricht am besten durch weitere Lernmöglichkeiten etwa im Rahmen von Projekten und Aktionen ergänzt werden.
- Zum anderen kann jedoch auch kritisch so argumentiert werden, dass Einstellungsänderungen, selbst wenn sie sich nur über längere Zeit entwickeln sollen, als kumulative Effekte zu verstehen sind, so dass sich auch bei einer einzelnen Unterrichtseinheit bereits erste Veränderungen erkennen lassen müssten. Kumulative Effekte setzen ja voraus, dass die Veränderungen nach und nach aufgebaut oder erzielt werden. Demnach lässt der Befund, dass es bei einer Unterrichtseinheit zu keinen Veränderungen bei den Einstellungen gekommen ist, auch nicht erwarten, dass dies nach zwei oder drei Unterrichtseinheiten anders wäre. Allerdings wäre diesem Einwand gegenüber auch die Annahme denkbar, dass hier von einer Art kritischem Minimum ausgegangen werden muss, so dass Veränderungen bei den Einstellungen erst erkennbar werden, wenn dieses kritische Minimum als Schwelle tatsächlich erreicht wird. Die Lernkurve wäre dann nicht linear inkrementell, sondern würde gleichsam plötzliche Effekte abbilden, an solchen Punkten nämlich, an denen ein kritisches Minimum erreicht wird.

Welche Deutung sich hier am Ende als plausibel herausstellt, muss weiteren Untersuchungen überlassen bleiben. Die Befunde der vorliegenden Studie unterstreichen allerdings, dass solche Untersuchungen unter dem Aspekt des interreligiösen Lernens, aber auch im Blick auf andere Themenbereiche des Religionsunterrichts ein Desiderat darstellen. Pädagogisch gesehen ist es gewiss unbefriedigend, wenn keine Einstellungsänderungen erreicht werden. Denn negative Einstellungen etwa im Sinne von Fremdenfeindlichkeit, Ethnozentrismus, Nationalismus usw. gehören ja aller

Wahrscheinlichkeit nach zu den Ursachen von Aggressionen und Gewalt in diesem Bereich.

Schließlich: Interreligiöses Lernen ist offenbar nicht gleich interreligiöses Lernen. Denn unterschiedliche Ansätze, wie sie hier idealtypisch mit den beiden Unterrichtseinheiten aufgenommen wurden, haben auch unterschiedliche Effekte. Zudem fielen diese Effekte je nach Lernvoraussetzungen unterschiedlich aus. Insofern machen die Befunde deutlich, dass hier noch ein erheblicher Forschungsbedarf besteht, was bereits auf die allgemeinere Frage nach der religionsdidaktischen Bedeutung der Befunde verweist.

3.2 Bedeutung für Religionsdidaktik und Religionspädagogik

Auch hier kann mit einer allgemeinen Feststellung begonnen werden: Empirische Unterrichtsforschung im Bereich der Religionsdidaktik ist offenbar sinnvoll, eben weil sie zu unerwarteten Erkenntnissen führt. Es reicht demnach nicht, wenn Religionsdidaktik sich lediglich auf theoretische Analysen stützt, so wichtig solche Analysen auch sind und bleiben. Selbst Unterrichtseinheiten, die durch eine ganze Gruppe von Expertinnen und Experten geprüft waren, führen nicht ohne weiteres zu den erwarteten Effekten. Darin wiederholt sich eine Feststellung, die bereits bei einem früheren Tübinger Projekt zu treffen war, bei dem sich neun von Fachleuten approbierte Unterrichtseinheiten in ihrer Wirksamkeit deutlich unterschieden (vgl. Merkt u. a. 2014). Insofern ist der Nachholbedarf an religionspädagogisch-empirischer Unterrichtsforschung aus der Perspektive der vorliegenden Befunde noch einmal mit Nachdruck zu unterstreichen.

Zu denken gibt auch die fehlende Nachhaltigkeit. Vielfach wird im Alltag von Schule und Unterricht ja so verfahren, dass Lerneffekte lediglich am Ende einer Unterrichtseinheit geprüft werden, etwa mit einem Test oder einer Klassenarbeit. Die Befunde der Untersuchung legen demgegenüber nahe, dass zunächst nachweisbare Lerneffekte schon bald wieder verschwinden können. Das könnte dafür sprechen, dass Themenbereiche wie etwa interreligiöse Fragen konsequent in größeren Lerneinheiten ausgearbeitet werden sollten, so dass beispielsweise mindestens Schuljahresquartale oder Schulhalbjahre deutliche thematische Schwerpunkte aufweisen. Auch dazu sind natürlich weitere Untersuchungen erforderlich, um zu prüfen, ob größere Einheiten tatsächlich die erwünschten Effekte haben. Beispielsweise könnten sich auch Ermüdungserscheinungen einstellen, die wiederum dem Kompetenzerwerb abträglich sind.

Für die Religionspädagogik insgesamt ist eine Vielzahl unterschiedlicher Ansätze kennzeichnend, die – einer früher unbefragt üblichen Terminologie folgend – auch als „Konzeptionen" angesprochen wurden und zum Teil noch so bezeichnet werden. Gleichzeitig fehlt es sowohl an empirischen Untersuchungen zu den verschiedenen Ansätzen selbst wie auch – und angesichts der vorliegenden Befunde wird man sagen: vor allem – zu einer vergleichenden Bewertung der Ansätze im Blick auf ihre tatsächliche Wirksamkeit. Selbst wenn die verschiedenen Ansätze durchaus auch mit unterschiedlichen Zielsetzungen verbunden und insofern nur schwer zu vergleichen sind, gibt es doch immer wieder Situationen, in denen bei ein und demselben Thema von einer Auswahl zwischen verschiedenen Durchführungsmöglichkeiten im Anschluss an unterschiedliche religionsdidaktische Ansätze ausgegangen werden kann. Solche Situationen lassen sich in Untersuchungsdesigns übersetzen, die dann auch Aufschluss über die Wirksamkeit der jeweils gewählten Vorgehensweise geben können. Zumindest auf lange Sicht, unter der Voraussetzung, dass eine entsprechende religionsdidaktische Forschungstradition mit kumulativen Erkenntnisfortschritten entsteht, könnten Religionsdidaktik und Religionspädagogik insgesamt stark profitieren.

Die vorliegende Untersuchung legte ihren Schwerpunkt bewusst auf die Lernergebnisse, die hier im Sinne von Kompetenzzuwächsen verstanden werden. Darin unterscheidet sich die Untersuchung von zahlreichen anderen Studien, die eher die Voraussetzungen von Unterricht betreffen – etwa im Blick auf Zugangsweisen von Kindern und Jugendlichen oder von Lehrereinstellungen. Derzeit besteht noch immer ein Ungleichgewicht in der religionspädagogischen Unterrichtsforschung, so dass nur sehr wenige Untersuchungen zu tatsächlichen Effekten von Religionsunterricht verfügbar sind. Auch in Zukunft bleibt eine Vielfalt unterrichtsbezogener Untersuchungen sicher sinnvoll. Es sollte jedoch vermehrt versucht werden, Lerneffekte zu erfassen.

Schließlich noch ein Hinweis zu den an der Untersuchung beteiligten muslimischen Schülerinnen und Schülern. Dass sie im christlichen (evangelischen und katholischen) Religionsunterricht weniger lernen können, wurde im vorangehenden Teilkapitel als ein Deckeneffekt interpretiert. Sie bringen vor allem schon mehr religions- bzw. islambezogenes Wissen in den Unterricht mit als christliche Schülerinnen und Schüler. Daraus ist zu folgern, dass der Religionsunterricht der inneren oder äußeren Differenzierung bedarf. Wenn der Unterricht für alle offen ist, müssen in ein und derselben Lerngruppe unterschiedliche Anspruchsniveaus realisiert werden. Sofern dies nicht der Fall ist, erscheint ein Islamischer Religionsunterricht auch unter diesem Aspekt als die bessere Alternative – wobei an dieser Stelle auf andere Gründe, die für den Islamischen Religionsunterricht sprechen, nicht eingegangen werden kann. Auch in diesem Falle sollte allerdings gewährleistet sein, dass interreligiöse Begegnungen möglich werden, etwa durch Kooperation mit dem evangelischen und/oder dem katholischen Religionsunterricht.

Literatur

Amos, K. (2015). Interreligiöse und interkulturelle Kompetenz in der Ausbildung für den Elementarbereich. Response aus erziehungswissenschaftlicher Sicht. In F. Schweitzer & A. Biesinger (Hrsg.), *Kulturell und religiös sensibel? Interreligiöse und Interkulturelle Kompetenz in der Ausbildung für den Elementarbereich* (S. 163–172). Münster: Waxmann.

Auernheimer, G. (1990). *Einführung in die interkulturelle Erziehung*. Darmstadt: WBG.

Benner, D., Schieder, R., Schluß, H. & Willems, J. (2011). *Religiöse Kompetenz als Teil öffentlicher Bildung: Versuch einer empirisch, bildungstheoretisch und religionspädagogisch ausgewiesenen Konstruktion religiöser Dimensionen und Anspruchsniveaus*. Paderborn; München; Wien; Zürich: Schöningh.

Bennet, M. J. (1993). Towards ethnorelativism: A developmental model of intercultural sensitivity. In R. M. Paige (Hrsg.), *Education for the intercultural experience* (S. 21–71). Yarmouth, ME: Intercultural Press.

Berger, P. L. (Hrsg.) (1999). *The Desecularization of the World: Resurgent Religion and World Politics*. Grand Rapids: Eerdmans.

Bernlochner, M. (2013). *Interkulturell-interreligiöse Kompetenz. Positionen und Perspektiven interreligiösen Lernens im Blick auf den Islam*. Paderborn: Schöningh.

Bertelsmann Stiftung (Hrsg.) (2008). *Religionsmonitor 2008* (2. Auflage). Gütersloh: Gütersloher Verlagshaus.

Biesinger, A., Gather, J., Gronover, M. & Kemmler, A. (Hrsg.) (2014). *Kompetenzorientierung im Religionsunterricht an berufsbildenden Schulen*. Münster/New York: Waxmann.

Biesinger, A., Kießling, K., Jakobi, J. & Schmidt, J. (Hrsg.) (2011). *Interreligiöse Kompetenz in der beruflichen Bildung: Pilotstudie zur Unterrichtsforschung*, Band 6. Münster: LIT.

Bohnsack, R. (2011). *Qualitative Bild- und Videointerpretation* (2. Auflage). Opladen & Farmington Hills: Budrich.

Boschki, R. (2016). Zeiten der Ambivalenz. Religiöse Bildung zwischen Unterbrechung und Erneuerung. *Theologische Quartalsschrift, 196*(3), 195–212.

Boschki, R. (2017). Art. Subjekt – Subjektorientierung – Subjektwerdung. In *Das wissenschaftlich-religionspädagogische Lexikon*. www.wirelex.de [20.10.2016].

Boschki, R., Gronover, M., Meyer-Blanck, M., Marose, M., Schnabel-Henke, H. & Schweitzer, F. (Hrsg.) (2017). *Person – Persönlichkeit – Bildung. Aufgaben und Möglichkeiten des Religionsunterrichts an beruflichen Schulen*. Münster: Waxmann.

Boschki, R. & Henrix, H. H. (Hrsg.) (2016). *Die Kirchen und das Judentum,* Band 3: Dokumente von 2000 bis heute. https://www.nostra-aetate.uni-bonn.de/kirchliche-dokumente/online-publikation-die-kirchen-und-das-judentum/online-publikation-die-kirchen-und-das-judentum [10.10.2016].

Boschki, R. & Wohlmuth, J. (Hrsg.) (2015). *Nostra Aetate 4: Wendepunkt im Verhältnis von Kirche und Judentum – bleibende Herausforderung für die Theologie*. Paderborn: Schöningh.

Braham, A. (2012). *Islamic Banking: Moralische und ökonomische Grundsätze, Erfolgsaussichten in Deutschland*. Hamburg: Diplomica.

Buchardt, M. (2016). *Kulturforklaring. Uddannelseshistorier om muslimskhed*. Kopenhagen: Tiderne Skriften.

Comenius-Institut (Hrsg.) (2007). *Stellungnahmen und Kommentare zu „Grundlegenden Kompetenzen religiöser Bildung"*. Münster: Comenius-Institut.

Davis, M. H. (1983). Measuring individual differences in empathy: Evidence for a multidimensional approach. *Journal of Personality and Social Psychology, 44*(1), 113–126.

DBK/Deutsche Bischofskonferenz (2004). *Kirchliche Richtlinien zu Bildungsstandards für den katholischen Religionsunterricht in den Jahrgangsstufen 5–10/Sekundarstufe I (Mittlerer Schulabschluss)*. Bonn: DBK.

DBK/Deutsche Bischofskonferenz (2006). *Kirchliche Richtlinien zu Bildungsstandards für den katholischen Religionsunterricht in der Grundschule/Primarstufe*. Bonn: DBK.

Decker, O., Kiess, J., Brähler, E. (2012). *Die Mitte im Umbruch. Rechtsextreme Einstellungen in Deutschland 2012*. Bonn: Dietz.

Doedens, F. & Weiße, W. (Hrsg.) (1997). *Religionsunterricht für alle. Hamburger Perspektiven zur Religionsdidaktik*. Hamburg: PTI.

Dressler, B. (2006). *Unterscheidungen. Religion und Bildung*. Leipzig: EVA.

Dressler, B., Klie, T. & Kumlehn, M. (2012). *Unterrichtsdramaturgien. Fallstudien zur Performanz religiöser Bildung*. Stuttgart: Kohlhammer.

Ebert, H.-G. & Thißen, F. (2010). *Das islamkonforme Bankgeschäft*. Stuttgart: Deutscher Sparkassenverlag.

EKD/Evangelische Kirche in Deutschland (2010). *Kompetenzen und Standards für den Evangelischen Religionsunterricht in der Sekundarstufe I. Ein Orientierungsrahmen*. Hannover: EKD.

EKD/Evangelische Kirche in Deutschland (2014). *Religiöse Orientierung gewinnen. Evangelischer Religionsunterricht als Beitrag zu einer pluralitätsfähigen Schule*. Gütersloh: Gütersloher Verlagshaus.

EKD/Evangelische Kirche in Deutschland (2015). *Christlicher Glaube und religiöse Vielfalt in evangelischer Perspektive. Ein Grundlagentext des Rates der Evangelischen Kirche in Deutschland*. Gütersloh: Gütersloher Verlagshaus.

El Maghraoui, A. (2015). Das Arbeiten im Bankwesen aus Sicht muslimischer Gelehrter, Arbeit zwischen Zinsverbot und wirtschaftlicher Realität. In M. Khalfaoui & M. Möhring-Hesse (Hrsg.), *Eine Arbeitsgesellschaft – auch für Muslime. Interdisziplinäre und interreligiöse Beiträge zur Erwerbsarbeit. Schriftenreihe Graduiertenkolleg Islamische Theologie, Band 3* (S. 247–264). Münster: Waxmann.

Engebretson, K., de Souza, M., Durka, G. & Gearon, L. (Hrsg.) (2010). *International Handbook of Inter-religious Education* (2. Bde). Dordrecht/Heidelberg/London/New York: Springer.

Englert, R., Schwab, U., Schweitzer, F. & Ziebertz, H.-G. (Hrsg.) (2012). *Welche Religionspädagogik ist pluralitätsfähig? Kontroversen um einen Leitbegriff*. Freiburg: Herder.

Feindt, A., Elsenbast, V., Schreiner, P. & Schöll, A. (Hrsg.) (2009). *Kompetenzorientierung im Religionsunterricht. Befunde und Perspektiven*. Münster: Waxmann.

Fischer, D. & Elsenbast, V. (Red.) (2006). *Grundlegende Kompetenzen religiöser Bildung. Zur Entwicklung des evangelischen Religionsunterrichts durch Bildungsstandards für den Abschluss der Sekundarstufe I*. Münster: Comenius-Institut.

Flavell, J. H. (1975). *The development of role-taking and communication skills in children*. Huntington: Krieger.

Flunger, B. & Ziebertz, H.-G. (2010). Das Gender-Curriculum im quasi experimentellen Design. Eine Analyse der Messeffekte. In H.-G. Ziebertz (Hrsg.), *Gender in Islam und Christentum. Theoretische und empirische Studien* (S. 187–206). Berlin: LIT.

Forschungsgruppe Religion und Gesellschaft (2015). *Werte – Religion – Glaubenskommunikation. Eine Evaluationsstudie zur Erstkommunionkatechese*. Wiesbaden: Springer.

Gadermann, A. M., Guhn, M. & Zumbo, B. D. (2012). Estimating ordinal reliability for Likert-type and ordinal item response data: A conceptual, empirical, and practical guide. *Practical Assessment, Research & Evaluation, 17*, 1–13.

Garrido, L. E., Abad, F. J. & Ponsoda, V. (2011). Performance of Velicer's minimum average partial factor retention method with categorical variables. *Educational and Psychological Measurement, 71*(3), 551–570.

Garrido, L. E., Abad, F. J. & Ponsoda, V. (2013). A new look at Horn's Parallel Analysis with ordinal variables. *Psychological Methods, 18*(4), 454–474.

Gonon, P. (2012). Gesellschaftliche und religiöse Pluralität – Überlegungen ausgehend von der Berufsbildung und den Berufsfachschulen in der Schweiz. In A. Biesinger, F. Schweitzer, M. Gronover & J. Ruopp (Hrsg.), *Integration durch religiöse Bildung. Perspektiven zwischen beruflicher Bildung und Religionspädagogik* (S. 25–34). Münster: Waxmann.

Gronover, M. (2012). Konfessionalität in religiöser Heterogenität im Religionsunterricht an berufsbildenden Schulen. In A. Biesinger, F. Schweitzer, M. Gronover & J. Ruopp (Hrsg.), *Integration durch religiöse Bildung. Perspektiven zwischen beruflicher Bildung und Religionspädagogik* (S. 173–188). Münster: Waxmann.

Gronover, M. (2017). Art. Berufsorientierung. In *Das wissenschaftlich-religionspädagogische Lexikon* (www.wirelex.de).

Grümme, B. (2009). *Religionsunterricht und Politik. Bestandsaufnahme – Grundsatzüberlegungen – Perspektiven für eine politische Dimension des Religionsunterrichts.* Stuttgart: Kohlhammer.

Grümme, B. (2015). *Öffentliche Religionspädagogik. Religiöse Bildung in pluralen Lebenswelten.* Stuttgart: Kohlhammer.

Haese, B.-M. (2013). Zum Stand des Religionsunterrichts für alle in Hamburg. *Zeitschrift für Pädagogik und Theologie, 65*(1), 15–24.

Hartmann, U., Sauer, M. & Hasselhorn, M. (2009). Perspektivenübernahme als Kompetenz für den Geschichtsunterricht: Theoretische und empirische Zusammenhänge zwischen fachspezifischen und sozial-kognitiven Schülermerkmalen. *Zeitschrift für Erziehungswissenschaft, 12*, 321–342.

Hascher, T. & Schmitz, B. (Hrsg.) (2010). *Pädagogische Interventionsforschung. Theoretische Grundlagen und empirisches Handlungswissen.* Weinheim & München: Juventa.

Heitmeyer, W. (Hrsg.) (2012). *Deutsche Zustände. Folge 10.* Frankfurt/M.: Suhrkamp.

Horn, J. L. (1965). A rationale and test for the number of factors in factor analysis. *Psychometrika, 30*(2), 179–185.

Hull, J. (1984). *Studies in Religion and Education.* London & New York: Falmer.

Ilg, W., Schweitzer, F., Elsenbast, V. (2009). *Konfirmandenarbeit in Deutschland. Empirische Einblicke, Herausforderungen, Perspektiven. Mit Beiträgen aus den Landeskirchen.* Gütersloh: Verlagshaus.

Jackson, R. (1997). *Religious Education: An Interpretive Approach.* London: Hodder & Stoughton.

Jackson, R. & Nesbitt, E. (1993). *Hindu Children in Britain.* Stoke-on-Trent: Trentham.

Kammler, T. (2013). *Anerkennung und Gewalt an Schulen. Eine evidenzbasierte und theoriegeleitete Interventionsstudie im Praxistest.* Wiesbaden: Springer.

Kenner, M. (2007). *Interkulturelles Lernen an beruflichen Schulen. Ergebnisse einer Interventionsstudie in der einjährigen Berufsfachschule/Metall.* Aachen: Shaker Media.

Kenngott, E.-M. (2012). *Perspektivenübernahme: zwischen Moralphilosophie und Moralpädagogik.* Wiesbaden: Verlag für Sozialwissenschaften.

Kießling, K. (2010). Arbeit und Menschenwürde – in theologischen Konturen. In A. Biesinger & J. Schmidt (Hrsg.), *ora et labora. Eine Theologie der Arbeit* (S. 115–132). Ostfildern: Schwabenverlag.

Klieme, E., Avenarius, H., Blum, W., Döbrich, P., Gruber, H., Prenzel, M. et al. (2003). *Zur Entwicklung nationaler Bildungsstandards. Eine Expertise.* Bonn: BMBF.

Klutz, P. (2015). *Religionsunterricht vor den Herausforderungen religiöser Pluralität. Eine qualitativ-empirische Studie in Wien.* Münster: Waxmann.

Knauth, T. (2008). „Better together than apart": Religion in School and Lifeworld of Students in Hamburg. In T. Knauth, D.-P. Josza, G. Bertram-Troost & J. Ipgrave (Hrsg.), *Encountering Religious Pluralism in School and Society. A Qualitative Study of Teenage Perspectives in Europe* (S. 207–246). Münster: Waxmann.

Kraus, W. & Henrix, H. H. (Hrsg.) (2001). *Die Kirchen und das Judentum,* Band 2: Dokumente von 1986–2000, Paderborn: Bonifatius.

Küng, H. (1990). *Projekt Weltethos.* München & Zürich: Piper.

Lähnemann, J. (1986). *Weltreligionen im Unterricht* (2 Bde.). Göttingen: Vandenhoeck & Ruprecht.

Lähnemann, J. (1998). *Evangelische Religionspädagogik in interreligiöser Perspektive.* Göttingen: Vandenhoeck & Ruprecht.

Lehmann, K. (2010). Arbeit als Realisierung der Gottesbeziehung. In A. Biesinger & J. Schmidt (Hrsg.), *ora et labora. Eine Theologie der Arbeit* (S. 13–31). Ostfildern: Schwabenverlag.

Leimgruber, S. (2007). *Interreligiöses Lernen. Neuausgabe.* München: Kösel.

Lorenz, K. (2012). Die Integrationsfrage aus der Perspektive der Schulverwaltung. In A. Biesinger, F. Schweitzer, M. Gronover & J. Ruopp (Hrsg.), *Integration durch religiöse Bildung. Perspektiven zwischen beruflicher Bildung und Religionspädagogik* (S. 217–227). Münster: Waxmann.

Losert, M., Merkt, H. & Schweitzer, F. (2015). In Search of Interreligious Competence: An Empirical Study in the Context of Training Caregivers Through Religious Education. *Journal of Empirical Theology, 28*(1), 90–112.

Luhmann, N. (2000). *Die Religion der Gesellschaft.* Frankfurt/M.: Suhrkamp.

Mayring, P. (2015). *Qualitative Inhaltsanalyse. Grundlagen und Techniken* (12. Auflage). Weinheim und Basel: Beltz Verlag.

Merkt, H., Schweitzer, F. & Biesinger, A. (Hrsg.) (2014). *Interreligiöse Kompetenz in der Pflege. Pädagogische Ansätze, theoretische Perspektiven und empirische Befunde.* Münster: Waxmann.

Nipkow, K. E. (1979). *Religionsunterricht in der Leistungsschule. Gutachten – Dokumente.* Gütersloh: Gütersloher Verlagshaus.

Nipkow, K. E. (1998). *Bildung in einer pluralen Welt.* Band 2: *Religionspädagogik im Pluralismus.* München & Gütersloh: Kaiser & Gütersloher Verlagshaus.

Obermann, A. (2006). *Religion unterrichten zwischen Kirchturm und Minarett. Perspektiven für einen dialogisch-konfessorischen Unterricht der abrahamischen Religionsgemeinschaften an berufsbildenden Schulen.* Münster: LIT.

Obst, G. (2008). *Kompetenzorientiertes Lehren und Lernen im Religionsunterricht.* Göttingen: Vandenhoeck & Ruprecht.

Oelkers, J., Osterwalder, F. & Tenorth, H.-E. (Hrsg.) (2003). *Das verdrängte Erbe. Pädagogik im Kontext von Religion und Theologie.* Weinheim/Basel: Beltz.

Oser, F. (1988). *Wieviel Religion braucht der Mensch? Erziehung und Entwicklung zur religiösen Autonomie.* Gütersloh: Gütersloher Verlagshaus.

Reichhold, R. (2012). Integration heißt Teilhabe: Perspektiven für Arbeitswelt und Wirtschaft. In A. Biesinger, F. Schweitzer, M. Gronover & J. Ruopp (Hrsg.), *Integration durch religiöse Bildung. Perspektiven zwischen beruflicher Bildung und Religionspädagogik* (S. 35–46). Münster: Waxmann.

Rencher, A. C. & Christensen, W. F. (2012). *Methods of Multivariate Analysis.* Hoboken, NJ: Wiley.

Rendtorff, R. & Henrix, H. H. (Hrsg.) (2001). *Die Kirchen und das Judentum.* Band 1: Dokumente von 1945 bis 1985 (3. Aufl.). Paderborn: Bonifatius.

Rickers, F. (2001) Art. Interreligiöses Lernen. In N. Mette & F. Rickers (Hrsg.), *Lexikon der Religionspädagogik* (2 Bde.) (Sp. 874–881). Neukirchen-Vluyn: Neukirchener.

Ritzer, G. (2010). *Interesse – Wissen – Toleranz – Sinn. Ausgewählte Kompetenzbereiche und deren Vermittlung im Religionsunterricht: Eine Längsschnittstudie.* Münster: LIT.

Rothgangel, M. & Fischer, D. (Hrsg.) (2004). *Standards für religiöse Bildung? Zur Reformdiskussion in Schule und Lehrerbildung.* Münster: Waxmann

Rummel, R. J. (1988). *Applied factor analysis.* Evanston, IL: Northwestern University Press.

Sajak, C. P. (Hrsg.) (2007). *Bildungsstandards für den Religionsunterricht – und nun? Perspektiven für ein neues Instrument im Religionsunterricht.* Berlin: LIT.

Sajak, C. P. (Hrsg.) (2012). *Religionsunterricht kompetenzorientiert. Beiträge aus fachdidaktischer Forschung.* Paderborn et al.: Schöningh.

Schambeck, M. (2013). *Interreligiöse Kompetenz. Basiswissen für Studium, Ausbildung und Beruf.* Göttingen: Vandenhoeck & Ruprecht.

Schreiner, P. (2012). *Religion im Kontext einer Europäisierung von Bildung. Eine Rekonstruktion europäischer Diskurse und Entwicklungen aus protestantischer Perspektive.* Münster: Waxmann.

Schreiner, P., Sieg, U. & Elsenbast, V. (Hrsg.) (2005). *Handbuch interreligiöses Lernen.* Gütersloh: Gütersloher Verlagshaus.

Schröder, B. (2012). *Religionspädagogik.* Tübingen: Mohr Siebeck.

Schröder, B. (2014). Interreligiöse Bildung – empirisch betrachtet. In P. Schreiner & F. Schweitzer (Hrsg.), *Religiöse Bildung erforschen. Empirische Befunde und Perspektiven* (S. 291–302). Münster: Waxmann.

Schultz, L. H., Barr, D. J. & Selman, R. L. (2001). The Value of a Developmental Approach to evaluating Character Development Programmes: An outcome study of Facing History and Ourselves. *Journal of Moral Education, 30,* 3–27.

Schweitzer, F. (2003). *Pädagogik und Religion. Eine Einführung.* Stuttgart: Kohlhammer.

Schweitzer, F. (2006). „Guter Religionsunterricht" – aus der Sicht der Fachdidaktik. In: *Was ist guter Religionsunterricht? Jahrbuch der Religionspädagogik 22* (S. 41–51). Neukirchen-Vluyn: Neukirchener Verlag.

Schweitzer, F. (2012). Integration durch religiöse Bildung. Überlegungen aus christlicher Sicht. In ders., A. Biesinger, M. Gronover & J. Ruopp (Hrsg.), *Integration durch religiöse Bildung. Perspektiven zwischen beruflicher Bildung und Religionspädagogik* (S. 85–101). Münster: Waxmann.

Schweitzer, F. (2013). Aufgaben und Möglichkeiten empirisch-religionsdidaktischer Forschung. Überblick – Beispiele – Perspektiven. In M. Demantowsky & B. Zurstrassen (Hrsg.), *Forschungsmethoden und Forschungsstand in den Didaktiken der kulturwissenschaftlichen Fächer* (S. 47–70). Bochum & Freiburg: projektverlag.

Schweitzer, F. (2014a). *Bildung.* Neukirchen: Neukirchener Verlag.

Schweitzer, F. (2014b). *Interreligiöse Bildung. Religiöse Vielfalt als religionspädagogische Herausforderung und Chance.* Gütersloh: Gütersloher Verlagshaus.

Schweitzer, F. (2016). Leistungsmessung und Leistungsbewertung, Kompetenzen und Standards: Was ist im Religionsunterricht messbar? *Entwurf, 47*(1), 4–8.

Schweitzer, F. & Biesinger, A. (Hrsg.) (2015). *Kulturell und religiös sensibel? Interreligiöse und Interkulturelle Kompetenz in der Ausbildung für den Elementarbereich.* Münster: Waxmann.

Schweitzer, F., Edelbrock, A. & Biesinger, A. (Hrsg.) (2011). *Interreligiöse und Interkulturelle Bildung in der Kita. Eine Repräsentativbefragung von Erzieherinnen in Deutschland – interdisziplinäre, interreligiöse und internationale Perspektiven.* Münster: Waxmann.

Schweitzer, F., Englert, R., Schwab, U. & Ziebertz, H.-G. (2002). *Entwurf einer pluralitätsfähigen Religionspädagogik.* Gütersloh/Freiburg i.Br.: Gütersloher Verlagshaus/Herder.

Selman, R. L. (1980). *The growth of interpersonal understanding: developmental and clinical analyses.* New York: Academic Press.

Selman, R. L. (1984). *Die Entwicklung des sozialen Verstehens. Entwicklungspsychologische und klinische Untersuchungen.* Frankfurt/M.: Suhrkamp.

Sennett, R. (2009). *Handwerk.* Berlin: Taschenbuch.

Shell Deutschland Holding (Hrsg.) (2010). *Jugend 2010. Eine pragmatische Generation behauptet sich.* Frankfurt/M.: Fischer-Taschenbuch.

Shell Deutschland Holding (Hrsg.) (2015). *Jugend 2015. Eine pragmatische Generation im Aufbruch.* Frankfurt/M.: Fischer.

Siebenrock, R. A. (2006). Nostra Aetate. Theologischer Kommentar. In P. Hünermann & B. J. Hilberath (Hrsg.), *Herders Theologischer Kommentar zum Zweiten Vatikanischen Konzil* (Band 3, S. 591–693). Freiburg: Herder.

Sterkens, C. (2001). *Interreligious learning: The Problem of Interreligious Dialogue in Primary Education.* Leiden: Brill.

Stosch, K. v. (2012). *Komparative Theologie als Wegweiser in der Welt der Religionen.* Paderborn: Schöningh.

Themenheft „Religionspädagogik und Öffentlichkeit" (2015). *Zeitschrift für Pädagogik und Theologie, 67*(4), 300–372.

Valeva, M. (2012). *Theoretische Grundlegung ethischer Bankbetriebslehre: Die Lehren aus dem Islamic Banking.* Wiesbaden: Springer.

Weinert, F. E. (2001). Vergleichende Leistungsmessung in Schulen – eine umstrittene Selbstverständlichkeit. In F. E. Weinert (Hrsg.), *Leistungsmessungen in Schulen* (S. 17–32). Weinheim & Basel: Beltz.

Weiße, W. (Hrsg.) (2016). *Religiöse Vielfalt und Säkularität. Die Verträge zwischen Staat und Religionsgemeinschaften in Hamburg, Dokumentationsreihe der Akademie der Weltreligionen der Universität Hamburg Nr. 4.* Münster: Waxmann.

Willems, J. (2011). *Interreligiöse Kompetenz. Theoretische Grundlagen – Konzeptualisierungen – Unterrichtsmethoden.* Wiesbaden: VS Verlag für Sozialwissenschaften.

Ziebertz, H.-G. (Hrsg.) (2010). *Gender in Islam und Christentum: Theoretische und empirische Studien.* Münster: LIT.

Ziener, G. (2006). *Bildungsstandards in der Praxis. Kompetenzorientiert unterrichten.* Seelze-Velber: Kallmeyer.

Zonne, E. (2006). *Interreligiöses und interkulturelles Lernen an Grundschulen in Rotterdam-Rijnmond. Eine interdisziplinäre religionspädagogische Studie des Umgangs mit der Pluralität der Weltanschauungen.* Münster: Waxmann.

Zumbo, B. D., Gadermann, A. M. & Zeisser, C. (2007). Ordinal versions of coefficients alpha and theta for Likert rating scales. *Journal of Modern Applied Statistical Methods, 6*(1), 21–29.

Anhang

**Unterrichtseinheiten, Fragebogen, Qualitative
Auswertung der Lehrer- und Schülergruppeninterviews,
Ergebnisse der Faktorenanalysen)**

Anhang A. Unterrichtseinheiten

1. Islamic Banking – Zum Umgang mit Geld in Christentum und Islam

Claudia Märkt, Hanne Schnabel-Henke

Evangelisch-Theologische Fakultät
Katholisch-Theologische Fakultät

EIBOR – Evangelisches Institut für berufsorientierte Religionspädagogik
KIBOR – Katholisches Institut für berufsorientierte Religionspädagogik

Studie zum interreligiösen Lernen im
Berufsschulreligionsunterricht

Unterrichtseinheit
Islamic Banking –
Zum Umgang mit Zins und Geld
in Christentum und Islam

Erstellt von Claudia Märkt und Hanne Schnabel-Henke

Materialien zur ausschließlichen Verwendung
im Rahmen der Studie

EIBOR
Leitung Prof. Dr. Friedrich Schweitzer
Sekretariat:
Telefon: +49 7071/29 77487
Telefax: +49 7071/29 4593
sekretariat@eibor.uni-tuebingen.de
www.eibor.de

KIBOR
Leitung Prof. Dr. Albert Biesinger
Sekretariat:
Telefon: +49 7071/29 75087
Telefax: +49 7071/29 5181
info@kibor-tuebingen.de
www.kibor-tuebingen.de

PROJEKTKOORDINATORIN
Magda Bräuer, M.A.
Magda-theresa.braeuer@uni-tuebingen.de
Telefon: +49 7071/29 77573

Islamic Banking –
Zum Umgang mit Zins und Geld in Christentum und Islam

Inhalt

Überblick

Diese sechsstündige Unterrichtseinheit ermöglicht Auszubildenden zum/zur Bank- und Industriekaufmann/-frau eine inhaltliche Auseinandersetzung mit verschiedenen Aspekten des Themas „Islamic Banking – Umgang mit Zins und Geld in Christentum und Islam". Die Themenstellung findet sich im Lehrplan so nicht wieder, da sie einen sehr aktuellen Bezug hat und bisher noch nicht Gegenstand des Berufsschulreligionsunterrichts ist. Aktuelle Bedeutung hat diese Thematik im Zeichen der Wirtschafts- und Finanzkrise erhalten, in deren Gefolge der Ruf nach einer ethischen Regulierung des Finanzwesens vernommen werden kann.

Ziel der Unterrichtseinheit ist, durch problemlösende, situierte Lernprozesse den Wissenserwerb und das Verstehen der Schülerinnen und Schüler im Hinblick auf die Theorie und Praxis des Islamic Banking und des (christlichen) alternativen Bankwesens zu fördern. Durch das Aufzeigen von Gemeinsamkeiten und Unterschieden werden die Schülerinnen und Schüler für die religiös begründeten Besonderheiten im Umgang mit Geld in Christentum und Islam sensibilisiert. Die Schülerinnen und Schüler üben, sich in eine andere Rolle hineinzuversetzen, was Voraussetzung für gelingende Kommunikation und Problemlösung ist.

Das berufsbezogene Lernen im BRU steht bei dieser Unterrichtseinheit im Vordergrund. Die sozialethische Dimension der Thematik, wie bspw. die Frage nach der Gerechtigkeit im Weltfinanzsystem, kann in diesem Kontext nicht explizit thematisiert werden.

Inhalt und Aufbau der Unterrichtseinheit

Die sechs Unterrichtsstunden können sowohl in Einzelstunden als auch in Doppelstunden gehalten werden. Im Folgenden findet sich ein Überblick in Textform (S. 149) sowie in Tabellenform (S. 150). Darauf folgen jeweils detaillierte Ablaufpläne für die einzelnen Stunden mit Materialien für die Lehrerinnen und Lehrer (L) sowie die Schülerinnen und Schüler (M) sowie Lösungsvorschlägen. Lehrmaterialien (L) beinhalten Folien und Anleitungen. Damit ein Vergleich der verschiedenen Klassen, die diese Unterrichtseinheit durchlaufen, im Forschungsprojekt möglich ist, muss der Unterricht möglichst genau den hier angegebenen Schritten folgen und alle angegebenen Materialien zum Einsatz bringen.

1. Stunde: Bankberaterin Christiane Neumann wird beim Zeitunglesen und Fernsehen mit den Auswüchsen eines ungezügelten Finanzkapitalismus konfrontiert: Sie stößt auf die Schlagzeile über die Verurteilung des Investmentbankers Jérôme Kerviel und die päpstliche Empfehlung für Islamic Banking. In einem kurzen Filmbeitrag und einem Informations- und Arbeitsblatt erhalten die SuS Informationen zur aktuellen Bedeutung und Funktionsweise des Islamic Banking. Sie fassen die zentralen Merkmale des Islamic Banking zusammen.

2. Stunde: In einem Lehrervortrag informiert die Lehrkraft über die Entstehung der Heiligen Schriften. Anhand eines Lückentextes überprüfen die SuS ihr Wissen über den Umgang mit den Heiligen Schriften. In der anschließenden arbeitsungleichen Vierer-Gruppenarbeit erarbeiten die SuS die Grundsätze des religiös motivierten alternativen Bankwesens und informieren sich über die Entstehung und Wirkungsgeschichte des Zinsverbots in Bibel und Koran.

3. Stunde: Die Schülerinnen und Schüler diskutieren die Ergebnisse der Gruppenarbeit in einer offenen Expertenrunde.

4. Stunde: Die Schülerinnen und Schüler erarbeiten sich anhand der Familiengeschichte von Merve und Deniz Erdal Hintergrundinformationen zum Islam und zum muslimischen Leben in Deutschland. Mit einem Quizduell wird das erworbene interreligiöse Wissen spielerisch konsolidiert.

5. Stunde: In der Beratungssituation zwischen dem Kunden Deniz Erdal und der Kundenberaterin Christiane Neumann versetzen sich die SuS in die jeweilige Perspektive: Wie nehmen sich ein koronkonformer Kunde und die Mitarbeiterin einer Nicht-Islam-Bank gegenseitig wahr? Zur vertiefenden Anwendung des Gelernten dient die Übung mit verteilten Rollen: „Ja oder Nein – Wo stehen Sie?". Die Mitspieler übernehmen eine vorgegebene Rollenperspektive aus dem Kontext von alternativem Banking und müssen sich für eine Handlungsalternative entscheiden.

6. Stunde: Die SuS erarbeiten und präsentieren einen Leitfaden, der für religionensensible Bankberatungsgespräche zugrunde gelegt werden kann. Sie erkennen die Notwendigkeit, auf religiös und ethisch motivierte Kundenwünsche in einer multikulturellen und multireligiösen Gesellschaft eingehen zu können. Im Unterrichtsgespräch wird die These der ersten Stunde als Frage umformuliert aufgegriffen: Braucht die Welt ein islamisches Wirtschaftssystem? Gemeinsam wird die Bedeutung des alternativen Bankwesens angesichts der Wirtschafts- und Finanzkrise diskutiert.

Strukturschema für die gesamte Unterrichtseinheit

Abkürzungen: L = Lehrkraft; SuS = Schülerinnen und Schüler; EA = Einzelarbeit; PA = Partnerarbeit; GA = Gruppenarbeit; LV = Lehrervortrag; UG = Unterrichtsgespräch; AB = Arbeitsblatt/Kopie für die Schülerinnen und Schüler; TA = Tafelanschrieb; OHP = Overheadprojektor (kann durch jedes andere Medium ersetzt werden)

Stunde	Phasen der UE	Inhalt, Ablauf, Methoden	Sozialformen	Medien
1	Problemorientierung	**Einführung Islamic Banking** Die Schlagzeilen über die Verurteilung des Investmentbankers Jérôme Kerviel und die päpstliche Empfehlung des Islamic Banking sollen die SuS motivieren, sich mit dem Thema der Unterrichtseinheit auseinanderzusetzen. Mit einem Filmbeitrag und einem Informationsblatt erhalten sie einen Einblick in die aktuelle Bedeutung und die Funktionsweise des Islamic Banking.	UG ... PA	L1: Folie „Einführung" Film: „Die Welt braucht ein islamisches Wirtschaftssystem" M1: Islamic Banking
2	Erarbeitung/Übung	**Zinsverbot und Alternatives Bankwesen** Die SuS erfahren, dass das Zinsverbot in Bibel und Koran erwähnt wird. Die Lehrkraft informiert über die Entstehung der Heiligen Schriften. Anhand eines Lückentextes überprüfen und erweitern die SuS ihr Wissen über den Umgang mit den Heiligen Schriften. Expertenrunde: Merkmale des Alternativen Bankwesens und Zinsverbot in Bibel und Koran: Am Beispiel der islamischen iFIS-Bank und der christlichen Bank für Kirche und Diakonie erarbeiten die SuS die Grundsätze des religiös motivierten alternativen Bankwesens. Zwei weitere Gruppen informieren sich über die Entstehung und Wirkungsgeschichte des Zinsverbots in Bibel und Koran.	LV EA ... Expertenrunde/ arbeitsungleiche GA	L2: Grafik und Lösungsfolie „Heilige Schriften" M2: Heilige Schriften L3: Expertenrunde M3a: Islambank M3b: Christliche Alternativbank M3c: Bibel M3d: Koran
3		**Präsentation Expertenrunde**	Expertenrunde	M4: Kontrollblatt
4		**Muslimisches Leben in Deutschland/Quizduell** Die SuS erhalten mit der Fallgeschichte über Deniz Erdal Grundinformationen über muslimisches Leben in Deutschland Quizduell mit Power-Point-Vorlage	EA EA	M5: Fallgeschichte PPT M6: Quizduell M7: Lösungen Quizduell
5		**Die Beratungssituation und Übung mit verteilten Rollen** Beratungssituation: Christiane Neumann und Deniz Erdal: Wie nehmen sich ein korankonformer Kunde und die Mitarbeiterin einer Nicht-Islam-Bank gegenseitig wahr? Übung mit verteilten Rollen: Ja oder Nein – Wo stehen Sie?	PA/Rollenspiel GA	M8: Beratungssituation L6: Übungsanleitung „JA oder NEIN" M9: Übung „JA oder NEIN"
6	Sicherung	**Leitfaden für religionensensible Beratungsgespräche** Die SuS erarbeiten und präsentieren einen Leitfaden, der für religionensensible Bankberatungsgespräche zugrunde gelegt werden kann. Sie erkennen die Notwendigkeit, auf religiös und ethisch motivierte Kundenwünsche in einer multikulturellen und multireligiösen Gesellschaft eingehen zu können. Die SuS beurteilen die Bedeutung des alternativen Bankwesens angesichts der Wirtschafts- und Finanzkrise und der damit einhergehenden gesellschaftlichen Veränderungen.	GA/UG ... UG	M10: Leitfaden

Zusatzmaterialien und Hintergrundinformationen

I. Fragen und Antworten zu Islamic Banking

1. Wie verbreitet ist Islamic Banking?	Das Islamic Banking ist ein relativ junges System und nicht in dem Maß standardisiert wie das konventionelle Banking. Mitte der 60er-Jahre gab es in Ägypten Experimente mit Islamic Banking, die erste private islamische Geschäftsbank entstand 1975 in Dubai, in den 90er-Jahren verbreitete sich das religiöse Banking auch außerhalb der islamischen Welt. (2004 Islamic Bank of Britain, Deutsche Bank, Kuweyt Türk Bank Mannheim).
2. Wie erfolgreich ist Islamic Banking?	Bei einem Marktanteil von 1% gibt es Wachstumsraten von bis zu 20%. In Deutschland ist die Nachfrage nach islamkonformen Finanzprodukten noch eher gering, weil Islamic Banking mit dem deutschen Bankenrecht teilweise nicht vereinbar ist. Das Kreditsicherungsgesetz beispielsweise garantiert Bankkunden die Höhe ihrer Einlagen. Diese dürfen nicht mit unternehmerischem Risiko verbunden werden. Beim Erwerb von Immobilien durch Murabaha werden zweimal Grunderwerbssteuern fällig, was dieses Vertragsmodell wenig attraktiv macht.
3. Wie können Islambanken überleben, wenn sie keine Zinsen nehmen bzw. geben dürfen?	Für Finanzgeschäfte erheben Islambanken Gebühren, die als Entgelt für ihre Kreditdienstleistung dienen. Soll zum Beispiel ein Haus finanziert werden, erwirbt die Bank für ihren Kunden das Gebäude und verkauft es ihm in Raten zu einem vorher festgelegten höheren Preis weiter. Die Bank macht also ein Handelsgeschäft mit vorher festgelegtem Gewinn. Nach demselben Prinzip können Unternehmen Güter (wie zum Beispiel neue Maschinen) kaufen.
4. Wie kann ein Unternehmen eine Finanzierung bekommen?	Braucht ein Unternehmer Geld für Ausgaben, die sich nicht auf konkrete Güter beziehen, kann sich die Bank für eine bestimmte Zeit als „stiller Partner" am Unternehmen beteiligen. Sie beansprucht dafür einen Anteil am Gewinn, muss aber auch Verluste mittragen.
5. Wie können Muslime Geld anlegen?	Klassisches Sparen mit festen Zinsen wie bei einem Sparbuch ist im Islamic Banking nicht möglich. Die Bank verwendet das Geld der Kunden für Finanzierungen, an deren Gewinn oder Verlust sie beteiligt sind.
6. Halten sich alle Muslime an die Vorschriften des Islamic Banking?	Längst nicht alle Muslime setzen auf religiös korrekte Produkte – schon gar nicht in Ländern wie Deutschland, wo die Nachfrage trotz etwa vier Millionen muslimischer Bürger verschwindend gering ist. Daran mag auch das Steuersystem schuld sein: Wenn erst die Bank das Haus kauft und dann der Kunde, wird die Grunderwerbsteuer zweimal fällig. Außerdem gibt es islamische Gelehrte, die durch ein Rechtsgutachten Ausnahmen vom Zinsverbot erlauben, nämlich dann, wenn es um den Erwerb von Wohneigentum zum Eigenbedarf geht.
7. Sind die Preisaufschläge bzw. die Gebühren von Islambanken nicht doch versteckte Zinsen?	Hinter dem Zinsverbot steckt ein Spekulations- und Wucherverbot. Geld darf nicht selbst zur Ware werden, sondern nur den Warenhandel erleichtern. Mit dem Verbot von Zinsen wird gesichert, dass es keinen von realwirtschaftlichen Vorgängen unabhängigen Preis für Geld geben kann. Gebühren sind dann Ausdruck für den Aufwand, der im Zusammenhang mit dem Leihen und Verleihen von Geld entsteht. Anders als Zinsen, die der Schuldner dem Gläubiger als Entgelt für überlassenes Kapital in Prozent pro Intervall zahlt, sind Bankgebühren das Entgelt für die Kreditleistung, hinter der eine realwirtschaftliche Transaktion stehen muss.

II.   Zitate aus dem Film: „Die Welt braucht ein islamisches Wirtschaftssystem"
Im Film kommen Bank- und Wirtschaftsexperten zu Wort. Einige Zitate werden hier wiedergegeben:

Simon Powley, Manager einer Islamischen Bank (European Finance House): „Ich glaube wirklich, dass die Prinzipien des islamischen Bankwesens bald auch bei uns übernommen werden."

„Ausbeutung jeder Art, maßlose Risiken und Geld bloß aus Geld machen. All diese Punkte sind im Islam streng verboten."

„Die gesamten Finanzgeschäfte müssen auf dem Kauf und Verkauf tatsächlicher Werte beruhen."

Loretta Napoleoni, Wirtschaftsjournalistin, vergleicht das westliche mit dem islamischen Finanzsystem und stellt fest, bei letzterem halten sich die Verluste in Grenzen. „Die islamische Finanzwelt ist anders. Sie haben keine Spekulationen."

„Man kann sagen, dass es da eine ethische Kontrolle über das Produkt gibt."

„Bei uns ist das Risiko zu einer Art Anlage geworden, die man handelt, und deren Wert steigt oder sinkt. Und deshalb sind wir genau da, wo wir jetzt sind."

„Wenn das islamische Finanzsystem uns helfen kann, wie ein neues Wirtschaftssystem aussehen könnte, dann sollten wir das annehmen. Wovor sollten wir denn Angst haben?"

Humayon Dar, islamischer Bankberater: „Das Wichtigste, was aber kaum einer erwähnt, ist die besondere Rolle der islamischen Finanzwelt. Sie kann die tiefe Kluft zwischen dem Islam und dem Westen überbrücken. Das ist vielleicht die beste Möglichkeit, die Moslems den Nicht-Moslems näherzubringen."

Raficq Abdullah, Islamwissenschaftler Kingston University: „Das westliche Bankensystem, die Regierungen müssen ja das Rad nicht neu erfinden. Es reicht schon, sich an das Rad zu erinnern, wenn man sich die islamische Finanzwelt anschaut."

1. Stunde: Einführung Islamic Banking (Phase: Problemorientierung/Erarbeitung)

Zeit	Unterrichts-sequenz	Inhalt, Ablauf, Methoden	Sozialformen	Medien
10'	Problemorien-tierung	Die Schlagzeilen über die Verurteilung des Investmentbankers Jérôme Kerviel und die päpstliche Empfehlung des Islamic Banking (L1) sind Impuls für das Unterrichtsgespräch über Vorwissen und Vorerfahrungen der SuS zum Islamic Banking. Lehrerfragen für das Unterrichtsgespräch: ➢ Haben Sie schon von der Verurteilung des Investmentbankers gehört? ➢ Was denken Sie über den Investmentbanker? ➢ Ist das Urteil gerecht? ➢ Wer hat schon von Islamic Banking gehört? ➢ Hat jemand schon Kundschaft gehabt mit besonderen ethischen/religiösen Interessen? ➢ Wie wirkt die Schlagzeile mit der Aussage von Papst Johannes Paul II. auf Sie? ➢ Wieso empfiehlt der Papst Islamic Banking?	UG	L1: Folie „Einführung"
25'	Erarbeitung	Filmbeitrag aus Kulturzeit „Die Welt braucht ein islamisches Wirtschaftssystem" wird gemeinsam angesehen (Youtube: https://youtu.be/Ma6ldmwp4wo, Dauer ca. 7 Min.). Der Film erklärt die Prinzipien des Islamic Banking und propagiert ethische Grundsätze im Bankenwesen. Nach dem Film bearbeiten die SuS M1 in PA und halten die Hauptaussagen des Films schriftlich fest.	PA	Film: PC mit Internetzugang/ CD-Rom, Beamer M1: Islamic Banking
10'	Auswertung	Besprechung der Arbeitsaufträge aus M1 im Plenum und Vertiefung im Unterrichtsgespräch. Ergebnissicherung (vgl. Lösungsvorschlag M1).	UG	Lösungsvorschlag M1: Islamic Banking

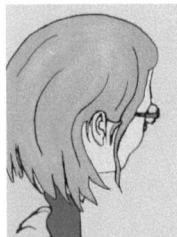

Frau Neumann ist Kundenberaterin bei der Sparkasse in Mannheim. In letzter Zeit hat sie zunehmend mit muslimischen Kunden zu tun.

In der Zeitung liest sie:

Urteil im Berufungsverfahren: Börsenhändler Kerviel soll fünf Milliarden Euro zurückzahlen

Er verursachte einen der größten Spekulationsverluste aller Zeiten. Der Börsenhändler Jérôme Kerviel wurde zu fünf Jahren Haft verurteilt und soll der Großbank Société Générale die verlorenen fünf Milliarden Euro zurückzahlen.

Portrait von Jérôme Kerviel, hier aus urheberrechtlichen Gründen nicht abgedruckt.

Zitiert aus: Spiegel online
Quelle: http://www.spiegel.de/wirtschaft/gericht-bestaetigt-urteil-gegen-ex-investmentbanker-kerviel-a-863150.html

Papst empfiehlt Islamisches Banking

Das offizielle Verlautbarungsorgan des Papstes, der „Osservatore Romano", fordert die westlichen Banken auf, von den muslimischen Instituten zu lernen.

Quelle: N-Schmitz / pixelio.de

Bildquelle: „Frau Neumann": Bachgasse | Büro für Gestaltung, Tübingen, www. bachgasse-bfg.de.

„Die Welt braucht ein islamisches Wirtschaftssystem" –

Kennzeichen des Islamic Banking

Zitate aus dem Film: „Die Welt braucht ein islamisches Wirtschaftssystem"

(1) Im Film kommen Journalisten, Banker und Wissenschaftler zu Wort, die von der zukunftsweisenden Bedeutung des Islamic Banking überzeugt sind. Stellen Sie deren Kritik am westlichen Bankwesen dar.

(2) Nennen Sie die zentralen Merkmale des Islamic Banking. Informieren Sie sich zusätzlich mit folgendem Text.

Auch Islambanken müssen sich nach wirtschaftlichen Gesichtspunkten richten. Sie können nur überleben, wenn sie für ihre Leistungen – die Vermittlung von Krediten und Geldanlagen – eine Gegenleistung bekommen. Dabei soll kein Zins fließen. Wie ist dies möglich?

Bei einem Hauskauf finanziert eine Islambank so: Die Bank erwirbt für ihren Kunden die Immobilie und wird dadurch Eigentümerin. Dann verkauft die Bank das Haus in Raten an den Kunden und zukünftigen Hauseigentümer weiter, und zwar zu einem vorher festgelegten, höheren Preis. Die Bank tritt als Zwischenhändler auf und macht so ein Handelsgeschäft mit vorher festgelegtem Gewinn. Dieses Vertragsmodell heißt „Murabaha"/(engl. Mark-up-sale).

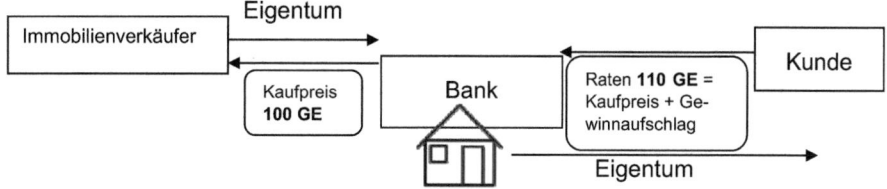

Durch das Vertragsmodell des Murabaha ist gesichert, dass sich die Kapitalvermittlung durch die Islambank stets auf konkrete Güter bezieht. Damit soll gesichert werden, dass mit Krediten und Geldanlagen nie reine Spekulationsgeschäfte getätigt werden. Bankkunden, die Geld anlegen, sollen und dürfen am Gewinn konkreter wirtschaftlicher Aktivitäten beteiligt werden, sie müssen aber auch die Verluste mittragen.

Lösungsvorschlag M1
Islamic Banking

(1) Im Film kommen Journalisten, Banker und Wissenschaftler zu Wort, die von der zukunftsweisenden Bedeutung des Islamic Banking überzeugt sind. Stellen Sie deren Kritik am westlichen Bankwesen dar.

- *Ausbeutung*
- *Maßlose Risiken*

(2) Nennen Sie die zentralen Merkmale des Islamic Banking. Informieren Sie sich zusätzlich mit folgendem Text.

- *Finanzgeschäfte müssen auf realen Geschäften basieren.*
- *Spekulationen sind verboten.*
- *Der Kapitalgeber muss auch das Verlustrisiko mittragen.*
- *Es gibt ethische Kontrollen über Finanzgeschäfte.*
- *Islamic Banking könnte eine Therapie zur Lösung und Vermeidung von Finanzkrisen sein.*
- *Erfolgsmodell mit hohen Wachstumsraten.*
- *Es herrscht ein Zinsverbot.*
- *Beim Hauskauf wird die Bank in Absprache mit dem Kunden und Hauskäufer Eigentümerin.*
- *Die Immobilie wird – versehen mit einem Preisaufschlag – in Raten an den zukünftigen Eigentümer verkauft.*

2. Stunde: Zinsverbot und alternatives Bankwesen (Phase: Erarbeitung)

Zeit	Unterrichtsse-quenz	Inhalt, Ablauf, Methoden	Sozialformen	Medien
20'	Erarbeitung	Im Lehrervortrag erhalten die SuS Informationen über die Entstehungszeit der Heiligen Schriften. Hierzu wird die Grafik auf dem Arbeitsblatt den SuS auf Folie (L2) gezeigt. Der Lückentext wird abgedeckt.	LV	L2: Grafik und Lösungsfolie „Heilige Schriften" M2: Heilige Schriften
		Im Anschluss erhalten die SuS das Arbeitsblatt (M2) mit der Aufgabe, ihr bisheriges Wissen zu überprüfen, indem sie die Lücken des Lückentextes in Einzelarbeit ausfüllen.	EA	
	Auswertung	Die Ergebnisse werden im Plenum mit der Lösungsfolie verglichen und besprochen.	UG	Vgl. L2
25'	Erarbeitung	In vier arbeitsungleichen Gruppen (M3a-d) erarbeiten sich die SuS die Grundsätze des religiös motivierten alternativen Bankwesens am Beispiel der islamischen iFIS-Bank und der christlichen Bank für Kirche und Diakonie sowie die Grundlagen des ethisch orientierten Bankwesens in den Heiligen Schriften von Christentum und Islam. Die SuS sollen ihre Arbeitsergebnisse schriftlich festhalten und einen Gruppensprecher für die Expertenrunde (L3) in der kommenden Stunde bestimmen.	arbeitsunglei-che GA	L3: Expertenrunde M3a: Islambank M3b: Christliche Alternativ-bank M3c: Bibel M3d: Koran

Entstehungszeiträume von Bibel und Koran

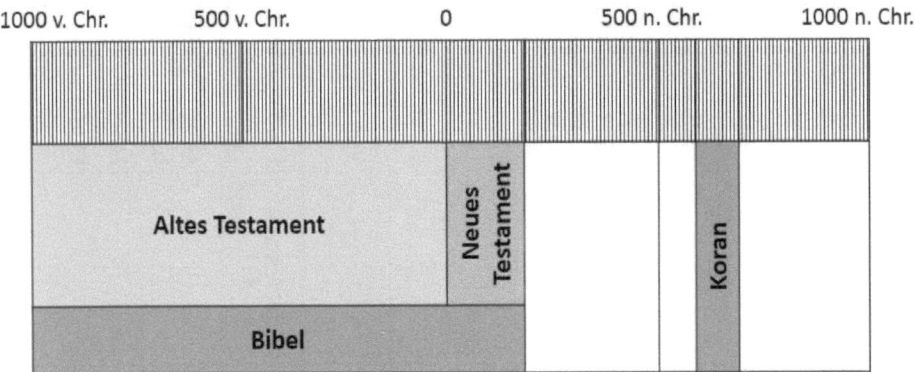

Umgang mit Heiligen Schriften
Bibel aus christlicher Sicht   **Koran aus muslimischer Sicht**

- Heilige Schrift des <u>Christentums</u>
- von <u>verschiedenen Menschen</u> zu <u>verschiedenen Zeiten</u> geschriebene Texte (zwischen ca. 1000 v.Chr. und 100 n.Chr.)

- Aufteilung in <u>Erstes/Altes und Neues Testament</u>; darin jeweils verschiedene „<u>Bücher</u>"
- <u>kritische</u> Beurteilung biblischer Aussagen

- Außerhalb des Gottesdienstes <u>kein besonderer</u> Umgang mit der Bibel vorgegeben

- Heilige Schrift des <u>Islam</u>
- *Wort Gottes*, das dem <u>Propheten</u> <u>Mohammed</u> durch den Engel Gabriel im Laufe von <u>23</u> Jahren übermittelt wurde (610-632 n.Chr.)
- Aufteilung in <u>114</u> Suren (Kapitel), die nicht chronologisch, sondern <u>der Länge nach</u> geordnet sind
- Auslegung des Korans <u>in Koran-</u> <u>kommentaren</u> v.a. als Erläuterung zum Verständnis der einzelnen Verse (Bedeutung, Anlass, Reihenfolge)
- <u>besonders respektvoller Umgang</u> mit dem Koran (z.B. rituelle Waschung vor dem Anfassen/Lesen, nicht auf den Boden legen, nicht in arabischen Originaltext schreiben)

Entstehungszeiträume von Bibel und Koran

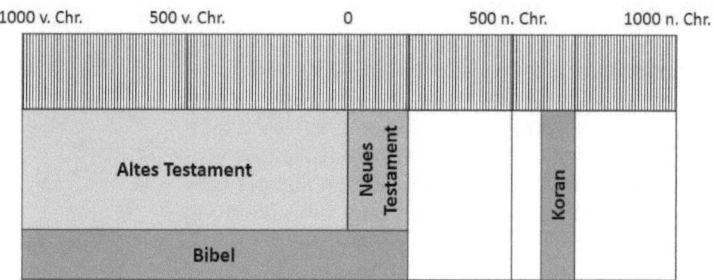

Umgang mit Heiligen Schriften

Bibel aus christlicher Sicht

- Heilige Schrift des
  _____

- von verschiedenen
  _____ zu
  _____ Zeiten ge-
  schriebene Texte

- Aufteilung in
  _____
  _____; darin je-
  weils verschiedene
  _____

- _____ Beurtei-
  lung biblischer Aussagen

- Außerhalb des Gottesdienstes
  _____ Um-
  gang mit der Bibel vorgegeben

Koran aus muslimischer Sicht

- Heilige Schrift des _____

- _____, das
  durch den Engel Gabriel im Laufe von
  _____ Jahren übermittelt wurde

- Aufteilung in _____, die nicht
  chronologisch, sondern
  _____ geordnet sind

- Auslegung des Korans
  _____ v.a. als Erläute-
  rung zum Verständnis der einzelnen
  Verse (Bedeutung, Anlass, Reihenfolge)

- _____ Umgang
  mit dem Koran (z.B. rituelle Waschung
  vor dem Anfassen/Lesen, nicht auf den
  Boden legen, nicht in arabischen Originaltext schreiben)

Lösungswörter:

kritische	Menschen	Islam	Wort Gottes	114 Suren
der Länge nach	in Korankommen-taren	Erstes/Altes und Neues Testa-ment	kein besonderer	verschiedenen
Bücher	22	besonders res-pektvoller	Christentums	Propheten Mohammed

L3
Expertenrunde

Erläuterung Expertenrunde

Die Schülerinnen und Schüler sitzen im Kreis, jeweils ein Gruppensprecher nimmt die Rolle der Expertin beziehungsweise des Experten (E) für ein Thema ein (Rädchen im Innenkreis), die Lehrkraft übernimmt die Rolle des Moderators (M), ein Stuhl (X) bleibt frei für Mitschüler, die eine Frage stellen, eine Information geben oder eine Meinung kundtun sollen.

Lehrkraft eröffnet die Expertenrunde:

Herzlich willkommen zu unserer Expertenrunde zum Thema „Umgang mit Geld in Christentum und Islam".

Sowohl Christen wie Muslime kennen ein Zinsverbot, das in ihrer Heiligen Schrift begründet wird. Auf der Grundlage der dort enthaltenen Regeln zum Umgang mit Geld haben sich alternative Banken entwickelt.

Zu unserer heutigen Runde haben wir Expertinnen und Experten eingeladen, die uns über diese Themen Auskunft geben können.

(An die Expertenrunde gewandt:)

Wir bitten Sie nun, das Thema Ihrer Gruppe vorzustellen und die Zuhörer über die Besonderheiten zu informieren.

Expertenrunde präsentiert; Möglichkeit für Fragen aus dem Publikum/der Klasse.

Möglichkeit, die Expertenstühle zu tauschen – wer etwas sagen möchte, tippt eine Expertin oder einen Experten an und nimmt diesen Platz ein.

Moderationsfragen für das weitere Gespräch:

- *Wo sind Gemeinsamkeiten, wo sind Unterschiede in der Begründung des Zinsverbots erkennbar?*
- *Wo sind Gemeinsamkeiten, wo sind Unterschiede bei islamischen und christlichen Alternativbanken erkennbar?*

M3a
Islambank

Gruppe 1: Die Grundsätze einer Islam-konformen Finanzeinrichtung
am Beispiel von INAIA Finance

Lesen Sie die Informationen aufmerksam, damit Sie in der Expertenrunde anschließend erklären können,

(1) welches Selbstverständnis den Finanzgeschäften von INAIA Finance zugrunde liegt.

(2) was Ausschlusskriterien sind und wie sie berücksichtigt werden.

Islamic Finance vereint Finanzdienstleistungen mit den religiösen Regeln des Islam. [...] Während im Westen ganze Investmenthäuser unter der Last von faulen Krediten zusammenbrechen, verzeichnet das islamische Finanzsystem zweistellige Wachstumsraten.

Doch was unterscheidet das islamische Finanzsystem vom konventionellen Finanzsystem?

Die Antwort ist: Nichts! Das islamische Finanzsystem ist keine Erfindung aus dem Orient, sondern lediglich eine Art Anleitung zum ethischen und fairen Wirtschaften.

Nach diesen Regeln verfahren wir bei INAIA und sortieren für unsere Kunden die Produkte aus, welche gerade nicht den folgenden Kriterien entsprechen. Diese sind beispielsweise:

- Das Zinsverbot, welches nicht nur Bestandteil der islamischen Glaubenslehre ist. Auch Judentum und Christentum lehnen ursprünglich Zinsen aus ethischen Gründen ab.

- Das Verbot von unsicheren Geschäften. Prinzipiell sind alle Transaktionen untersagt, welche ein unbestimmtes Ergebnis erzielen. Darunter fallen alle Spekulationen mittels Derivate, Hebelprodukte etc.

- Unethische Geschäfte. Sämtliche Geschäfte mit Firmen, die Profite aus Schweinefleischproduktion, Alkoholproduktion, Waffenproduktion, Glücksspiel, Pornografie, Zinsen etc. erzielen, sind untersagt.

Quelle: Auszug aus dem Internetauftritt der INAIA GmbH https://www.inaia.de/unternehmen/, Zugriff am 13.02.2017.

M3b
Christliche Alternativbank

Gruppe 2: Die Grundsätze einer christlichen Alternativbank
am Beispiel der Bank für Bank für Kirche und Diakonie eG – KD-Bank

Lesen Sie die Informationen aufmerksam, damit Sie in der Expertenrunde anschließend erklären können,

> **(1) welches Selbstverständnis den Bankgeschäften der KD-Bank zugrunde gelegt wird.**

> **(2) was Ausschlusskriterien sind und wie sie berücksichtigt werden.**

Die Bank für Kirche und Diakonie eG (KD-Bank) wurde 1925 als erste evangelische Bank in Deutschland gegründet. Vom Selbstverständnis her ist die KD-Bank eine „Genossenschaftsbank mit christlichen Wurzeln und Werten". Sie zielt nicht auf Gewinnmaximierung, sondern auf Förderung und Betreuung ihrer Mitglieder und Kunden, die sich ebenfalls an christlichen Werten orientieren. Das sind unter anderem Institutionen aus Kirche und Diakonie, also keine anonymen Kapitalgeber.

Verantwortung und Transparenz sollen das unternehmerische Handeln kennzeichnen. Kundengelder werden nachhaltig verwendet, so z.B. für die Finanzierung von sozialen Projekten wie den Bau von Altenheimen, Krankenhäusern und Kindergärten.

Bei der eigenen Geldanlage in Wertpapiere setzt die KD-Bank einen „Nachhaltigkeitsfilter" ein. Der Nachhaltigkeitsfilter orientiert sich an den Zielen Frieden, Gerechtigkeit und Bewahrung der Schöpfung. Unternehmen einer Branche, die sich im Hinblick auf diese Ziele vorbildlich verhalten, werden bevorzugt („Best-in-Class-Ansatz").

Die KD-Bank bestimmt Ausschlusskriterien, die dafür sorgen, dass die Bank in bestimmte Unternehmen und Länder gar nicht investiert.

Ausschlusskriterien für Unternehmen

Alkohol, Atomenergie, Arbeitsrechte, Embryonenforschung, Grüne Gentechnik, Kinderarbeit, Kontroverses Umweltverhalten, Menschenrechte, Pornografie, Rüstungsgüter, Tabak.

Quelle: zitiert nach: https://www.kd-bank.de/homepage.html, Zugriff am 13.02.2017.

Gruppe 3: Zinsverbot in Bibel

Lesen Sie die beiden folgenden Texte aufmerksam, damit Sie in der Expertenrunde anschließend erklären können,

(1) wann, weshalb und wozu das biblische Zinsverbot begründet wurde.
(2) wie das Zinsverbot von Christen in der Geschichte interpretiert wurde und heute interpretiert wird.

Altes Testament: 2. Mose 22,24	Wenn du Geld verleihst an einen aus meinem Volk, an einen Armen neben dir, so sollst du an ihm nicht wie ein Wucherer handeln; du sollst keinerlei Zinsen von ihm nehmen.
Neues Testament: Lk 6,35	Vielmehr liebet eure Feinde; tut wohl und leihet, wo ihr nichts dafür hoffet, so wird euer Lohn groß sein und ihr werdet Kinder des Allerhöchsten sein; denn er ist gütig über die Undankbaren und Bösen.

Zinsverbot in der Bibel

Die im Alten Testament erhobene Forderung, Geld ohne Zins zu verleihen, wird vor den damaligen gesellschaftlichen Gegebenheiten verständlich. In Israel drohte im 8. Jh. v. Chr. die Spaltung der Gesellschaft, die aus zwei Schichten bestand – einer traditionellen, auf Selbstversorgung ausgerichteten kleinbäuerlichen Bevölkerung und einer wohlhabenden Schicht aus Großgrundbesitzern und Kaufleuten. Die Kleinbauern gerieten zunehmend in wirtschaftliche Schwierigkeiten. Sie waren oft gezwungen, durch Aufnahme von Krediten über die Runden zu kommen – Zinssätze von 100% waren keine Seltenheit. Konnten sie einen Kredit nicht zurückzahlen, so mussten sie dem Darlehensgeber zuerst ihren Acker, d.h. einen Teil der nächsten Ernte, verpfänden. Reichte auch das nicht mehr aus, mussten sie zuerst ihre Familienangehörigen und schließlich sich selbst in die Schuldknechtschaft verkaufen, d.h. eine bestimmte Zeit lang für den Kreditgeber ihre Schulden abarbeiten.

Damit wurden weite Teile der Kleinbauern in die Abhängigkeit der Oberschicht getrieben und verarmten dauerhaft. Der von Gott gestiftete Bund und die Solidarität untereinander drohten so zu zerbrechen. Abgelehnt wurde also insbesondere der Wucherzins in Konsumkrediten, der Notlagen von Bedürftigen ausnutzt und dauerhaft zementiert. Das Zinsverbot macht deutlich, dass Schuldner und Gläubiger, Arme wie Begüterte in einer engen Lebensgemeinschaft stehen, die es zu schützen gilt.

Für Jesus blieb das Zinsverbot des Alten Testaments gültig. Auch in den Schriften des Neuen Testaments (1. Jh. n. Chr.) werden Geld und Besitz als Güter gesehen, die in einer Gemeinschaft einen hohen Stellenwert einnehmen, weil sie zu ihrem Funktionieren lebensnotwendig sind. Immer wieder wird herausgestellt, dass mit Geld und Besitz verantwortlich umgegangen werden muss. Unüberhörbar ist Jesu Mahnung, sich vor jeglicher Habgier zu hüten. Denn der Sinn des Lebens besteht nicht darin, dass ein Mensch aufgrund seines großen Vermögens im Überfluss lebt, sondern auch auf die Belange des Nächsten blickt, der möglicherweise in Armut lebt.

Zinsverbot bei Christen heute

Das biblische Zinsverbot fand auch über die Jahrhunderte im christlichen Abendland Geltung. Mit dem Beginn der Neuzeit, an der Wende vom 15. zum 16. Jh., jedoch änderte sich dies. Der steigende Kapitalbedarf einer schnell wachsenden Wirtschaft war ohne den gewerblichen Geldverleih nicht möglich. Zunächst wurden Geldgeschäfte im Wesentlichen auf den jüdischen Teil der Bevölkerung übertragen. Auf diese Weise konnte das kirchliche Zinsverbot umgangen werden. Von Seiten der Juden wurde das alttestamentliche Zinsverbot in der Weise interpretiert, dass es sich ausschließlich auf die jüdische Glaubensgemeinschaft bezog. Im weltlichen Rechtssystem wurde das Zinsverbot im 16. Jh. aufgelöst, innerhalb der katholischen Kirche im 19. Jh.

Im Vordergrund der christlichen Zinsfrage heute steht der verantwortliche Umgang mit Geld. Geldgeschäfte sollen sozialverträglich, ökologisch und generationengerecht erfolgen. Das Zinsverbot wird also als ein Wucherverbot ausgelegt, welches das Ausnutzen von Notlagen armer Menschen verhindern soll. Durch Geldgeschäfte sollen keine dauerhaften Abhängigkeiten und keine immer größer werdenden Schuldenberge entstehen. Deshalb engagieren sich die Kirchen für einen Schuldenerlass der ärmsten Länder. Christliche Alternativbanken bieten Finanzprodukte an, die sich an ethischen Kriterien orientieren.

Gruppe 4: Zinsverbot im Koran

Lesen Sie die beiden folgenden Texte aufmerksam, damit Sie in der Experten-runde anschließend erklären können,

(1) wann, weshalb und wozu das Zinsverbot im Koran begründet wurde.
(2) wie das Zinsverbot von Muslimen in der Geschichte interpretiert wurde und heute interpretiert wird.

Koran: **Sure 2,275**	Die Zins verschlingen, stehen nicht anders auf, als einer aufsteht, den Satan mit Wahnsinn geschlagen hat. Dies, weil sie sagen: «Handel ist gleich Zinsnehmen», während Allah doch Handel erlaubt und Zinsnehmen untersagt hat. …

Zinsverbot im Koran

Der Islam, die jüngste der Weltreligionen, entstand im frühen 7. Jahrhundert auf der Arabischen Halb-insel, einem damals hauptsächlich von Beduinen bewohnten Wüsten- und Steppengebiet. Die Gesell-schaftsstruktur Arabiens war zu dieser Zeit durch das Klan- und Stammeswesen und den Gegensatz zwischen Nomaden und Sesshaften geprägt. Mekka, die Heimatstadt des Propheten Mohammeds, hatte sich aufgrund ihrer günstigen Lage an der Weihrauchstraße zu einer Handelsmetropole entwickelt. Dennoch lebte ein Großteil der Bevölkerung außerhalb der Städte in Zelten und ernährte sich notdürftig von Milch und Datteln. Oft herrschte Blutfehde zwischen den Stämmen.

Mohammed begann im Jahr 613 in Mekka öffentlich zu predigen. Er stellte die alten Gesellschafts-strukturen Arabiens, in denen die Armen und Schwachen benachteiligt waren, in Frage. Vor Allah, so lehrte er, sind alle Gläubigen gleich; Erfolg lässt sich nicht am materiellen Reichtum ablesen. Am Tag des Jüngsten Gerichts, so seine Lehre, müssen sich alle für ihre Taten verantworten. Die ersten Anhän-ger Mohammeds wurden verfolgt, als sie begannen, die alte Ordnung in Frage zu stellen, da diese nicht nur mit ideellen, sondern auch materiellen Interessen verbunden waren.

In diesem Zusammenhang ist das im Koran festgelegte Zinsverbot zu sehen: In vor-islamischer Zeit war es üblich, dass bei zahlungsunfähigen Schuldnern zur Stundung des Fälligkeitstermins der ursprünglich zu zahlende Betrag verdoppelt oder gar verdreifacht wurde. Zumeist traf diese Praxis ärmere Bevölkerungsschichten, v.a. Bauern, die Saatgut kaufen mussten, ohne über ausreichendes Kapital zu verfügen. In Folge wiederholter Missernten konnten die Bauern ihre Schulden nicht begleichen und die Zinsschuld trieb so manchen in immer höher werdende Schulden. Das Zinsverbot ist in diesem Sinne als ein Akt sozialer Gerechtigkeit zu sehen, der eine Ausbeutung der Armen verhindern soll. Die neue Botschaft begünstigte die unteren Schichten der Gesellschaft und stellte somit subversiv die bestehende soziale Ordnung in Frage.

Zinsverbot bei Muslimen heute

Auch heute kann nach islamischer Auffassung Geld nicht als Ware gehandelt werden, für die es einen Preis – den Zins – gibt. Geld wird lediglich als Tauschmittel für Waren betrachtet. Es ist für Muslime nicht erlaubt, anderen Geld zu leihen und dafür, ohne eigene Arbeit gewissermaßen, Zinsen einzustrei-chen. Auch spekulative Finanzgeschäfte und Glücksspiel sind nicht islamkonform. Handel und Gewinne machen dagegen sind im Islam ausdrücklich erwünscht. Wichtig ist, dass der Kapitalgeber bzw. Bank-kunde bei Geldanlagen selbst ein Risiko trägt.

Das Islamic Banking ist ein relativ junges System und nicht in dem Maß standardisiert wie das kon-ventionelle Bankwesen. Mitte der 60er-Jahre gab es in Ägypten Experimente mit Islamic Banking, die erste private islamische Geschäftsbank entstand 1975 in Dubai. In Pakistan, Iran und Sudan beispiels-weise sind Banken gesetzlich zum Islamic Banking verpflichtet. In den 90er-Jahren verbreitete sich das religiöse Banking auch außerhalb der islamischen Welt. 2004 wurde die Islamic Bank of Britain gegrün-det, 2007 führte die Deutsche Bank in Frankfurt ein islamkonformes Fondsangebot ein, seit 2010 gibt es mit der Kuweyt Türk Bank in Mannheim die erste Islambank in Deutschland. Die Finanz- und Wirt-schaftskrise, ausgelöst durch die Immobilienkrise in den USA im Jahre 2008, haben die Islambanken ohne große Verluste überstanden. Bei einem Marktanteil von 1% weltweit gibt es Wachstumsraten von bis zu 20%.

Lösungsvorschlag M3a
Islambank

Gruppe 1: Die Grundsätze einer Islambank
am Beispiel der iFIS-Bank (islamic Finance Investment Solutions)

Lesen Sie die Informationen aufmerksam, damit Sie in der Expertenrunde anschließend erklären können,

(1) welches Selbstverständnis den Bankgeschäften der iFIS-Bank zugrunde liegt.

- *Finanzgeschäfte werden schariakonform gestaltet.*
- *Islamisches Finanzsystem ist damit erfolgreicher als das westliche Banksystem.*

(2) was Ausschlusskriterien sind und wie sie berücksichtigt werden.

- *Investitionen in Firmen, die mit Alkohol, Schweinefleisch, Prostitution usw. handeln, sind verboten.*

Lösungsvorschlag M3b
Christliche Alternativbank

Gruppe 2: Die Grundsätze einer christlichen Alternativbank
am Beispiel der Bank für Kirche und Diakonie (KD-Bank)

Lesen Sie die Informationen aufmerksam, damit Sie in der Expertenrunde anschließend erklären können,

(1) welches Selbstverständnis den Bankgeschäften der KD-Bank zugrunde gelegt wird.

- *Christliche Werte liegen zugrunde; Verantwortung, Fairness, Transparenz, Menschlichkeit; Nachhaltigkeit stehen gleichberechtigt neben Rendite und Sicherheit.*
- *Nachhaltigkeitsfilter: es wird geprüft, ob die Vertragspartner Verantwortung gegenüber der natürlichen Umwelt (Naturverträglichkeit), den Mitarbeitern (Sozialverträglichkeit), der Gesellschaft und den Kulturen (Kulturverträglichkeit) wahrnehmen.*
- *Best-in-Class-Ansatz: es wird in Unternehmen investiert, die sich innerhalb der Branche vorbildlich verhalten.*

(2) was Ausschlusskriterien sind und wie sie berücksichtigt werden.

- *Mit Unternehmen mit bestimmten Geschäftsinhalten werden keine vertraglichen Beziehungen eingegangen (bspw. Rüstung, Atomenergie).*

Lösungsvorschlag M3c
Bibel

Gruppe 3: Zinsverbot in der Bibel

Lesen Sie die beiden folgenden Texte aufmerksam, damit Sie in der Experten-runde anschließend erklären können,

(1) wann, weshalb und wozu das biblische Zinsverbot begründet wurde.

- *Das biblische Zinsverbot wurde im 8. Jh. v. Chr. begründet.*
- *Es sollte die Spaltung der Gesellschaft in Arme und Reiche verhindern.*
- *Bedürftige durften nicht mit Wucher-Konsumkrediten in die dauerhafte Abhängig-keit und in die Sklaverei getrieben werden. Sinn des Zinsverbotes war die Erhaltung der gesellschaftlichen Solidarität.*
- *Mit Geld und Besitz soll verantwortlich umgegangen werden; Jesus verurteilt Hab-gier.*
- *Auch die Not des Nächsten soll gesehen werden.*

(2) wie das Zinsverbot von Christen in der Geschichte interpretiert wurde und heute interpretiert wird.

- *Bis ins 16. Jh. wurde das biblische Zinsverbot berücksichtigt. Das dann einset-zende Wirtschaftswachstum gibt der Geldwirtschaft mehr Bedeutung. Seit dem 19. Jh. ist in der westlichen Welt das Zinsverbot aufgehoben und als Wucherverbot ausgelegt. Im Zentrum steht, dass mit Geld verantwortungsvoll, nachhaltig und so-lidarisch umgegangen werden soll.*

Lösungsvorschlag M3d
Koran

Gruppe 4: Zinsverbot im Koran

Lesen Sie die beiden folgenden Texte aufmerksam, damit Sie in der Experten-runde anschließend erklären können,

(1) wann, weshalb und wozu das Zinsverbot im Koran begründet wurde.

- *Das Zinsverbot wurde im 7. Jh. n. Chr. im Koran begründet.*
- *Das Zinsverbot ist eine Reaktion auf die in vorislamischer Zeit üblichen Handels-geschäfte, die dazu führten, dass ärmere Bevölkerungsteile, v.a. Bauern, immer mehr verarmten.*
- *Ziel des Zinsverbotes ist, soziale Ungerechtigkeit zu bekämpfen und die Ausbeu-tung der ärmeren Bevölkerungsteile zu verhindern.*

(2) wie das Zinsverbot von Muslimen in der Geschichte interpretiert wurde und heute interpretiert wird.

- *Bis heute kann im Islam Geld nicht als Ware gehandelt werden. Geld wird als Tauschmittel für Waren betrachtet, d.h. hinter Geld muss immer ein realer Wert stehen.*
- *Beim Islamic Banking gibt es Vertragsmodelle, wie Banken ohne Zinsen Darlehen und Geldanlagen ermöglichen können.*

3. **Stunde: Expertenrunde Umgang mit Geld in Christentum und Islam (Phase: Ergebnissicherung)**

Zeit	Unterrichtsse-quenz	Inhalt, Ablauf, Methoden	Sozialformen	Medien
25'	Ergebnissiche-rung	In einer offenen Expertenrunde präsentieren die Gruppensprecher die zentralen Inhalte ihres Informationsmaterials (Erläuterung siehe L3)	Experten-runde/Stuhlkreis GA und UG Ple-num	Lösungsvor-schlag M3a-d aus der vorhe-rigen Stunde
20'	Ergebnissiche-rung	Zentrale Inhalte der offenen Expertenrunde werden auf dem Kon-trollblatt (M4) im Plenum festgehalten	UG	M4: Kontroll-blatt

Kontrollblatt zur Expertenrunde:

Was man über Umgang mit Geld in Christentum und Islam wissen sollte:

Gruppe 1:

Die Grundsätze einer Islambank am Beispiel der iFIS-Bank: Selbstverständnis und Ausschlusskriterien

Gruppe 2:

Die Grundsätze einer christlichen Alternativbank am Beispiel der Bank für Kirche und Diakonie:

Selbstverständnis und Ausschlusskriterien

Gruppe 3:

Zinsverbot in der Bibel: Entstehung und Wirkungsgeschichte

Gruppe 4:

Zinsverbot im Koran: Entstehung und Wirkungsgeschichte

Kontrollblatt zur Expertenrunde:

Was man über Umgang mit Geld in Christentum und Islam wissen sollte:

Gruppe 1:

Die Grundsätze einer Islambank am Beispiel der iFIS-Bank: Selbstverständnis und Ausschlusskriterien

- *Finanzgeschäfte werden schariakonform gestaltet.*
- *Islamisches Finanzsystem ist damit erfolgreicher als das westliche Banksystem.*
- *Investitionen in Firmen, die mit Alkohol, Schweinefleisch, Prostitution usw. handeln, sind verboten.*

Gruppe 2:

Die Grundsätze einer christlichen Alternativbank am Beispiel der Bank für Kirche und Diakonie:

Selbstverständnis und Ausschlusskriterien

- *Christliche Werte liegen zugrunde; Verantwortung, Fairness, Transparenz, Menschlichkeit; Nachhaltigkeit stehen gleichberechtigt neben Rendite und Sicherheit.*
- *Mit Unternehmen mit bestimmten Geschäftsinhalten werden keine vertraglichen Beziehungen eingegangen (bspw. Rüstung, Atomenergie).*

Gruppe 3:

Zinsverbot in der Bibel: Entstehung und Wirkungsgeschichte

- *Das biblische Zinsverbot wurde im 8. Jh. v. Chr. begründet.*
- *Es sollte die Spaltung der Gesellschaft in Arme und Reiche verhindern.*
- *Bedürftige durften nicht mit Wucher-Konsumkrediten in die dauerhafte Abhängigkeit und in die Sklaverei getrieben werden. Sinn des Zinsverbotes war die Erhaltung der gesellschaftlichen Solidarität. Die Not des Nächsten soll gesehen werden.*
- *Mit Geld und Besitz soll verantwortlich umgegangen werden; Jesus verurteilt Habgier.*
- *Bis ins 16. Jh. wurde das biblische Zinsverbot berücksichtigt. Seit dem 19. Jh. ist in der westlichen Welt das Zinsverbot aufgehoben und als Wucherverbot ausgelegt. Im Zentrum steht, dass mit Geld verantwortungsvoll, nachhaltig und solidarisch umgegangen werden soll.*

Gruppe 4:

Zinsverbot im Koran: Entstehung und Wirkungsgeschichte

- *Das Zinsverbot wurde im 7. Jh. n. Chr. im Koran begründet.*
- *Das Zinsverbot ist eine Reaktion auf die in vorislamischer Zeit üblichen Handelsgeschäfte, die dazu führten, dass ärmere Bevölkerungsteile, v.a. Bauern, immer mehr verarmten.*
- *Ziel des Zinsverbotes ist, soziale Ungerechtigkeit zu bekämpfen und die Ausbeutung der ärmeren Bevölkerungsteile zu verhindern.*
- *Bis heute kann im Islam Geld nicht als Ware gehandelt werden. Geld wird als Tauschmittel für Waren betrachtet, d.h. hinter Geld muss immer ein realer Wert stehen.*
- *Beim Islamic Banking gibt es Vertragsmodelle, wie Banken ohne Zinsen Darlehen und Geldanlagen ermöglichen können.*

4. Stunde: Muslimisches Leben in Deutschland/Quizduell (Phase: Erarbeitung/Konsolidierung)

Zeit	Unterrichtssequenz	Inhalt, Ablauf, Methoden	Sozialformen	Medien
15'	Erarbeitung	Die SuS erarbeiten sich anhand der Familiengeschichte von Merve und Deniz Erdal (M5) Hintergrundinformationen zum Islam und zum muslimischen Leben in Deutschland.	EA	M5: Fallgeschichte
10'	Auswertung	Im Plenum ist Möglichkeit für Rückfragen.	UG	Lösungsvorschlag M5: Fallgeschichte
20'	Konsolidierung	„Quizduell interreligiös": Die SuS beantworten die 32 verschiedenen Fragen zu alternativem Bankwesen, Zinsverbot, muslimischem Leben in Deutschland. In der PPT erfolgt circa alle 15 Sekunden ein Folienwechsel mit neuer Frage, sodass ein Wettbewerbscharakter mit Lernerfolgskontrolle entsteht.	EA	PPT/CD-Rom Beamer L4: Quiz als Präsentation L5: Spielanleitung M6: Quizduell M7: Lösungen Quizduell

Fallgeschichte Familie Erdal:

Muslimisches Leben in Deutschland

Deniz Erdal, 34 Jahre, Enkel von türkischen Einwanderern, ist junger Familienvater mit deutscher Staatsbürgerschaft. Er ist Gas- und Wasserinstallateur und hat vor drei Jahren den Handwerksbetrieb seines Ausbildungsmeisters übernommen. Seit 12 Jahren ist er mit Merve verheiratet. Auch sie ist in Deutschland geboren; ihre Großeltern kamen wie die meisten Einwanderer aus der Türkei als Gastarbeiter in den 1970er Jahren nach Deutschland.

Merve arbeitet in Teilzeit als Krankenpflegerin. Zusammen haben sie zwei Kinder. Beide haben die deutsche Staatsbürgerschaft. Seit 2014 gilt, dass in Deutschland geborene Kinder von Eltern mit Migrationshintergrund eine doppelte Staatsbürgerschaft haben dürfen, wenn sie bis zu ihrem 21. Geburtstag acht Jahre in Deutschland gelebt oder sechs Jahre lang eine deutsche Schule besucht haben.
Im Islam haben die Kinder die Religion des Vaters und müssen muslimisch erzogen werden. In Deutschland leben ca. 20% der Muslime in einer interreligiösen Ehe. Ehen zwischen muslimischen Männern und christlichen oder jüdischen Frauen sind erlaubt. Dies wird religiös damit begründet, dass jeder Muslim seiner Frau bestimmte Rechte zusichern muss (z.B. Unterhalt, freie Religionsausübung). Heiratet eine Muslima einen Mann mit einer anderen Religion, ist aus muslimischer Sicht nicht gewährleistet, dass ihr diese Rechte gewährt werden und sie muslimisch bleiben darf.

Die Familie gehört also zu den 5% muslimischen Einwohnern, die es insgesamt in Deutschland gibt. Sie zählen sich zu den Sunniten, der größten muslimischen Glaubensrichtung in Deutschland.

Merve trägt kein Kopftuch. In Deutschland tragen etwas mehr als ein Viertel der Muslimas ein Kopftuch. Im Alltagsleben achtet Merve – wie die überwiegende Mehrheit der deutschen Muslime – darauf, dass gemäß islamischen Speisevorschriften kein Schweinefleisch verzehrt wird. Auch wird in der Familie kein Alkohol getrunken.

Deniz' Vater ist Vorbeter in der örtlichen Moscheegemeinde, die als selbständiger Verein gegründet wurde und organisatorisch nicht in eine übergeordnete Institution eingebunden ist. Damit unterscheiden sich Moscheegemeinden von einer christlichen Kirchengemeinde, die eine Zentrale in ihrer jeweiligen Landeskirche bzw. Diözese hat. Allerdings gibt es in Deutschland mittlerweile einige islamische Dachverbände, welche die Interessen der Muslime in Deutschland vertreten wollen.

Auch Deniz' Familie besucht regelmäßig das Freitagsgebet, bei dem immer auch das Glaubensbekenntnis – eine tragende Säule des islamischen Glaubens – gesprochen wird. Mit dem Satz: *„Ich bezeuge, dass es keine Gottheit außer Gott gibt und dass Mohammed der Gesandte Gottes ist"* wird die Zugehörigkeit eines Menschen zum Islam bekundet. Neugeborenen wird dieses Bekenntnis gleich nach der Geburt ins Ohr geflüstert, um ihre islamische Religionszugehörigkeit zu bestätigen.

Die fünf Säulen des Islam

GLAUBE | GEBET | ALMOSEN | FASTEN | PILGERFAHRT

Das im Islam geforderte fünfmalige Tagesgebet praktizieren jedoch – wie über zwei Drittel der Muslime in Deutschland – weder Deniz noch Merve. Wichtig ist ihnen allerdings das Fasten im Ramadan. Deniz muss bei seiner körperlich auch anstrengenden Tätigkeit darauf achten, dass er vor der Morgendämmerung ein Frühstück zu sich nimmt, weil er dann bis zur Abenddämmerung nichts mehr essen und trinken und keinen Geschlechtsverkehr haben darf. Zudem soll er sich in Wort und Tat von allem Schlechten fernhalten. Auch die Pilgerfahrt nach Mekka haben die beiden als eine der Pflichten für gläubige Muslime schon erfüllt. Das fünfmalige Gebet, Fasten im Ramadan und die Pilgerfahrt nach Mekka gehören zu den fünf Säulen des Islam; das Glaubensbekenntnis und die Armensteuer sind zwei weitere Säulen. Muslime sind verpflichtet, von ihrem Reichtum einen bestimmten Teil an Bedürftige zu spenden, um so ihre Dankbarkeit gegenüber Gott auszudrücken und für soziale Gerechtigkeit zu sorgen.

Die fünf Säulen sind tragende Bausteine für die Glaubenspraxis von Muslimen. Daneben gibt es die sechs Glaubensgrundsätze, die das Fundament des islamischen Glaubensbekenntnisses sind: Der Glaube an Gott, an die Engel, an die Schriften, an die Propheten, an den Jüngsten Tag und an die Vorherbestimmung. Auf Letztere beziehen sich Muslime, wenn sie Schicksalsschläge bewältigen müssen. Der Glaube an die Vorherbestimmung hilft ihnen, auch in unangenehmen Situationen den Willen Gottes zu sehen und sie als gottgegeben anzunehmen. Außerdem gibt ihnen der Glaube an den Jüngsten Tag und die Auferstehung die Gewissheit auf ein gerechtes Urteil über alle ihre Taten, die im Laufe ihres Lebens von den Engeln aufgeschrieben werden. Gewalt gegenüber Mitmenschen gehört dabei zu den Taten, die im Islam und von der Mehrheit der Muslime abgelehnt werden.

| **Sechs Glaubensgrundsätze:** |
| Glaube |
| 1. an Gott, |
| 2. an die Engel, |
| 3. an die Schriften, |
| 4. an die Propheten, |
| 5. an den Jüngsten Tag, |
| 6. an die Vorherbestimmung |

Für Deniz und Merve ist es wichtig, dass die Vorschriften des Islam und die Glaubensgrundsätze auch im Alltag der Familie zur Geltung kommen. So haben sie ihre Kinder ermuntert, bei den Streitschlichterprojekten in der Schule mitzumachen, weil sie – wie die Mehrzahl der Muslime in Deutschland – Gewalt strikt ablehnen. Ihre Kinder waren im Katholischen Kindergarten, weil sich die Eltern über die vielen Gemeinsamkeiten in der christlichen und der islamischen Religion bewusst sind: Beide Religionen sehen beispielsweise in Abraham den Stammvater; sowohl in der Bibel wie im Koran wird von der Schöpfung der Welt durch den einen Gott berichtet, und der Koran kennt Jesus, zwar nicht als den Sohn Gottes und den Gekreuzigten, aber als Propheten.

Für den Handwerksbetrieb von Deniz wird in einem Jahr eine größere Anschaffung nötig, die er nicht ohne einen Kredit schultern kann. Geldangelegenheiten wurden seither im Kreis der Großfamilie geregelt. Man half sich gegenseitig mit privaten Kurzdarlehen. Der jetzt benötigte Betrag übersteigt jedoch die Möglichkeiten der Angehörigen. Deniz will nun seine Ersparnisse für ein Jahr anlegen, um das benötigte Eigenkapital für ein Darlehen zu sichern. Der Koran schreibt jedoch ein Zinsverbot vor. D.h. man darf weder Zinsen bekommen, noch Zinsen bezahlen.

Aufgabe:

(1) Lesen Sie den Text.

(2) Unterstreichen Sie für sich neue Informationen, die Sie über muslimisches Leben in Deutschland erhalten.

Bildquellen: „Merve" und „Deniz": Bildquelle: Bachgasse | Büro für Gestaltung, Tübingen, www. bachgasse-bfg.de; „5 Säulen des Islam": EIBOR & KIBOR.

Fallgeschichte

(2) Informationen über muslimisches Leben in Deutschland:

- *Die meisten muslimischen Einwanderer nach Deutschland kamen in den 1970ern als Gastarbeiter (bzw. deren Angehörige) aus der Türkei.*
- *In Deutschland dürfen Kinder ausländischer Eltern zwei Staatsbürgerschaften haben, wenn sie bis zu ihrem 21. Geburtstag acht Jahre in Deutschland gelebt haben oder sechs Jahre lang eine deutsche Schule besucht haben.*
- *Im Islam wird die Religion über den Vater weitergegeben. Ehen zwischen muslimischen Männern und nichtmuslimischen Frauen sind deshalb im Islam erlaubt; umgekehrt sind jedoch Ehen zwischen Nichtmuslimen und Muslimas nicht erlaubt.*
- *In Deutschland leben ca. 20% der Muslime in solch einer religionsgemischten Ehe [zwischen Muslimen und Nichtmuslimen].*
- *In Deutschland gibt es 5% muslimische Einwohner.*
- *Sunniten sind die größte muslimische Glaubensrichtung in Deutschland.*
- *Ein Drittel der Muslimas in Deutschland tragen ein Kopftuch.*
- *Die Mehrheit der deutschen Muslime beachtet Speisevorschriften des Islam (z.B. kein Schweinefleisch, kein Alkohol).*
- *Moscheegemeinden sind selbständige Vereine und organisatorisch nicht in eine übergeordnete Institution eingebunden. Es gibt allerdings sogenannte Dachverbände.*
- *Mit dem Satz: „Ich bezeuge, dass es keine Gottheit außer Gott gibt und dass Mohammed der Gesandte Gottes ist" wird die Zugehörigkeit eines Menschen zum Islam bekundet.*
- *Fünf Säulen des Islam: Glaubensbekenntnis (wird Neugeborenen ins Ohr geflüstert), Gebet, Fasten, Pilgern, Almosen geben.*
- *Sechs Glaubensweisheiten: der Glaube an Gott, an die Engel, an die Schriften, an die Propheten, an den Jüngsten Tag und an die Vorherbestimmung.*
- *Die Mehrheit der Muslime lehnt Gewalt strikt ab.*
- *Abraham ist Urvater im Islam und Christentum.*
- *Bibel und Koran kennen die Schöpfung der Welt durch Gott.*
- *Jesus kommt im Koran als Prophet vor, nicht als Sohn Gottes und Gekreuzigter.*
- *Der Koran schreibt ein Zinsverbot vor. D.h. man darf weder Zinsen bekommen, noch Zinsen bezahlen.*

Präsentation „Quizduell interreligiös"

Dieses Quiz finden Sie in digitaler Form auf der beigefügten DVD.

Ab der Folie nach der Spielanleitung läuft die Präsentation selbständig durch. Die Folien wechseln circa alle 15 Sekunden. Die Zeit, um eine Frage zu beantworten, ist dadurch begrenzt.

„Quizduell interreligiös"

Spielanleitung

Ziel des Spieles: Durch die richtige Beantwortung der jeweils nur kurz eingeblendeten Fragen möglichst viele Punkte erreichen.

Vorbereitung:
- Die SuS erhalten je eine Kopie des „Quizduell interreligiös" (M6).
- Der Ablauf des Spiels wird erklärt.

Ablauf:
- Start der Präsentation: Sobald die erste Frage angezeigt wird, läuft die Präsentation selbständig weiter. Die Zeit, um eine Frage zu beantworten, ist dadurch begrenzt.
- Spiel: Alle SuS tragen den Buchstaben der jeweils richtigen Antwort auf ihrem Lösungsbogen ein.

Auswertung:
- Alle SuS bekommen zur Ergebnissicherung ein Lösungsblatt (M7).
- Für jede richtige Antwort gibt es einen Punkt. Wer die meisten Punkte hat, hat gewonnen.

Hinweis: Bei Frage fünf sind die Antworten a) und c) richtig.

Viel Spaß!

„Quizduell interreligiös"

Tragen Sie den Buchstaben für die richtige Lösung (a, b, c)
in das Feld neben die Nummer der Frage ein.

1)	17)
2)	18)
3)	19)
4)	20)
5)	21)
6)	22)
7)	23)
8)	24)
9)	25)
10)	26)
11)	27)
12)	28)
13)	29)
14)	30)
15)	31)
16)	32)

„Quizduell interreligiös" – Lösung

(Richtige Antworten sind fett gedruckt)

1.	Wohin soll ein gläubiger Muslim einmal im Leben pilgern?	a) b) c)	**Nach Mekka** Nach Kairo Nach Jerusalem
2.	Wie oft muss ein gläubiger Muslim beten?	a) b) c)	Dreimal täglich **Fünfmal täglich** Immer mittwochs
3.	Wann fasten Muslime im Ramadan?	a) b) c)	Von 8 Uhr bis 20 Uhr **Von der Morgendämmerung bis zur Abenddämmerung** Immer freitags
4.	Muslime sollen an Bedürftige spenden, weil …	a) b) c)	**sie verpflichtet sind, aus Dankbarkeit von ihrem Reichtum etwas abzugeben** Mohammed selbst Bettler war Bedürftige nicht betteln dürfen
5.	Was passt nicht zu den fünf Säulen des Islam?	a) b) c)	**Glaubensbekenntnis, Fasten, Kopfbedeckung** Gebet, Armensteuer, Pilgerfahrt **Pilgerfahrt, Alkoholverzicht, Fasten**
6.	Der Glaube an den Jüngsten Tag beinhaltet, dass …	a) b) c)	**es eine Auferstehung gibt** das Weltende bevorsteht alle Menschen ins Paradies kommen
7.	Der Glaube an die Vorherbestimmung bedeutet, dass …	a) b) c)	Gläubige sich nicht selbst anstrengen sollen **Gläubige auch unangenehme Situationen als gottgegeben akzeptieren sollen** nur Auserwählte auferstehen
8.	Der Glaube an die Engel beinhaltet, dass …	a) b) c)	**gute wie böse Taten von Engeln aufgeschrieben werden** jeder seinen persönlichen Schutzengel hat Verstorbene zu Engeln werden
9.	Welche Aussage passt nicht zu den sechs Glaubenssätzen für Muslime?	a) b) c)	Der Glaube an die Schriften Der Glaube an die Engel **Der Glaube an die Vorfahren**
10.	Türkische Migranten kamen nach Deutschland überwiegend als …	a) b) c)	Asylsuchende **Gastarbeiter** Touristen
11.	In Deutschland geborene Kinder von Eltern mit Migrationshintergrund …	a) b) c)	**können unter bestimmten Bedingungen zwei Staatsbürgerschaften besitzen** müssen sich für eine Staatsbürgerschaft entscheiden haben automatisch nur die deutsche Staatsbürgerschaft
12.	Ist folgende Aussage richtig oder falsch? Heutzutage sind bei Muslimen in Deutschland religionsgemischte Ehen die Regel.	a) b)	Richtig **Falsch (Heutzutage leben ca. 20% der Muslime in einer religionsgemischten Ehe in Deutschland)**
13.	Ist folgende Aussage richtig oder falsch? Bei den Muslimen in Deutschland gibt es analog zu den christlichen Kirchen Vereinigungen für die jeweiligen Bundesländer.	a) b)	Richtig **Falsch (Im Islam gibt es keine mit den christlichen Kirchen vergleichbaren Vereinigungen für die jeweiligen Bundesländer)**
14.	Ist folgende Aussage richtig oder falsch? Eine Studie des deutschen Innenministeriums (2012) ergab, dass die Mehrheit der Muslime Gewalt befürwortet.	a) b)	Richtig **Falsch (Eine Studie des deutschen Innenministeriums (2012) ergab, dass die Mehrheit der Muslime Gewalt scharf ablehnt)**

15.	Wie viel Prozent der Bevölkerung in Deutschland sind muslimisch?	a)	Ca. 25%
		b)	**Ca. 5%**
		c)	Ca. 15%
16.	Wie viel Prozent der Muslime in Deutschland geben an, dass sie täglich beten?	**a)**	**30%**
		b)	90%
		c)	3%
17.	Wie viel Prozent der muslimischen Frauen in Deutschland tragen Kopftuch?	a)	90%
		b)	**25%**
		c)	10%
18.	Wie viel Prozent der Muslime in Deutschland verzichten aus religiösen Gründen auf bestimmte Speisen und Getränke?	a)	Mehr als 30%
		b)	Mehr als 50%
		c)	**Mehr als 80%**
19.	Christen glauben, dass …	a)	Jesus in Nazareth geboren wurde
		b)	Jesus in Jerusalem begraben ist
		c)	**Jesus gekreuzigt wurde**
20.	Muslime glauben, dass …	a)	Jesus Gottes Sohn war
		b)	**Jesus Marias Sohn war**
		c)	Jesus gekreuzigt wurde
21.	Wer bzw. was wird sowohl in der Bibel als auch im Koran erwähnt?	**a)**	**Jesus, Abraham, Schöpfung**
		b)	Maria, Jesus, Apostel Paulus
		c)	Abraham, Apostel Paulus, Schöpfung
22.	Wie wird man Muslim/a?	a)	Durch Heirat mit einer Muslima/einem Muslim
		b)	Durch die Mitgliedschaft in einer Moscheegemeinde
		c)	**Durch das Aussprechen des muslimischen Glaubensbekenntnisses (Es lautet: *Ich bezeuge, dass es keine Gottheit außer Gott gibt und dass Mohammed der Gesandte Gottes ist*)**
23.	Welche interreligiösen Ehen sind im Islam erlaubt?	a)	Alle: Religion spielt für die Ehe keine Rolle
		b)	Keine: Interreligiöse Ehen sind im Islam verboten
		c)	**Ehen zwischen einem Muslim und einer Jüdin oder Christin**
24.	Beim Islamic Banking sind Geschäfte mit Unternehmen verboten, die mit folgenden drei Inhalten zu tun haben:	a)	Gentechnik, Schweinefleisch, Waffen
		b)	**Schweinefleisch, Prostitution, Alkohol**
		c)	Waffen, Glückspiel, Atomenergie
25.	Islambanken gibt es	a)	in Anfängen schon seit Mohammed
		b)	seit der Industrialisierung im 19. Jahrhundert
		c)	**seit Ende des 20. Jahrhunderts**
26.	Bei der Bank für Kirche und Diakonie werden mit Unternehmen keine Geschäfte gemacht, die zum Inhalt haben (alle drei Kriterien müssen stimmen):	a)	Atomenergie, Pornografie, Film
		b)	Kinderarbeit, Alkohol, Rohstoffe
		c)	**Rüstungsgüter, Tabak, Embryonenforschung**
27.	Dem Zinsverbot im Juden- und Christentum liegt zugrunde,	a)	dass Geldaustausch zwischen Menschen abgelehnt wird
		b)	**dass Arme bei Krediten vor Wucher geschützt werden sollen**
		c)	dass der Warenhandel abgelehnt wird
28.	Dem Zinsverbot im Islam liegt zugrunde	a)	dass der Warenhandel abgelehnt wird
		b)	dass Geldaustausch zwischen Menschen abgelehnt wird
		c)	**dass sich Reiche nicht auf Kosten Armer bereichern sollen**
29.	Der Islam erlaubt Vergabe von Krediten,	**a)**	**wenn der Geldgeber selbst am Risiko beteiligt ist**
		b)	wenn keine Wucherzinsen verlangt werden
		c)	wenn der Kreditnehmer Muslim ist
30.	Die Bank für Kirche und Diakonie	a)	hat nur christliche Kunden
		b)	**basiert auf christlichen Werten**
		c)	hat nur Christen als Genossen
31.	Islambanken bieten als Finanzprodukt an:	**a)**	**Unternehmensbeteiligungen**
		b)	Sparbücher mit Einlagensicherung
		c)	Derivate
32.	Ethische Geldanlagen	a)	garantieren hohe Habenzinsen
		b)	**können Spekulationsblasen verhindern**
		c)	fördern das Ehrenamt

5. Stunde: Beratungssituation und Übung mit verteilten Rollen (Phase: Erarbeitung/Konsolidierung)

Zeit	Unterrichtssequenz	Inhalt, Ablauf, Methoden	Sozialformen	Medien
15'	Erarbeitung	In der Beratungssituation zwischen dem Kunden Deniz Erdal und der Kundenberaterin Christiane Neumann (M8) versetzen sich die SuS in die jeweilige Perspektive.	PA	M8: Beratungssituation
5'	Ergebnissicherung	Die Arbeitsaufträge werden im Plenum besprochen.	UG	Lösungsvorschlag M8: Beratungssituation
15'	Übung	Übung mit verteilten Rollen: JA oder NEIN – wo stehen Sie? Mit der Übungsanleitung L6 erläutert die Lehrkraft das Rollenspiel. Rollenspiel und Auswertung: Die Schülerinnen und Schüler versetzen sich gemeinsam in sechs Gruppen in sechs unterschiedliche Personen, die mit Bankgeschäften zu tun haben. Auf verschiedene Fragen müssen die Gruppensprecher durch Positionierung bei „JA" oder „NEIN" Stellung beziehen. Auf dem Notationsbogen (M9) halten Gruppensprecher und Gruppenmitglieder ihre Antworten fest.	GA/ 6 Rollen, UG	L6: Übungsanleitung „JA oder NEIN", M9: Übung „JA oder NEIN"
10'		Im Anschluss werden die Reaktionen der Gruppensprecher im Plenum diskutiert.	UG	

Die Beratungssituation

Deniz Erdal möchte zunächst seine Ersparnisse für ein Jahr bei der örtlichen Sparkasse anlegen, um das benötigte Eigenkapital für ein späteres Darlehen für seinen Handwerksbetrieb zu sichern. Bei der Sparkasse hat er bereits ein Girokonto und vereinbart dort einen Termin zur Anlagenberatung bei Christiane Neumann.

Christiane bereitet sich auf das Beratungsgespräch vor. Sie weiß nicht, welche Bedeutung die Vorschriften des Islam für ihren Kunden Deniz haben und mit welcher Haltung er in eine nicht islamkonforme Bank kommt.

Bearbeiten Sie die folgenden Aufgaben mit einem Partner/einer Partnerin.
Einigen Sie sich darauf, wer Christiane (1) und wer Deniz (2) bearbeitet.

(1) Notieren Sie, welche Gedanken sich Christiane über ihren Kunden Deniz machen könnte.

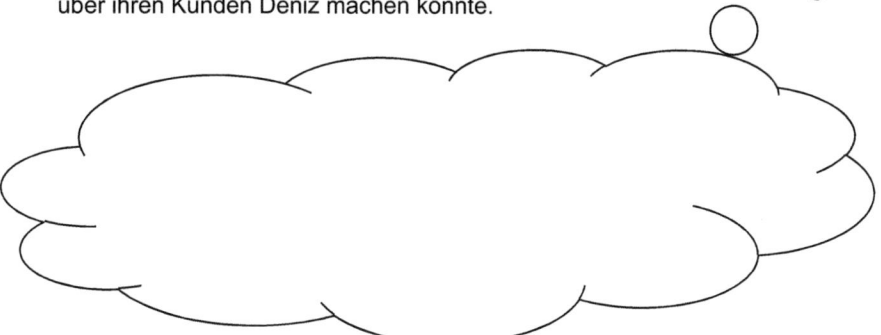

(2) Welche Gedanken könnte sich Deniz vor dem Beratungsgespräch machen?

Bildquelle: Bachgasse | Büro für Gestaltung, Tübingen, www.bachgasse-bfg.de

Die Beratungssituation

(1) Notieren Sie, welche Gedanken sich Christiane über ihren Kunden Deniz machen könnte.

a. Wenn Deniz praktizierender Muslim ist, dann könnte er besondere Ansprüche an seine Geldgeschäfte haben.

b. Ich muss herausfinden, wie stark er diese Vorschriften einhält.

c. Möglicherweise begegnet er mir mit Skepsis, weil ich in einer normalen Geschäftsbank tätig bin.

d. Ich muss ihm vermitteln, dass ich auf seine besonderen religiösen Bedürfnisse Rücksicht nehme und ihm keine ihm nicht gemäßen Finanzprodukte andrehen will.

e. ...

(2) Welche Gedanken könnte sich Deniz vor dem Beratungsgespräch machen?

a. Ich möchte meine besonderen Ansprüche, die mir meine Religion vorgibt, auch zum Ausdruck bringen.

b. Ich möchte mir Angebote geben lassen, die mit meinen Grundsätzen vereinbar sind.

c. Hoffentlich werde ich wegen meiner besonderen religiösen Bedürfnisse nicht als Sonderling behandelt.

d. ...

JA oder NEIN – Wo stehen Sie?
Übung mit verteilten Rollen

Ziel dieser Übung ist es, dass sich SuS in andere Personen hineinversetzen. Dazu sind sechs fiktive Personen („Rollen") skizziert. Die SuS werden deshalb in sechs Gruppen eingeteilt. Jeder Gruppe wird eine der Rollen (1-6) zugewiesen.

1. ein Bankangestellter einer islamkonform arbeitenden Bank
2. eine Aktionärin, die auf höchstmöglichen Gewinn aus ist
3. ein muslimischer Bankkunde, der nicht nach den Regeln des Korans lebt
4. eine Bankangestellte einer christlichen Alternativbank
5. der Vorsitzende des örtlichen Kirchengemeinderats, der eine ethische Geldanlage plant
6. ein Mitarbeiter einer Investmentbank, der hochspekulative Finanzprodukte anbietet

Vorbereitung:
- Die SuS setzen sich in Gruppenarbeit mit ihrer Rolle auseinander. Die Rollen sind nur skizziert, deshalb müssen die SuS selbst **überlegen, welche Haltung** die beschriebene Person wohl haben würde. Nicht immer gibt es eine eindeutig „richtige" Antwort. Trotzdem sollen die SuS **sich immer für „ja" oder „nein" entscheiden**; ein unentschiedenes „jein" ist nicht möglich
- Jede Gruppe bestimmt einen **Gruppensprecher**.
- Auf die linke Tafelseite wird „**JA**", auf die rechte Tafelseite „**NEIN**" geschrieben.

Spiel:
- Die sechs Gruppensprecher stellen sich in Tafelmitte, mit dem Rücken zur Tafel hin, auf.
- Die Aussagen werden einzeln vorgelesen. Die sechs Gruppensprecher beantworten diese mit Ja oder Nein, indem sie sich kommentarlos zur rechten oder linken Tafelseite bewegen. Zusätzlich notieren sie ihre Antwort auf der Tabelle des ausgeteilten Arbeitsblattes.
- Die beobachtenden SuS notieren, wie sie selbst geantwortet hätten und wie derjenige, der ihre Rolle vorne vertritt, geantwortet hat.

Auswertung: Im Anschluss erfolgt eine Auswertung der Ergebnisse mit den Lehrerfragen:
- Fiel es mir schwer, mich in die Rolle hineinzuversetzen? Warum (nicht)?
- Welches waren die richtigen Antworten? (Waren für unterschiedliche Rollen unterschiedliche Antworten „richtig"?)
- Haben die Gruppenmitglieder einheitlich oder unterschiedlich geantwortet? Warum?

Aussagen zu religiösen Banken und ethischen Geldgeschäften

1. „Sowohl Darlehens- wie auch Guthabenzinsen sind für mich tabu."
2. „Ich möchte mit meinen Geldgeschäften den maximalen Profit erzielen."
3. „Für mich steht im Vordergrund, mit welchen Produkten die Firmen handeln, die von mir oder meiner Bank mitfinanziert werden."
4. „Auch bei Geldgeschäften müssen ethische Grundsätze unbedingt berücksichtigt werden."
5. „Eine Geldanlage in eine Firma, die Schweinefleisch produziert, ist für mich tabu."
6. „Geldgeschäfte sollten ausschließlich nach betriebswirtschaftlichen Kriterien getätigt werden."
7. „Der Kauf von Aktien eines Unternehmens, das mit Waffen handelt, ist für mich tabu."
8. „Der Kauf von Aktien einer Firma, die mit Gentechnologie arbeitet, ist für mich tabu."

M9
Übung „JA oder NEIN"

JA oder NEIN – Wo stehen Sie?
Übung mit verteilten Rollen

Sechs unterschiedliche Rollen:

---

1) ein Bankangestellter einer islamkonform arbeitenden Bank

2) eine Aktionärin, die auf höchstmöglichen Gewinn aus ist

3) ein muslimischer Bankkunde, der nicht nach den Regeln des Korans lebt

4) eine Bankangestellte einer christlichen Alternativbank

5) der Vorsitzende des örtlichen Kirchengemeinderats, der eine ethische Geldanlage plant

6) ein Mitarbeiter einer Investmentbank, der hochspekulative Finanzprodukte anbietet

---

Aufgaben:

(1) Ihrer Gruppe ist eine der sechs Rollen zugeordnet. Machen Sie sich gemeinsam ein Bild von dieser Rolle. Beschreiben Sie, was diese Person ausmacht und was ihr wichtig ist.

(2) Wählen Sie in Ihrer Gruppe eine Person aus, die die Rolle vor dem Plenum vertritt. Dieser Person werden Fragen gestellt, zu denen sie dann mit „Ja" oder „Nein" Stellung nehmen muss, indem sie sich kommentarlos auf das entsprechende Feld vor die Tafel stellt.

(3) Alle Gruppenmitglieder (auch der Gruppenvertreter) notieren in der Tabelle, ob sie sich bei der Beantwortung der Fragen für „Ja" oder „Nein" entscheiden. Die beobachtenden Gruppenmitglieder notieren zusätzlich die Antworten ihres Vertreters/ihrer Vertreterin.

	Meine Entscheidung in dieser Rolle		Entscheidung des Gruppenvertreters in dieser Rolle	
Frage	JA	NEIN	JA	NEIN
1.				
2.				
3.				
4.				
5.				
6.				
7.				
8.				

6. Stunde: Leitfaden für religionensensible Beratungsgespräche (Phase: Konsolidierung)

Zeit	Unterrichts-sequenz	Inhalt, Ablauf, Methoden	Sozial-formen	Medien
20'	Konsolidie-rung	Die SuS formulieren einen Leitfaden für religionensensible Beratungsgespräche und fassen das angeeignete Wissen über den religiös motivierten Umgang mit Geld zu-sammen.	GA	M10: Leitfaden
15'	Konsolidie-rung	Präsentation der Leitfäden im Plenum. Vergleich von Gemeinsamkeiten und Unterschieden im Umgang mit Geld von Chris-ten und Muslimen.	UG	Lösungsvorschlag M10: Leitfaden
10'	Abschluss	Zum Abschluss der Unterrichtseinheit äußern die SuS ihr Feedback. Lehrerfragen zum Feedback zur gesamten Unterrichtseinheit: ➤ Braucht die Welt ein islamisches Wirtschaftssystem? ➤ Was war interessant? ➤ Was war ärgerlich? ➤ Was müsste noch genauer untersucht werden? ➤ Welche Fragen blieben offen? ➤ Was habe ich dazugelernt? ➤ Hat sich meine anfängliche Einstellung zum alternativen Bankwesen verändert? ➤ Welche Rolle kann das alternative Bankwesen für die Zukunft des Finanzmarktes spielen?	UG	

Leitfaden für religionensensible Beratungsgespräche

Um Beratungsgespräche mit religiös orientierter Kundschaft kompetent führen zu können, müssen Kundenberater in Banken über die religiösen Vorschriften, ihre Entstehung und Bedeutung für ihre Kunden informiert sein.

Der Leiter der Marketing-Abteilung in der Bank von Christiane Neumann erkennt diese Bedeutung und fordert sie auf, einen Leitfaden zu formulieren, der die wichtigsten Informationen für Mitarbeiter in der Kundenberatung zusammenfasst. Bei der nächsten Abteilungssitzung wird dieser Leitfaden vorgestellt.

(1) Entwerfen Sie einen Überblick mit den zentralen Erkenntnissen über den Umgang mit Geld in Christentum und Islam. Dem Leser soll deutlich werden, aus welchen Motiven heraus Christen und Muslime im Umgang mit Geld besondere Ansprüche haben und welche Konsequenzen dies für ihre Bankgeschäfte hat.

Erwähnt werden sollen die Begriffe: Zinsverbot, Wucherverbot, Ausschlusskriterien, Spekulationsverbot.

Gehen Sie darauf ein, inwieweit das Islamic Banking ein Vorbild für das westliche Bankwesen sein könnte.

(2) Formulieren Sie Verhaltensleitlinien, die in der religionensensiblen Kundenberatung berücksichtigt werden sollten.

(3) Stellen Sie den Leitfaden Ihren Kollegen in der Sitzung der Marketing-Abteilung vor.

Bildquelle: Bachgasse | Büro für Gestaltung, Tübingen, www. bachgasse-bfg.de.

Lösungsvorschlag M10
Leitfaden

Leitfaden für religionensensible Beratungsgespräche

(1) Entwerfen Sie einen Überblick mit den zentralen Erkenntnissen über den Umgang mit Geld in Christentum und Islam. Dem Leser soll deutlich werden, aus welchen Motiven heraus Christen und Muslime im Umgang mit Geld besondere Ansprüche haben und welche Konsequenzen dies für ihre Bankgeschäfte hat. Erwähnt werden sollen die Begriffe: Zinsverbot, Wucherverbot, Ausschlusskriterien, Spekulationsverbot.

- *Das Zinsverbot wird sowohl in der Bibel als auch im Koran begründet.*

- *Es gibt Parallelen in der Begründung: das Ausnutzen einer Notlage soll vermieden werden; das Wucherverbot steht im Vordergrund.*

- *Die Wirkungsgeschichte ist unterschiedlich:*
  - *Im Christentum wurde das Zinsverbot aufgehoben; der verantwortliche, d.h. sozial und ökologisch nachhaltige Umgang mit Geld wird betont.*
  - *Im Islam wird das Zinsverbot als ein Spekulationsverbot ausgelegt; es gibt auch Gebühren für Geldgeschäfte, die das Zinsverbot umgehen und trotzdem Kreditnahme und -vergabe ermöglichen. Es wird eine enge Verbindung der Geld- an die Realwirtschaft gesehen.*

- *In Christentum wie im Islam gibt es Banken, die nach diesen Grundsätzen religiös-ethisch motiviert wirtschaften und wirtschaftliche Beziehungen mit bestimmten Unternehmen verbieten (Ausschlusskriterien), z.B. Rüstung, Atomtechnik, Alkohol, Prostitution.*

- *Im Umgang mit Kundschaft muss durch geeignete Gesprächsführung auf die religiös-ethischen Bedürfnisse eingegangen werden.*

- *In der Krise des westlichen Bankwesens könnte Islamic Banking ein Vorbild sein.*

- *Auch das westliche/herkömmliche Bankwesen braucht mehr Kontrolle.*

- *Beide Kulturen (westliche/östliche) könnten sich über das Finanzsystem annähern.*

(2) Formulieren Sie Verhaltensleitlinien, die in der religionensensiblen Kundenberatung berücksichtigt werden sollten.

1) Bei Muslimen nur auf Nachfrage Alkohol/Sekt anbieten/schenken.

2) Durch Gesprächsführung/-stil vermitteln, dass religiöse Bedürfnisse ernst genommen werden.

3) Durch gezieltes Nachfragen vergewissern, inwiefern die religiösen Vorschriften beachtet werden.

4) Fonds anbieten, die die Ausschlusskriterien berücksichtigen.

5) …

2. Religionen und Gewalt

Matthias Gronover, Simone Hiller

Evangelisch-Theologische Fakultät
Katholisch-Theologische Fakultät

EIBOR – Evangelisches Institut für berufsorientierte Religionspädagogik
KIBOR – Katholisches Institut für berufsorientierte Religionspädagogik

Studie zum interreligiösen Lernen im
Berufsschulreligionsunterricht

Unterrichtseinheit
Religionen und Gewalt

Erstellt von Matthias Gronover und Simone Hiller

Materialien zur ausschließlichen Verwendung
im Rahmen der Studie

EIBOR
Leitung Prof. Dr. Friedrich Schweitzer
Sekretariat:
Telefon: +49 7071/29 77487
Telefax: +49 7071/29 4593
sekretariat@eibor.uni-tuebingen.de
www.eibor.de

KIBOR
Leitung Prof. Dr. Albert Biesinger
Sekretariat:
Telefon: +49 7071/29 75087
Telefax: +49 7071/29 5181
info@kibor-tuebingen.de
www.kibor-tuebingen.de

PROJEKTKOORDINATORIN
Magda Bräuer, M.A.
Magda-theresa.braeuer@uni-
tuebingen.de
Telefon: +49 7071/29 77573

Religionen und Gewalt

Inhalt

Überblick

Diese sechsstündige Unterrichtseinheit ermöglicht den Schülerinnen und Schülern eine inhaltliche Auseinandersetzung mit verschiedenen Aspekten des Themas „Religionen und Gewalt" in einer alltäglichen, nicht berufsbezogenen Einstiegssituation.

Das Thema „Gewalt" kommt als eher klassisches Thema in den Bildungsplänen für berufsbildende Schulen im Rahmen verschiedener anderer Themenfelder (z.B. im Rahmen von „Liebe, Sexualität und Partnerschaft") sowie als eigenständige Lehrplaneinheit vor. Gesellschaftlich ist das Thema „Gewalt" in Bezug auf Religionen teilweise stark vorurteilsgeprägt; zudem werden den Religionen religiös motivierte Gewaltakte (auch im Rahmen von Fundamentalismus) vorgeworfen. Das von den Weltreligionen selbst vertretene Ethos zur Überwindung von Gewalt für ein friedfertiges Zusammenleben steht in einem offensichtlichen Gegensatz zu aktuellen wie historischen Erfahrungen von Gewalt im Namen dieser Religionen.

Ziel der Unterrichtseinheit ist eine auf der Reflexion von aktuellen und historischen Beispielen sowie auf Texten aus den heiligen Schriften von Islam und Christentum basierende Auseinandersetzung mit dem Thema „Religionen und Gewalt". Die Schülerinnen und Schüler üben, sich in eine andere Rolle hineinzuversetzen, was Voraussetzung für gelingende Kommunikation und gelingendes Zusammenleben ist.

Inhalt und Aufbau der Unterrichtseinheit

Die sechs Unterrichtsstunden können sowohl in Einzelstunden als auch in Doppelstunden gehalten werden. Im Folgenden findet sich ein Überblick (in Tabellenform S. 189). Darauf folgen jeweils detaillierte Ablaufpläne für die einzelnen Stunden mit Materialien und Lösungsvorschlägen. Lehrermaterialien (L) beinhalten Folien oder Anleitungen; Schülermaterialien (M) werden an die Schülerinnen und Schüler ausgegeben.

Damit ein Vergleich der verschiedenen Klassen, die diese Unterrichtseinheit durchlaufen, im Forschungsprojekt möglich ist, muss der Unterricht *möglichst genau* den für die einzelnen Stunden angegebenen Schritten folgen und alle angegebenen Materialien zum Einsatz bringen.

1. Stunde: Anhand einer Einstiegssituation wird die Problematik von Religionen und Gewalt eingeführt: Eine Party von Tina Müller, auf der das muslimische Paar Merve und Deniz Erdal eingeladen ist. Dort kommt es zu Diskussionen über religiös begründete Gewalt. Den Religionen wird vorgeworfen, dass sie Gewalt fördern. Die Schülerinnen und Schüler setzen sich mit dem Dialog auseinander und überlegen, welche Informationen für eine Klärung des Sachverhalts notwendig sind. Zur weiteren Einstimmung wird der Film „Gewalt im Namen des Glaubens" gezeigt, der den Blick auf konkrete Konflikte (Kreuzzüge, Nahost-Konflikt, Nordirland-Konflikt, 9/11) lenkt, die im Folgenden arbeitsteilig in Gruppen erarbeitet werden.

2. Stunde: Fortsetzung der Erarbeitung einzelner Konflikte; Präsentation der Ergebnisse.

3. Stunde: Einführend wird der Umgang mit Bibel und Koran thematisiert. Anhand ausgewählter Textstellen aus Bibel und Koran setzen sich die Schülerinnen und Schüler arbeitsteilig mit Gewalt(losigkeit) in diesen Heiligen Schriften auseinander und diskutieren dies in einer offenen Expertenrunde.

4. Stunde: Die Schülerinnen und Schüler erarbeiten sich anhand der fiktiven Familiengeschichte von Merve und Deniz Erdal Hintergrundinformationen zum Islam und zum muslimischen Leben in Deutschland. Mit einem Quiz wird das bisher Erarbeitete konsolidiert.

5. Stunde: Anhand einer Übung mit Bewegungselementen versetzen sich die Schülerinnen und Schüler in verschiedene Rollen, was gemeinsam reflektiert wird. Im zweiten Schritt versetzen sich die Schülerinnen und Schüler arbeitsteilig in die Rolle von Merve als Muslima oder Tina als Christin und antworten auf Vorwürfe gegen die jeweilige Religion.

6. Stunde: Die Schülerinnen und Schüler sollten nun in der Lage sein, die von Tina Müller in der Eingangssituation gestellte Frage zu beantworten. Anschließend wird das Erarbeitete durch die Gestaltung von Slogans zum (religiös begründeten) gewaltfreien Umgang miteinander kreativ weitergeführt.

Strukturschema für die gesamte Unterrichtseinheit

Im Folgenden finden Sie einen Überblick über die gesamte Unterrichtseinheit. Detaillierte Angaben zum Ablauf der einzelnen Stunden finden sich im Anschluss.

Abkürzungen: L = Lehrkraft; SuS = Schülerinnen und Schüler; EA = Einzelarbeit; PA = Partnerarbeit; GA = Gruppenarbeit; LV = Lehrervortrag; UG = Unterrichtsgespräch; AB = Arbeitsblatt/Kopie für die Schülerinnen und Schüler; TA = Tafelanschrieb; OHP = Overheadprojektor (kann durch anderes Medium ersetzt werden)

Stunde	Phasen der UE	Themen	Methoden und Sozialformen	Materialien
1	Problementfaltung	**Vorwurf: „Religionen fördern Gewalt"**	Einstieg über eine Alltagssituation: Bekanntwerden mit dem Vorwurf „Religionen führen zu Gewalt" (M1) in EA und UG Film (L1) spricht verschiedene Konflikte an Arbeitsteilige Auseinandersetzung mit einem konkreten religionsbezogenen Konflikt in GA (M2a-d)	L1: Film „Gewalt im Namen des Glaubens" M1: Auf der Party M2a-d: Konflikte
2	Erarbeitung	**Konkrete historische und aktuelle Konflikte:** Kreuzzüge, Nordirland-Konflikt, Nahost-Konflikt, 9/11 und die darauffolgenden Kriege	Stundeneinstieg über UG zu einem Bild (L2) Fortsetzung der GA (M2a-d) mit Arbeitsauftrag zur Ergebnissicherung auf Plakaten (L3) Präsentation der Plakate	L2: Folie „I am Jewish" L3: Arbeitsauftrag zu M2a-d
3	Erarbeitung	**Was sagen die Heiligen Schriften von Christentum und Islam über Gewalt?**	Einstieg über die Grafik zur Entstehungszeit von Bibel und Koran; LV und Lückentext zur Erarbeitung des Umgangs mit Bibel und Koran (L4, M3) Arbeitsteilige Erarbeitung von Gewalt(losigkeit) in Bibel und Koran über GA zu Textstellen (M4a-b) Ergebnispräsentation in einer offenen Expertenrunde (L5)	L4: Grafik und Lösungsfolie M3: Heilige Schriften M4a/M4b: Gewalt(losigkeit) in der Bibel/im Koran L5: Offene Expertenrunde
4	Erarbeitung	**Was wissen wir über den Islam in Deutschland?** Grundinformationen	Grundinformationen werden in EA anhand des Fallbeispiels erarbeitet (M5) Bisher erarbeitetes Wissen wird in einem Quiz rekapituliert (L6, L7, M6) Ergebnissicherung durch Lösungsblatt (M7)	M5: Fallgeschichte L6: Quiz als Präsentation L7: Spielanleitung M6: Quizduell M7: Lösungen Quizduell
5	Sicherung, Übung, Rückkehr zur Einstiegssituation	**Übungen zum Rollenwechsel**	Erarbeitung und Übung von Rollenwechsel/Rollenübernahme in der gemeinsamen Übung „JA oder NEIN" (L8, M8) Arbeitsteilige Erarbeitung der Sichtweise einzelner Gläubiger (Merve und Tina) in EA; Austausch darüber im UG (M9a+b)	L8: Übungsanleitung „JA oder NEIN" M8: Übung „JA oder NEIN" M9a+b: Zurück auf der Party
6	Sicherung, Übung, Rückkehr zur Einstiegssituation	**Wiederaufnahme der Einstiegssituation Glaubensbekenntnis auf dem Rücken** – ein Schritt zu gewaltfreiem Umgang auf Grundlage von Religionen	Erarbeitung einer eigenen Antwort auf die Einstiegssituation in die UE in EA (M10); Austausch darüber im UG Kreative Anwendung und Weiterführung des Gelernten bei der Entwicklung von Slogans zu gewaltfreiem Umgang miteinander (L9)	M10: Antwort L9: Slogan

1. Stunde: Religionen und Gewalt – Einführung ins Thema (Phase: Einstieg)

Zeit	Unterrichtssequenz	Inhalt, Ablauf, Methoden	Sozialformen	Medien
5'	Einstieg	Thema der UE für SuS benennen und an Tafel/auf Folie schreiben: „Religionen und Gewalt". Hinweis auf sechsstündige UE dazu. Gemeinsame Lektüre des Dialogs mit verteilten Rollen (Erzähler, Merve, Tina).	UG	Tafel/OHP M1: Auf der Party
10'	Erarbeitung und Auswertung 1	Auseinandersetzung mit dem Vorwurf: „Religionen führen zu Gewalt": - Einzelarbeit der Schülerinnen und Schüler zum Arbeitsblatt M1 (5') - Austausch zu den Antworten im Plenum (Antwort auf Frage 1) schriftlich festhalten (5') *Idealiter ergeben sich als Antwort auf Frage 3 die Materialien der nächsten Stunden; ggf. auf nun folgende Stunden verweisen; Einstiegssituation wird am Ende wieder aufgenommen.*	EA, UG	
10'	Erarbeitung 2a	Ankündigung einer weiteren Einstimmung auf die Unterrichtseinheit mit Bildeindrücken zu „religiösen Konflikten". Beobachtungsauftrag an SuS: - Welche Konflikte werden gezeigt bzw. angesprochen? Film „Gewalt im Namen des Glaubens" zeigen (5'). Unterrichtsgespräch (5'): - Welche Konflikte werden gezeigt bzw. angesprochen? - Was wissen SuS über diese Konflikte?	UG	L1: Film „Gewalt im Namen des Glaubens" DVD-Player, Beamer und Leinwand
20'	Erarbeitung und Ergebnissicherung in Gruppen 2b	Einteilung in Kleingruppen zu den unterschiedlichen Themen, die anhand von M2a-d arbeitsteilig bearbeitet werden. *Arbeitsgleiche Gruppen sind möglich. Die Gruppen sollten arbeitsfähig sein, wofür sich 3er- bis 4er-Gruppen empfehlen; wenn es viele SuS sind, können mehrere Gruppen parallel den gleichen Konflikt bearbeiten.* Arbeitsauftrag auf M2a-d.	GA	M 2a: Kreuzzüge M 2b: Nordirland-Konflikt M 2c: Nahost-Konflikt M2d: 9/11 und die folgenden Kriege → arbeitsteilig

M1 „Auf der Party"

Bildquelle: Bachgasse | Büro für Gestaltung, Tübingen, www. bachgasse-bfg.de.

Merve und Deniz Erdal sind auf einer Party bei Tina Müller eingeladen. Aufgrund der aktuellen Nachrichten über Attentate im Nahen Osten kommt es zu einer Diskussion über Religion und Gewalt.

Es kommt zu folgendem Dialog zwischen Tina und Merve:

Also der Islam bringt doch nur Gewalt hervor. Die ganzen Attentäter sind doch alles Islamisten. Bei uns Christen gäbe es so etwas nicht.

Na das kannst du wohl nicht ernsthaft behaupten. Schau doch einmal in die Geschichte. Im Mittelalter gab es die Kreuzzüge und auch heute noch gibt es in Nordirland immer wieder gewaltsame Auseinandersetzungen zwischen Katholiken und Protestanten. Also ganz so friedlich, wie du tust, geht es im Christentum auch nicht zu!

Du hast Recht, daran habe ich gar nicht mehr gedacht. Es gibt ja so viele verschiedene Konflikte … Also, dann kann man ja wohl nur sagen, dass die beiden Religionen Christentum und Islam wohl schon immer Gewalt in die Welt gebracht haben und Gewalt eher fördern, oder?

Aufgaben:

1) Beschreiben Sie die Problematik, über die Tina und Merve sprechen, in eigenen Worten.

2) Nennen Sie aktuelle kriegerische Konflikte, die mit Religion zu tun haben. Erklären Sie, welche Rolle Religion darin zu spielen scheint.

3) Sie möchten Tina antworten: Nennen Sie Hintergrundinformationen, die Sie für eine Antwort benötigen.

Lösungsvorschlag M1
„Auf der Party"

(1) Es gibt Menschen, die Gewalt ausüben und das mit ihrem Glauben rechtfertigen
– das gibt es sowohl im Christentum als auch im Islam.
Es scheint so, als würden beide Religionen Gewalt hervorbringen.
Tina fragt, ob Christentum und Islam Gewalt nicht eher fördern.

(2) *Stand September 2014 wäre der Konflikt in Syrien und dem Irak aktuell: Die Ter-*
rorgruppe IS (Islamischer Staat) beruft sich auf den Islam und kämpft für einen
Staat nach islamischem Recht. Zahlreiche Muslime distanzieren sich aber vom IS
und den angeblichen religiösen Motiven und führen an, dass der IS vor allem das
Ziel habe, an die Macht zu kommen, was sich auch an seinen direkten Zielen wie
der Eroberung von Ölquellen ablesen lasse.
Muslimische Theologen an deutschen Universitäten verabschiedeten eine Erklä-
rung, in der es unter anderem heißt: „Wir sind zutiefst bestürzt über die aktuellen
Ereignisse im Nahen Osten und über den Terror, den der sogenannte ‚Islamische
Staat' (IS) gegenüber Zivilisten und Gefangenen jeglichen Glaubens walten lässt.
Die ungeheuerliche Gewalt, die von den Anhängern des IS ausgeht, negiert alle
Regeln der Menschlichkeit und zivilisatorischen Normen, für deren Herausbil-
dung auch der Islam eine wichtige Rolle gespielt hat und an denen er teilhat.
Solche Deutungen des Islam, die ihn zu einer archaischen Ideologie des Hasses
und der Gewalt pervertieren, lehnen wir strikt ab und verurteilen diese
aufs Schärfste. […] Die Deutungshoheit über den Islam darf nicht Extremisten und
Gewalttätern überlassen werden und muss in Deutschland aus der Mitte der Ge-
sellschaft heraus – unter anderem an den Universitäten – erfolgen."
(http://www.muk.uni-frankfurt.de/51855481/252, 05.09.2014)

(3) Hilfreiche Informationen für eine Antwort auf Tinas Frage:
- Sind Religionen der Grund für die angesprochenen „religiösen" Konflikte?
- Was glauben Christen, was glauben Muslime zu Gewalt? Was steht in der
  Bibel und im Koran zu Gewalt?
- Wie verhalten sich Christen und Muslime (z.B. in Deutschland) zu Gewalt?
[Anmerkung: Um diese Aspekte geht es in den folgenden Unterrichtsstunden. Da
die meisten Schülerinnen und Schüler in ihrer Schulzeit ausführlich katholi-
schen/evangelischen Religionsunterricht hatten, stehen die Informationen zum Is-
lam im Vordergrund.]

Film „Gewalt im Namen des Glaubens"

Diesen Film finden Sie in digitaler Form auf der beigefügten DVD.

Inhalt des Films: Eine Abfolge von Impulsfragen, Schlagworten, Bildern und Texten, die den Schülerinnen und Schülern die Relevanz des Themas der Unterrichtseinheit zeigen sollen. Inhaltlich werden folgende Themen angesprochen:

- *Kreuzzüge*
- *Nordirland-Konflikt*
- *9/11*
- *Sind Muslime gewalttätig?*
- *Führt Religion allgemein zu Gewalt?*
- *Friedensbotschaft in Bibel und Koran*

M2a
Kreuzzüge

Die Kreuzzüge – Krieg um die Heilige Stadt. Ein religiöser Konflikt?

Der im Unterricht eingesetzte Text zu den Kreuzzügen
und ihren Hintergründen wird hier aus
urheberrechtlichen Gründen nicht wiedergegeben.

(Textquelle: Johannes Eberhorn: Die Kreuzzüge. Krieg um die Heilige Stadt, http://www.planet-wissen.de/politik_geschichte/ mittelalter/leben_im_mittelalter/tempx2_mittelalter_kreuzzug.jsp, 21.05.2015; Stand 15.02.2017.

Arbeitsauftrag

(1) Lesen Sie den Text. Unterstreichen Sie wichtige Informationen über den Konflikt.

(2) Tauschen Sie sich in Ihrer Gruppe aus: Was wissen wir über diesen Konflikt? Halten Sie die Antworten in Stichpunkten für sich als Notiz fest.

Nordirland-Konflikt: „Bloody Sunday". Ein religiöser Konflikt?

*Der im Unterricht eingesetzte Text zum Nordirlandkonflikt
und seinen Hintergründen wird hier aus
urheberrechtlichen Gründen nicht wiedergegeben.*

(Textquellen: Bernhart Moltmann: Nordirland. Bundeszentrale für politische Bildung, http://www.bpb.de/internationales/weltweit/inner-
staatliche-konflikte/54664/nordirland, Stand 15.02.2017; Bundeszentrale für politische Bildung: Vor 45 Jahren: "Battle of the Bogside"
in Nordirland, http://www.bpb.de/politik/hintergrund-aktuell/189859/konflikt-in-nordirland-11-08-2014, Stand 15.02.2017)

Arbeitsauftrag

(1) Lesen Sie den Text. Unterstreichen Sie wichtige Informationen über den Konflikt.

(2) Tauschen Sie sich in Ihrer Gruppe aus: Was wissen wir über diesen Konflikt?
Halten Sie die Antworten in Stichpunkten für sich als Notiz fest.

Nahost. Ein religiöser Konflikt?

*Der im Unterricht eingesetzte Text zum Nahostkonflikt
und seinen Hintergründen wird hier aus
urheberrechtlichen Gründen nicht wiedergegeben.*

(Textquelle: Margret Johannsen: Nahost. Bundeszentrale für politische Bildung,: http://www.bpb.de/themen/N7BUCR,1,0,Nahost.html, Stand 15.02.2017)

Arbeitsauftrag

   (1) Lesen Sie den Text. Unterstreichen Sie wichtige Informationen über den Konflikt.

   (2) Tauschen Sie sich in Ihrer Gruppe aus: Was wissen wir über diesen Konflikt?
      Halten Sie die Antworten in Stichpunkten für sich als Notiz fest.

„9/11" und die folgenden Kriege. Ein religiöser Konflikt?

Die Anschläge auf das World Trade Center und das Pentagon

Mit „9/11" (= „Nine/Eleven") wird der 11. September 2001 bezeichnet. An diesem Tag fanden mithilfe von vier entführten Flugzeugen gezielte Terroranschläge in den USA statt: Zwei Flugzeuge wurden in die Türme des Word Trade Centers in New York gesteuert; ein drittes Flugzeug traf das Pentagon, das Verteidigungsministerium in Washington; ein viertes Flugzeug, das vermutlich ein Regierungsgebäude in Washington D.C. treffen sollte, stürzte ab. Über 3.000 Menschen starben. Die Anschläge am 11. September 2001 waren professionell und mediengerecht geplant. Sie zielten auf Regierungsgebäude als Symbole der Macht und das World Trade Center als Symbol des Kapitals und der Wirtschaft.

Die 19 Flugzeugentführer gehörten zur islamistischen Terrororganisation „al-Qaida". Erklärtes Ziel von al-Qaida ist die Errichtung eines alle islamischen sowie weitere Regionen umspannenden Gottesstaats für alle „Rechtgläubigen". Als Zwischenziel bekriegt die al-Qaida westliche Staaten, von denen sie glaubt, dass diese eine weltweite antiislamische Verschwörung anführen. Vor „9/11" gab es bereits verschiedene Anschläge auf US-Einrichtungen, zu denen sich al-Qaida bekannte und auf die die USA mit Raketenangriffen auf vermeintliche Ausbildungslager von Terroristen reagierten.

Nach den Anschlägen wurden in den USA Muslime oder arabisch aussehende Menschen (zum Beispiel auch Turban tragende Sikh, das ist eine indische Religion) beleidigt, angegriffen, bedroht und einige ermordet. Der damalige US-Präsident Bush besuchte daraufhin am 17. September 2001 eine Moschee und unterschied den Islam vom Terror. Gleichzeitig rief er zu Toleranz gegenüber muslimischen US-Bürgern auf.

Der „Krieg gegen den Terror" in Afghanistan und im Irak

Osama bin Laden, Kopf von al-Qaida, hielt sich unter dem Schutz der Taliban (einer islamistischen, kämpferischen Vereinigung) in Afghanistan auf. Knapp vier Wochen nach den Attentaten haben die USA und Großbritannien mit Rückendeckung der NATO einen Militärschlag gegen das Taliban-Regime in Afghanistan begonnen. Das Taliban-Regime wurde gestürzt.

Die US-Regierung sah die Gefahr islamistischer Terroranschläge dadurch aber nicht gebannt. Sie fürchteten eine Verbindung zwischen Osama bin Laden und dem irakischen Staatschef Saddam Hussein, der ihrer Ansicht nach zudem Massenvernichtungswaffen (z.B. Atom-, Bio- oder Chemiewaffen) besaß. Obwohl UN-Inspektoren im Irak keine Massenvernichtungswaffen fanden, begannen die USA gemeinsam mit Großbritannien im März 2003 einen Krieg gegen den Irak, der als „Präventivkrieg" („vorbeugender Krieg") begründet wurde. US-Präsident George W. Bush bezeichnete diesen Krieg mehrfach als „Kreuzzug gegen Terroristen", verzichtete später aber wieder auf diese Bezeichnung.

Saddam Hussein wurde gestürzt, es fanden Wahlen statt. Die amerikanischen und britischen Soldaten sind inzwischen aus dem Irak abgezogen. Doch die Lage im Irak ist weiterhin geprägt von Anschlägen. Die von den USA für den Krieg genannten Gründe gelten als historisch widerlegt und werden teilweise als bewusste Irreführung bewertet, da im Irak weder Massenvernichtungsmittel noch Beweise für Angriffsabsichten gefunden wurden. Als tatsächliche Hintergründe für den Krieg werden stattdessen geopolitische und wirtschaftliche Interessen angenommen.

Osama bin Laden wurde 2011 von einer amerikanischen Spezialeinheit in Pakistan aufgespürt und getötet. Über zehn Jahre nach dem 11. September 2001 befinden sich noch immer ausländische, auch deutsche, Soldaten in Afghanistan.

(Textquelle: veränderter und stark gekürzter Text der Landeszentrale für politische Bildung Baden-Württemberg: 9/11 – Tag des Terrors, http://www.lpb-bw.de/11september.html, 11.04.2013; Informationen aus den Wikipedia-Artikeln zu „9/11", „Irakkrieg", „Kreuzzug", „al-Qaida", „Taliban", 15.04.2014; Bildquelle: http://www.flickr.com/photos/themachinestops/88181088/in/pool-29934416@N00/, 06.12.2012, Ausschnitt)

Arbeitsauftrag

(1) Lesen Sie den Text. Unterstreichen Sie wichtige Informationen über den Konflikt.

(2) Tauschen Sie sich in Ihrer Gruppe aus: Was wissen wir über diesen Konflikt?
Halten Sie die Antworten in Stichpunkten für sich als Notiz fest.

2. Stunde: Historische und aktuelle Konflikte im Namen von Religionen (Phase: Erarbeitung)

Zeit	Unterrichtssequenz	Inhalt, Ablauf, Methoden	Sozialformen	Medien
5'	Einstieg	Problemwahrnehmung zum Einstieg mit Leitfragen zu einem an die Wand projizierten Bild: - Was seht ihr? - Was steht auf dem Plakat? (Übersetzung) - Welchen Unterschied gibt es zwischen „jüdisch" (Jewish) und „Israel"? - Was könnte der Hintergrund dieses Bildes sein? → *Achten Sie darauf, dass die SuS den Nahost-Konflikt als Hintergrund des Bildes erkennen. Erfahrungsgemäß ist dies nicht immer der Fall.*	UG	OHP/Beamer mit Leinwand L2: Einstieg in die zweite Stunde Folie „I am Jewish"
15'	Erarbeitung	Weiterarbeit in den Arbeitsgruppen der letzten Stunde: Jede Gruppe bearbeitet anhand ihres Materials einen Konflikt und gestaltet anhand der Fragen ein Informationsplakat für die Klasse [alternativ: auf einer Folie]. Arbeitsauftrag (= L3) - Gestalten Sie ein Plakat, das die folgenden Informationen für die Klasse beinhaltet. Machen Sie Zusammenhänge möglichst durch Pfeile anschaulich: (a) Thema (b) Ursachen des Konflikts (c) beteiligte Religionen (d) Einordnung des Konflikts (z.B. aufgrund von Religion, ungleicher Verteilung von Geld, Volkszugehörigkeit...)	GA	L3 Arbeitsauftrag (auf Folie) Poster/großes Papier + dicke Stifte für jede Gruppe [alternativ: OHP-Folien + Folienstifte]
25'	Ergebnispräsentation	Jeweils eine SuS-Gruppe stellt ihre Ergebnisse vor, die arbeitsgleichen Gruppen ergänzen bzw. korrigieren; wenn nötig ergänzt und korrigiert L. *Rechnen Sie damit, dass Sie als L korrigieren, einordnen oder ergänzen müssen; z.B. weil Verschwörungstheorien zu „9/11" genannt werden. Viele SuS verlangen hier nach Ihrer „Expertenmeinung" als L zu den Konflikten.* Plakate werden im Raum aufgehängt (oder den SuS anderweitig zugänglich gemacht) [Folien werden kopiert] → *Das ist die hier vorgesehene Form der Ergebnissicherung, die nicht ausfallen darf.*	Präsentation einzelner Gruppen in der Klasse	ggf. Klebeband/Nadeln zum Aufhängen der Plakate

Folie „I am Jewish"

Dieses Bild finden Sie in digitaler Form auf der beigefügten DVD. So können Sie es auch mithilfe eines Beamers zeigen.

Das im Unterricht eigesetzte Bild wird hier aus urheberrechtlichen Gründen nicht wiedergegeben. Auf dem Bild ist ein Mann mit einem Plakat zu sehen: „I am Jewish and I want Israel to stop killing Palestinians".

Gestalten Sie ein Plakat zum von Ihnen bearbeiteten Konflikt für Ihre Mitschülerinnen und Mitschüler:

- Das Plakat sollte folgende Informationen beinhalten:

    (a) **Thema**

    (b) **Ursachen** des Konflikts

    (c) beteiligte **Religionen**

    (d) **Einordnung** des Konflikts (z.B. aufgrund von Religion, ungleicher Verteilung von Geld, Volkszugehörigkeit...)

- Zusammenhänge sollen durch **Pfeile** deutlich gemacht werden.

Lösungsvorschlag M2a
Kreuzzüge

Die Kreuzzüge – Krieg um die Heilige Stadt

(1)   Der Konflikt und seine Ursachen.

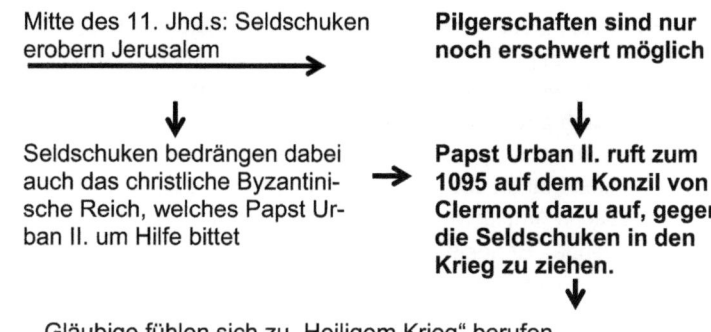

Jerusalem als Pilgerstadt der Christen

Mitte des 11. Jhd.s: Seldschuken erobern Jerusalem

Pilgerschaften sind nur noch erschwert möglich

Seldschuken bedrängen dabei auch das christliche Byzantinische Reich, welches Papst Urban II. um Hilfe bittet

Papst Urban II. ruft zum 1095 auf dem Konzil von Clermont dazu auf, gegen die Seldschuken in den Krieg zu ziehen.

Gläubige fühlen sich zu „Heiligem Krieg" berufen

1095 bis 1270 mehrere Kreuzzüge:
- **Verwüstungen jüdischer Stadtteile auf dem Weg**
- **Blutbad an jüdischen und muslimischen Einwohnern Jerusalems**
- **Ausrufung des (christlichen) Königreichs Jerusalem**

(2)   Beteiligte Religionen in diesem Konflikt:
- Christentum (= Kreuzfahrer aus verschiedenen Gesellschaftsschichten)
- Islam (Eroberer Jerusalems; Einwohner Jerusalems)
- Judentum (Opfer von Plünderungen schon in Deutschland; Einwohner Jerusalems)

(3)   Einordnung des Konflikts:
- <u>Religiöse Motive</u>: Jerusalem = wichtige Pilgerstadt für die Christen, die durch die Eroberung durch die Seldschuken nicht mehr zugänglich ist → Papst Urban II. ruft zur Gegenwehr auf
- <u>Soziale Motive</u>: Aufbruchsstimmung durch die wachsende Bevölkerung
- <u>Materielle Motive</u>: Hoffnung auf Eroberung neuer Ländereien

Nordirland-Konflikt: „Bloody Sunday"

(1) Der Konflikt und seine Ursachen
- Irland: eigene Republik/Katholiken bilden die Mehrheit
- Nordirland: gehört zu Großbritannien/Protestanten bilden die Mehrheit
- → Konflikt aufgrund von traditionellen Volkszugehörigkeiten in Nordirland: **zwei nach Herkunft und Religion unterscheidbare Bevölkerungsgruppen stehen sich gegenüber**: protestantische Loyalisten/Unionisten (loyal zu Großbritannien) vs. katholische Nationalisten/Republikaner (streben nach einem vereinigten Irland). Sie leben auf demselben Gebiet und verfolgen territoriale und politische Ambitionen, die sich gegenseitig ausschließen.
- Prägendes Ereignis: 30. Januar 1972 **„Bloody Sunday"**: Protestmarsch von katholischen Demonstranten in der nordirischen Stadt Derry; Eingriff der britischen Armee; **Aufeinandertreffen von Armee und Demonstranten eskaliert: 14 Demonstranten werden getötet**.

(2) Beteiligte Religionen in diesem Konflikt: Christentum: Katholiken und Protestanten; entscheidend für den Konflikt aber nicht Konfessionen, sondern Loyalisten vs. Nationalisten

(3) Einordnung des Konflikts:
- <u>Soziales/religiöses Motiv</u>: zwei Konfessionen innerhalb einer Gesellschaft
- <u>Politisches Motiv</u>: Trennung von Nordirland (zu Großbritannien) und der Republik Irland → Eigentlicher Hintergrund der Demonstration ist ein politischer/sozialer, kein religiöser

Nahost: Geschichte des Konflikts

(1) Der Konflikt und seine Ursachen

- Staatsgründung Israels 1948: Aufteilung Palästinas in jüdischen und arabischen Staat → Die arabischen Staaten lehnen diese Teilung ab und greifen Israel an. Israel wehrt diesen Angriff ab und gewinnt sogar Territorien dazu, die es besetzt.
- Unter den Palästinensern entsteht als Widerstand gegen Israel die Fatah-Bewegung mit der Partei PLO unter der Führung von Arafat. 1987–1993 kommt es zu einer Rebellion der Palästinenser (= erste Intifada). Die islamistische Hamas entsteht.
- 1991: Nahost-Konferenz in Madrid – erstmals direkte Verhandlungen
- 2000–2005: zweite Intifada; 2002: Bau eines „Sicherheitszauns" durch die Israelis; innerpalästinensischer Streit um die Macht zwischen Hamas und Fatah
- 2012: Palästina bekommt Beobachterstatus bei der UNO.

(2) Beteiligte Religionen in diesem Konflikt: Judentum, Islam, in Israel und Palästina lebende Christen

(3) Einordnung des Konflikts
- Religiöse Motive: Mehrere Religionen innerhalb einer Gesellschaft; Religionen werden von den verschiedenen Seiten instrumentalisiert
- Politische Motive: Verteilungsstreit von Gebieten → politische Motive sind zentral

Lösungsvorschlag M2d
„9/11"

„9/11" und die folgenden Kriege

(1) Der Konflikt und seine Ursachen

- Ziel der al-Qaida: Errichtung eines islamischen Gottesstaats für alle „Rechtgläubigen"
  - → Krieg gegen „westliche" Staaten: al-Qaida vermutet eine weltweite antiislamische Verschwörung
  - → vor 11. September 2001: verschiedene Anschläge auf US-Einrichtungen
  - → **Anschläge des 11. September 2001 (= „9/11"):** Angriff auf Symbole der Macht, des Kapitals und der Wirtschaft; „Verwundung" der sich sicher glaubenden USA
- Reaktion der US-Regierung: **Militärschläge/Krieg gegen Afghanistan und Irak**
  - → USA fühlen sich bedroht durch Terroristen und Massenvernichtungswaffen in den Händen von Terroristen
  - → vier Wochen nach dem 11. September 2011: USA und Großbritannien reagieren mit einem Militärschlag gegen das Taliban-Regime in Afghanistan, das Osama bin Laden (Kopf von al-Qaida) Unterschlupf gewährt → Sturz des Taliban-Regimes
  - → März 2003: „Präventivkrieg" gegen den Irak → USA sieht die Gefahr von islamistischen Terroranschlägen noch nicht gebannt und spricht von Massenvernichtungswaffen im Irak sowie einer Verbindung zwischen dem irakischen Staatschef Saddam Hussein und der al-Qaida (stellte sich nach heutigem Wissen als falsch heraus)

(2) Beteiligte Religionen in diesem Konflikt

- Terroristen berufen sich auf den Islam (islamistische Terrororganisation „al-Qaida") und sehen sich durch „westliche" Länder in Bedrängnis
- USA und andere Länder sind aufgrund ihrer Geschichte mehrheitlich christlich; US-Präsident George W. Bush verwendete kurzzeitig den Begriff „Kreuzzug"

(3) Einordnung des Konflikts

- religiöse Motive:
  - o Ziel der al-Qaida: Errichtung eines islamischen Gottesstaats für alle „Rechtgläubigen"
  - o US-Präsident Bush nahm religiöse Motive sprachlich kurzzeitig mit der Rede von einem „Kreuzzug gegen Terroristen" auf
- politische Motive: bei den USA werden geopolitische Interessen vermutet
- materielle Motive: bei den USA werden wirtschaftliche Interessen (z.B. Ölvorkommen im Irak) vermutet

3. Stunde: Was sagen die Heiligen Schriften von Islam und Christentum über Gewalt? (Phase: Erarbeitung)

Zeit	Unterrichtssequenz	Inhalt, Ablauf, Methoden	Sozialformen	Medien
15'	Einstieg	Im Lehrervortrag erhalten die SuS Informationen über die Entstehungszeit der Heiligen Schriften. Hierzu wird die Grafik auf dem Arbeitsblatt den SuS auf Folie gezeigt. Der Lückentext wird abgedeckt.	LV	L4: Grafik und Lösungsfolie „Heilige Schriften" M3: Heilige Schriften → für LV als Folie
		Im Anschluss erhalten die SuS das Arbeitsblatt (M3) mit der Aufgabe, ihr bisheriges Wissen zu überprüfen, indem sie die Lücken des Lückentextes in Einzelarbeit ausfüllen.	EA	
		Die Ergebnisse werden im Plenum mit der Lösungsfolie verglichen und besprochen.	UG	
15'	Erarbeitung	Die SuS teilen sich in Kleingruppen (2-3 SuS) auf und bearbeiten eines der beiden Arbeitsblätter (M4a oder M4b).	GA	M4a: Gewalt(losigkeit) in der Bibel M4b: Gewalt(losigkeit) im Koran → arbeitsteilig
		Jede Gruppe hält die Ergebnisse mit Blick auf die offene Expertenrunde für sich fest.		
10'	Ergebnispräsentation	Offene Expertenrunde: zum Ablauf vgl. L5.	UG	L5: Offene Expertenrunde
5'	Ergebnissicherung	Zentrale Inhalte der offenen Expertenrunde werden durch den Moderator (L) zusammengefasst und schriftlich fixiert (TA/Diktat).	LV	Tafel/OHP

Entstehungszeiträume von Bibel und Koran

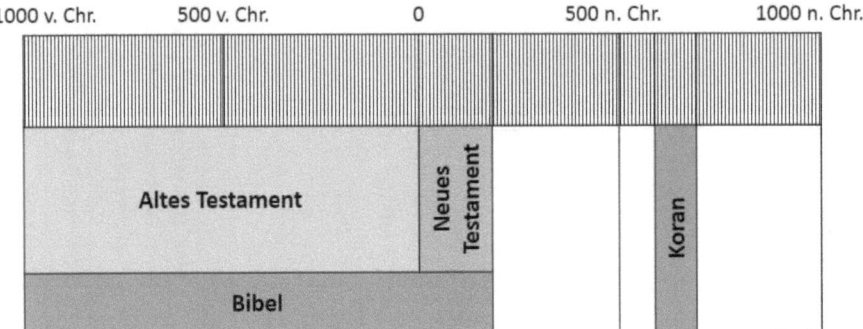

Umgang mit Heiligen Schriften

Bibel aus christlicher Sicht

- Heilige Schrift des
  _____

- von verschiedenen
  _____ zu
  _____ Zeiten ge-
  schriebene Texte
- Aufteilung in
  _____
  _____; darin je-
  weils verschiedene

- _____
  _____ Beurtei-
  lung biblischer Aussagen

- Außerhalb des Gottesdienstes
  _____ Um-
  gang mit der Bibel vorgegeben

Koran aus muslimischer Sicht

- Heilige Schrift des _____

- _____
  durch den Engel Gabriel im Laufe von
  _____ Jahren übermittelt

- Aufteilung in _____, die nicht
  chronologisch, sondern
  _____ geordnet sind

- Auslegung des Korans
  _____,
  v.a. als Erläuterung zum Verständnis
  der einzelnen Verse (Bedeutung, Anlass, Reihenfolge)

- _____ Umgang
  mit dem Koran (z.B. rituelle Waschung
  vor dem Anfassen/Lesen, nicht auf den
  Boden legen, nicht in arabischen Originaltext schreiben)

Lösungswörter:

kritische	Menschen	Islam	Wort Gottes	114 Suren
der Länge nach	in Korankommenta-ren	Erstes/Altes und Neues Testament	kein besonde-rer	verschiedenen
Bücher	22	besonders respektvoller	Christentums	Propheten Moham-med

Entstehungszeiträume von Bibel und Koran

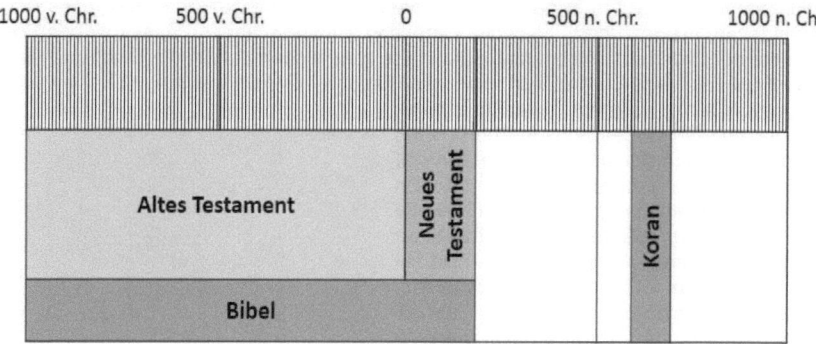

Umgang mit Heiligen Schriften

Bibel aus christlicher Sicht

- Heilige Schrift des <u>Christentums</u>
- von <u>verschiedenen Menschen</u> zu <u>verschiedenen Zeiten</u> ge- schriebene Texte (zwischen ca. 1000 v.Chr. und 100 n.Chr.)
- Aufteilung in <u>Erstes/Altes und Neues Testament</u>; darin jeweils verschiedene <u>„Bücher"</u>
- <u>kritische</u> Beurteilung biblischer Aussagen

- Außerhalb des Gottesdienstes <u>kein besonderer</u> Umgang mit der Bibel vorgegeben

Koran aus muslimischer Sicht

- Heilige Schrift des <u>Islam</u>
- <u>Wort Gottes</u>, das dem <u>Propheten Mohammed</u> durch den Engel Gabriel im Laufe von <u>23</u> Jahren übermittelt (610-632 n.Chr.)
- Aufteilung in <u>114 Suren (Kapitel),</u> die nicht chronologisch, sondern <u>der Länge nach</u> geordnet sind
- Auslegung des Korans <u>in Koran- kommentaren</u> v.a. als Erläuterung zum Verständnis der einzelnen Verse (Bedeutung, Anlass, Rei- henfolge)
- <u>besonders respektvoller Umgang</u> mit dem Koran (z.B. rituelle Wa- schung vor dem Anfassen/Lesen, nicht auf den Boden legen, nicht in arabischen Originaltext schrei- ben)

M4a
Bibel

Gewalt(losigkeit) in der Bibel

Josua 6,1-5 und 20+21

Jericho aber war verschlossen und verwahrt vor den Israeliten, sodass niemand heraus- oder hineinkommen konnte. Aber der HERR sprach zu Josua: Sieh, ich habe Jericho samt seinem König und seinen Kriegsleuten in deine Hand gegeben. Lass alle Kriegsmänner rings um die Stadt herumgehen "einmal" und tu so sechs Tage lang. Und lass sieben Priester sieben Posaunen tragen vor der Lade her, und am siebenten Tage zieht siebenmal um die Stadt und lass die Priester die Posaunen blasen. Und wenn man die Posaune bläst und es lange tönt, so soll das ganze Kriegsvolk ein großes Kriegsgeschrei erheben, wenn ihr den Schall der Posaune hört. Dann wird die Stadtmauer einfallen und das Kriegsvolk soll hinaufsteigen, ein jeder stracks vor sich hin. (...) Da erhob das Volk ein Kriegsgeschrei und man blies die Posaunen. Und als das Volk den Hall der Posaunen hörte, erhob es ein großes Kriegsgeschrei. Da fiel die Mauer um und das Volk stieg zur Stadt hinauf, ein jeder stracks vor sich hin. So eroberten sie die Stadt und vollstreckten den Bann an allem, was in der Stadt war, mit der Schärfe des Schwerts, an Mann und Weib, Jung und Alt, Rindern, Schafen und Eseln.

Micha 4,1-4

Am Ende der Tage wird es geschehen: (...) Viele Nationen machen sich auf den Weg. Sie sagen: Kommt, wir ziehen hinauf zum Berg des Herrn, zum Haus des Gottes Jakobs. Er zeige uns seine Wege, auf seinen Pfaden wollen wir gehen. Denn vom Zion kommt die Weisung, aus Jerusalem kommt das Wort des Herrn. Der Herr spricht Recht im Streit vieler Völker, er weist mächtige Nationen zurecht. Dann schmieden sie Pflugscharen aus ihren Schwertern, und Winzermesser aus ihren Lanzen. Man zieht nicht mehr das Schwert, Volk gegen Volk, und übt nicht mehr für den Krieg.

Matthäus 5,38-48

Ihr habt gehört, dass gesagt worden ist: Auge um Auge, Zahn um Zahn! Ich aber sage euch: Leistet dem, der euch etwas Böses antut, keinen Widerstand, sondern wenn dich jemand auf die rechte Wange schlägt, dann halte ihm auch die andere hin. Will jemand mit dir rechten und dir deinen Rock nehmen, dann lass ihm auch den Mantel. Nötigt dich jemand, eine Meile weit mitzugehen, dann geh zwei mit ihm. Wer dich bittet, dem gib; wer von dir borgen will, den weise nicht ab.
Ihr habt gehört, dass gesagt worden ist: Du sollst deinen Nächsten lieben und deinen Feind hassen. Ich aber sage euch: Liebt eure Feinde und betet für die, die euch verfolgen, damit ihr Kinder eures Vaters im Himmel werdet, der seine Sonne aufgehen lässt über Böse und Gute, und es regnen lässt über Gerechte und Ungerechte. Denn wenn ihr nur jene liebt, die euch lieben, welchen Lohn könnt ihr dafür erwarten? Tun das gleiche nicht auch die Zöllner? Und wenn ihr nur eure Freunde grüßt, was tut ihr da Besonderes? Tun das gleiche nicht auch die Heiden? Seid also vollkommen, wie euer himmlischer Vater vollkommen ist.

(Textquelle: Die Bibel nach der Übersetzung Martin Luthers in der revidierten Fassung von 1984. Durchgesehene Ausgabe in neuer Rechtschreibung. © 1984 Deutsche Bibelgesellschaft, Stuttgart; Bildquelle: BettinaF / pixelio.de, http://www.pixelio.de/media/619648, 04.12.2012)

Arbeitsauftrag:

(1) Beschreiben Sie, wie mit dem Thema Gewalt in diesen Bibelstellen umgegangen wird.

(2) Beurteilen Sie, ob anhand dieser Textstellen grundsätzlich gesagt werden kann, dass die Bibel zu Gewalt aufruft.

(3) Halten Sie Ihre Ergebnisse für sich als Notiz fest.

Gewalt(losigkeit) in der Bibel

(1) Umgang mit Gewalt in diesen Bibelstellen:

Josua 6,1-5 und 20+21: Gott trägt Josua auf, wie die Israeliten eine Stadt erobern können. Die Israeliten erobern die Stadt erfolgreich und gewaltsam.
Die gewaltsame Eroberung von Jericho wird von Gott geführt. Zwar fällt das Stadttor ohne menschliches Zutun ein, aber die Szene der Eroberung, die dann folgt, ist sehr gewaltvoll – alle Tiere und Menschen werden getötet.
Deutungsmöglichkeit: Durch die Schlacht wird ins Bewusstsein geführt, dass Gott auf der Seite Israels kämpft.

Micha 4,1-4: Vision, dass am Ende der Tage alle Völker zusammen zum Berg des Herrn ziehen werden, wo der Herr Streit schlichtet und Frieden herrschen wird.
Blick in eine Zukunft, in welcher das Ende der Gewalt vorhergesagt wird. „Am Ende der Tage" werden die Werkzeuge, welche im Krieg ihren Gebrauch finden (Schwerter, Lanzen), in Werkzeuge verwandelt, die bei einem friedlichen Zusammenleben gebraucht werden können (Winzermesser, Pflugscharen).
Deutungsmöglichkeit: Die Geschichte der Welt und der Menschen ist auf ein Ziel ausgerichtet: Frieden unter den Völkern. Diesen Frieden wird Gott herstellen.

Matthäus 5,38-48: Jesus stellt dar, dass nicht mit Gewalt (Auge um Auge, Zahn um Zahn), sondern mit bedingungsloser Gewaltlosigkeit gehandelt werden soll, was er in Form verschiedener Beispiele darlegt (schlägt dir jemand auf die rechte Wange, halte ihm auch die andere hin) und noch steigert, indem er nicht nur zur (leicht möglichen) Nächstenliebe, sondern sogar zur Feindesliebe auffordert.

Jesus blickt nicht auf einen Tag in der Zukunft, sondern setzt bei jedem einzelnen Menschen in der Gegenwart an. Er fordert dabei bedingungslose Gewaltlosigkeit, welche bis zur Feindesliebe geht.

Deutungsmöglichkeit: Jesus spricht in sehr klaren Worten davon, wie wichtig es ist, nicht mit Gewalt gegen andere vorzugehen. Dem alttestamentlichen „Auge um Auge, Zahn um Zahn" stellt er die absolute Feindesliebe entgegen.

(2) Kann anhand dieser Textstellen grundsätzlich gesagt werden, dass die Bibel zu Gewalt aufruft?

Wichtig für den Umgang mit Bibeltexten ist die Einsicht der historisch-kritischen Bibel-Exegese, dass die biblischen Texte von menschlichen Autoren mit bestimmten Überzeugungen und Intentionen verfasst wurden. Das gilt auch für alle hier behandelten Texte.

So lässt sich folgende These entwickeln: Die Texte aus dem Alten Testament gehen davon aus, dass es Kriege gibt. Dennoch geben sie die Hoffnung auf Frieden nicht auf und sind davon überzeugt, dass Gott auf der Seite derer steht, die an ihn glauben und entsprechend handeln. Grundsätzlich ruft die Bibel also nicht zu Gewalt auf. Es gibt Stellen in der Bibel, die zum Krieg aufzurufen scheinen oder die von Gewalt berichten, ohne diese direkt zu kritisieren. Gleichzeitig finden sich viele Stellen, die Gewaltlosigkeit in den Mittelpunkt rücken. Jesus fordert die Menschen in der Bergpredigt auf, ihre Feinde zu lieben und Gewalt nicht mit Gewalt zu beantworten, was nur als Aufruf gegen jede Gewalt verstanden werden kann.

Leitend ist in der Bibel insgesamt die Vision eines Zusammenlebens in Frieden. Grundsätzlich kann deshalb nicht gesagt werden, dass die Bibel zu Gewalt aufruft.

M4b
Koran

Gewalt(losigkeit) im Koran

Sure 9:29 (Die Reue)

Kämpft gegen diejenigen, die nicht an Allah und an den Jüngsten Tag glauben, und die das nicht für verboten erklären, was Allah und Sein Gesandter für verboten erklärt haben, und die nicht dem wahren Glauben folgen – von denen, die die Schrift erhalten haben, bis sie eigenhändig den Tribut in voller Unterwerfung entrichten.

Sure 5:30-32 (Der Tisch)

Doch er erlag dem Trieb, seinen Bruder zu töten; also erschlug er ihn und wurde einer

von den Verlierern. Da sandte Allah einen Raben, der auf dem Boden scharrte, um ihm zu zeigen, wie er den Leichnam seines Bruders verbergen könne. Er sagte: „Wehe mir! Bin ich nicht einmal im Stande, wie dieser Rabe zu sein und den Leichnam meines Bruders zu verbergen?" Und da wurde er reumütig. Deshalb haben Wir den Kindern Israels verordnet, dass, wenn jemand einen Menschen tötet, ohne dass dieser einen Mord begangen hätte, oder ohne dass ein Unheil im Lande geschehen wäre, es so sein soll, als hätte er die ganze Menschheit getötet; und wenn jemand einem Menschen das Leben erhält, es so sein soll, als hätte er der ganzen Menschheit das Leben erhalten. (…)

Sure 22:38-40 (Die Pilgerfahrt)

Wahrlich, Allah verteidigt jene, die gläubig sind. Gewiss, Allah liebt keinen Treulosen, Undankbaren. Die Erlaubnis, (sich zu verteidigen) ist denen gegeben, die bekämpft werden, weil ihnen Unrecht geschah – und Allah hat wahrlich die Macht, ihnen zu helfen – jenen, die schuldlos aus ihren Häusern vertrieben wurden, nur weil sie sagten: „Unser Herr ist Allah." Und wenn Allah nicht die einen Menschen durch die anderen zurückgehalten hätte, so wären gewiss Klausuren, Kirchen, Synagogen und Moscheen, in denen der Name Allahs oft genannt wird, niedergerissen worden. Und Allah wird gewiss dem zum Sieg verhelfen, der für Seinen Sieg eintritt. Allah ist wahrlich Allmächtig, Erhaben.

(Koranverse entnommen aus: Die ungefähre Bedeutung des Al Qur'an Al Karim in deutscher Sprache aus dem Arabischen von Abu-r-Rida' Muhammad ibn Ahmad ibn Rassoul; Bildquelle: BettinaF: http://www.pixelio.de/media/619648

Arbeitsauftrag:

(1) Beschreiben Sie, wie mit dem Thema Gewalt in diesen Koranversen umgegangen wird.
(2) Beurteilen Sie, ob anhand dieser Textstellen grundsätzlich gesagt werden kann, dass der Koran zur Gewalt aufruft.
(3) Halten Sie Ihre Ergebnisse für sich als Notiz fest.

Lösungsvorschlag 4b
Koran

Gewalt(losig)keit im Koran

(1) Umgang mit Gewalt in den vorliegenden Koranversen:

Koran, Sure 9:29 (Die Reue): In diesem Vers werden die Muslime dazu aufgefordert, jene, die nicht an Gott glauben, zu bekämpfen bis sie entweder freiwillig den Islam annehmen oder eine Steuer zahlen und sich somit dem islamischen Herrschaftsbereich anschließen. In diesem Vers wird der Kampf für die Muslime zur Pflicht gemacht, wenn es darum geht, die Religion und sich selbst zu verteidigen, bzw. wenn ihnen Unrecht geschieht. Gleichzeitig wird gesagt, dass niemand zur Annahme des Islam gezwungen werden darf.

Koran, Sure 5:30-32 (Der Tisch): Die Verse betonen den Wert und das Lebensrecht jedes Menschenlebens, das es zu schützen und zu verteidigen gilt und verbietet jedes unrechtmäßige Töten.

Koran, Sure 22:39ff (Die Pilgerfahrt): Die Verse geben die Erlaubnis zum Kampf, wenn er der Selbstverteidigung und der Verhinderung und Bekämpfung von Ungerechtigkeit dient. Außerdem wird gesagt, dass Gott den Menschen hilft, die sich für Gott und den Schutz der Religion einsetzen.

(2) Kann anhand dieser Textstellen grundsätzlich gesagt werden, dass der Koran zu Gewalt aufruft?

Im Koran gibt es Stellen, die Gewalt unter bestimmten Bedingungen rechtfertigen und erlauben. Dabei geht es vor allem um das Recht der Selbstverteidigung, das Bekämpfen von Ungerechtigkeit sowie den Schutz der Religionen und Menschenleben an sich. Gleichzeitig wird aber auch der besondere Wert jedes Menschenlebens, das es unter allen Umständen zu schützen gilt, betont und jede ungerechtfertigte Gewaltanwendung verboten.

Grundsätzlich kann deshalb nicht gesagt werden, dass der Koran zu Gewalt aufruft.

**Erläuterungen zur Expertenrunde
„Gewalt – legitimiert durch Bibel und Koran?"**

- Die SuS sitzen im (Außen-)Kreis oder (bei Zeit- oder Platzmangel) an ihrem Platz.
- **Vier Gruppen (jeweils zwei zur Bibel und zwei zum Koran) stellen eine „Expertin" bzw. einen „Experten" (E** im Innenkreis bzw. bei Zeit- oder Platzmangel auf dem Podium, das für alle gut sichtbar ist). Möchte jemand anders die Rolle einnehmen, kann er/sie auf die Schulter des/der auf einem Expertenstuhl Sitzenden tippen und mit ihr/ihm tauschen.

- **Ein Stuhl (X) bleibt frei** für SuS aus dem Außenkreis, die eine Frage stellen oder eine Meinung kundtun wollen.
- **L ist Moderator (M)**

L eröffnet die offene Expertenrunde:

Herzlich willkommen zu unserer Expertenrunde zum Thema „Gewalt – legitimiert durch Bibel und Koran?".

Nicht nur in der Vergangenheit, sondern auch heute gibt es viele Konflikte und Kriege, die im Namen von Religionen geführt werden. Wir kennen die Kreuzzüge, den Nordirland-Konflikt, 9/11 und die folgenden Kriege, den Nahostkonflikt – und die aktuellen Auseinandersetzungen [ggf. Irak und Syrien oder andere nennen].

Oft werden für Kriege religiöse Begründungen angeführt, obwohl zum Beispiel ökonomische Interessen oder der Wunsch nach Macht der eigentliche Grund sind. Trotzdem berufen sich Konfliktparteien auf ihre Religion.

Zu unserer heutigen Runde haben wir Expertinnen und Experten eingeladen, die uns Auskunft darüber geben können, wie die Heiligen Schriften im Islam und im Christentum zur Gewalt stehen.

Fragen an die Expertenrunde:

- *Wie wird in der Bibel/im Koran – vor allem in den Stellen, mit denen Sie sich besonders gut auskennen – mit Gewalt umgegangen?*
- *Welche Gemeinsamkeiten sehen Sie zwischen Bibel und Koran?*
- *Welche Unterschiede sehen Sie zwischen Bibel und Koran?*
- *Kann auf Grundlage dieser Textstellen gesagt werden, dass die Bibel/der Koran zu Gewalt aufruft? Inwiefern legitimiert die Bibel oder der Koran Gewalt?*

→ **L kommt als Moderator hier gleichzeitig die Rolle zu, falsche Aussagen (z.B. pauschal: Gewalt käme nur im AT vor) zu korrigieren sowie Unklarheiten durch das Einspeisen von Hintergrundinformationen auszuräumen.**

→ Möglichkeit aller SuS durch Tausch in den Innenkreis als Expertin/Experte aufzutreten oder Fragen/Meinungen einzubringen.

4. Stunde: Was wissen wir über den Islam in Deutschland? Grundinformationen (Phase: Erarbeitung)

Zeit	Unterrichtssequenz	Inhalt, Ablauf, Methoden	Sozialformen	Medien
15'	Einstieg und Erarbeitung 1	Thema und Ablauf benennen: - In dieser Stunde soll es um Grundinformationen zum Islam in Deutschland gehen. *(Dass die SuS sich im Christentum auskennen, wird aufgrund des bisherigen Religionsunterrichts vorausgesetzt.)* - In der ersten Stundenhälfte wird Wissen erarbeitet, das in der zweiten Stundenhälfte getestet wird. SuS bearbeiten M5 in EA.	EA	M5: Fallgeschichte
10'	Erarbeitung 2	Möglichkeit für Rückfragen im Plenum	Plenum	
20'	Übung	Quiz im Stil der Smartphone-App „Quizduell" (vgl. Spielanleitung auf L7)	GA	L6: Quiz als Präsentation L7: Spielanleitung M6: Quizduell M7: Lösungen Quizduell

Fallgeschichte Familie Erdal:
Muslimisches Leben in Deutschland

Deniz Erdal, 34 Jahre, Enkel von türkischen Einwanderern, ist junger Familienvater mit deutscher Staatsbürgerschaft. Er ist Gas- und Wasserinstallateur und hat vor drei Jahren den Handwerksbetrieb seines Ausbildungsmeisters übernommen. Seit 12 Jahren ist er mit Merve verheiratet. Auch sie ist in Deutschland geboren; ihre Großeltern kamen wie die meisten Einwanderer aus der Türkei als Gastarbeiter in den 1970er Jahren nach Deutschland.

Merve arbeitet in Teilzeit als Krankenpflegerin. Zusammen haben sie zwei Kinder. Beide haben die deutsche Staatsbürgerschaft. Seit 2014 gilt, dass in Deutschland geborene Kinder von Eltern mit Migrationshintergrund eine doppelte Staatsbürgerschaft haben dürfen, wenn sie bis zu ihrem 21. Geburtstag acht Jahre in Deutschland gelebt oder sechs Jahre lang eine deutsche Schule besucht haben.

Im Islam haben die Kinder die Religion des Vaters und müssen muslimisch erzogen werden. In Deutschland leben ca. 20% der Muslime in einer interreligiösen Ehe. Ehen zwischen muslimischen Männern und christlichen oder jüdischen Frauen sind erlaubt. Dies wird religiös damit begründet, dass jeder Muslim seiner Frau bestimmte Rechte zusichern muss (z.B. Unterhalt, freie Religionsausübung). Heiratet eine Muslima einen Mann mit einer anderen Religion, ist aus muslimischer Sicht nicht gewährleistet ist, dass ihr diese Rechte gewährt werden und sie muslimisch bleiben darf.

Die Familie gehört also zu den 5% muslimischen Einwohnern, die es insgesamt in Deutschland gibt. Sie zählen sich zu den Sunniten, der größten muslimischen Glaubensrichtung in Deutschland.

Merve trägt kein Kopftuch. In Deutschland tragen etwas mehr als ein Viertel der Muslimas ein Kopftuch. Im Alltagsleben achtet Merve – wie die überwiegende Mehrheit der deutschen Muslime – darauf, dass gemäß islamischen Speisevorschriften kein Schweinefleisch verzehrt wird. Auch wird in der Familie kein Alkohol getrunken.

Deniz' Vater ist Vorbeter in der örtlichen Moscheegemeinde, die als selbständiger Verein gegründet wurde und organisatorisch nicht in eine übergeordnete Institution eingebunden ist. Damit unterscheiden sich Moscheegemeinden von einer christlichen Kirchengemeinde, die eine Zentrale in ihrer jeweiligen Landeskirche bzw. Diözese hat. Allerdings gibt es in Deutschland mittlerweile einige islamische Dachverbände, welche die Interessen der Muslime in Deutschland vertreten wollen.

Auch Deniz' Familie besucht regelmäßig das Freitagsgebet, bei dem immer auch das Glaubensbekenntnis – eine tragende Säule des islamischen Glaubens – gesprochen wird. Mit dem Satz: *„Ich bezeuge, dass es keine Gottheit außer Gott gibt und dass Mohammed der Gesandte Gottes ist"* wird die Zugehörigkeit eines Menschen zum Islam bekundet. Neugeborenen wird dieses Bekenntnis gleich nach der Geburt ins Ohr geflüstert, um ihre islamische Religionszugehörigkeit zu bestätigen.

Das im Islam geforderte fünfmalige Tagesgebet praktizieren jedoch – wie über zwei Drittel der Muslime in Deutschland – weder Deniz noch Merve. Wichtig ist ihnen allerdings das Fasten im Ramadan. Deniz muss bei seiner körperlich auch anstrengenden Tätigkeit darauf achten, dass er vor der Morgendämmerung ein Frühstück zu sich nimmt, weil er dann bis zur Abenddämmerung nichts mehr essen und trinken und keinen Geschlechtsverkehr haben darf. Zudem soll er sich in Wort und Tat von allem Schlechten fernhalten. Auch die Pilgerfahrt nach Mekka haben die beiden als eine der Pflichten für gläubige Muslime schon erfüllt. Das fünfmalige Gebet, Fasten im Ramadan und die Pilgerfahrt nach Mekka gehören zu den fünf Säulen des Islam; das Glaubensbekenntnis und die Armensteuer sind zwei weitere Säulen. Muslime sind verpflichtet, von ihrem Reichtum einen bestimmten Teil an Bedürftige zu spenden, um so ihre Dankbarkeit gegenüber Gott auszudrücken und für soziale Gerechtigkeit zu sorgen.

Die fünf Säulen des Islam

GLAUBE | GEBET | ALMOSEN | FASTEN | PILGERFAHRT

6 Glaubensgrundsätze:

Glaube

1. an Gott,
2. an die Engel,
3. an die Schriften,
4. an die Propheten,
5. an den Jüngsten Tag,
6. an die Vorherbestimmung

Die fünf Säulen sind tragende Bausteine für die Glaubenspraxis von Muslimen. Daneben gibt es die sechs Glaubensgrundsätze, die das Fundament des islamischen Glaubensbekenntnisses sind: Der Glaube an Gott, an die Engel, an die Schriften, an die Propheten, an den Jüngsten Tag und an die Vorherbestimmung. Auf Letztere beziehen sich Muslime, wenn sie Schicksalsschläge bewältigen müssen. Der Glaube an die Vorherbestimmung hilft ihnen, auch in unangenehmen Situationen den Willen Gottes zu sehen und sie als gottgegeben anzunehmen. Außerdem gibt ihnen der Glaube an den Jüngsten Tag und die Auferstehung die Gewissheit auf ein gerechtes Urteil über alle ihre Taten, die im Laufe ihres Lebens von den Engeln aufgeschrieben werden. Gewalt gegenüber Mitmenschen gehört dabei zu den Taten, die im Islam und von der Mehrheit der Muslime abgelehnt werden.

Für Deniz und Merve ist es wichtig, dass die Vorschriften des Islam und die Glaubensgrundsätze auch im Alltag der Familie zur Geltung kommen. So haben sie ihre Kinder ermuntert, bei den Streitschlichterprojekten in der Schule mitzumachen, weil sie – wie die Mehrzahl der Muslime in Deutschland – Gewalt strikt ablehnen. Ihre Kinder waren im Katholischen Kindergarten, weil sich die Eltern über die vielen Gemeinsamkeiten in der christlichen und der islamischen Religion bewusst sind: Beide Religionen sehen beispielsweise in Abraham den Stammvater; sowohl in der Bibel wie im Koran wird von der Schöpfung der Welt durch den einen Gott berichtet, und der Koran kennt Jesus, zwar nicht als den Sohn Gottes und den Gekreuzigten, aber als Propheten.

Bildquellen: „Merve" und „Deniz": Bildquelle: Bachgasse | Büro für Gestaltung, Tübingen, www. bachgasse-bfg.de; „5 Säulen des Islam": EIBOR & KIBOR.

Aufgabe:

(3) Lesen Sie den Text.

(4) Unterstreichen Sie für sich neue Informationen, die Sie über muslimisches Leben in Deutschland erhalten.

(3) Informationen über muslimisches Leben in Deutschland:

- *Die meisten muslimischen Einwanderer nach Deutschland kamen in den 1970ern als Gastarbeiter (bzw. deren Angehörige) aus der Türkei.*
- *In Deutschland dürfen Kinder ausländischer Eltern zwei Staatsbürgerschaften haben, wenn sie bis zu ihrem 21. Geburtstag acht Jahre in Deutschland gelebt haben oder sechs Jahre lang eine deutsche Schule besucht haben.*
- *Im Islam wird die Religion über den Vater weitergegeben. Ehen zwischen muslimischen Männern und nichtmuslimischen Frauen sind deshalb im Islam erlaubt; umgekehrt sind jedoch Ehen zwischen Nichtmuslimen und Muslimas nicht erlaubt.*
- *In Deutschland leben ca. 20% der Muslime in solch einer religionsgemischten Ehe [zwischen Muslimen und Nichtmuslimen].*
- *In Deutschland gibt es 5% muslimische Einwohner.*
- *Sunniten sind die größte muslimische Glaubensrichtung in Deutschland.*
- *Ein Drittel der Muslimas in Deutschland tragen ein Kopftuch.*
- *Die Mehrheit der deutschen Muslime beachtet Speisevorschriften des Islam (z.B. kein Schweinefleisch, kein Alkohol).*
- *Moscheegemeinden sind selbständige Vereine und organisatorisch nicht in eine übergeordnete Institution eingebunden. Es gibt allerdings sogenannte Dachverbände.*
- *Mit dem Satz: „Ich bezeuge, dass es keine Gottheit außer Gott gibt und dass Mohammed der Gesandte Gottes ist" wird die Zugehörigkeit eines Menschen zum Islam bekundet.*
- *Fünf Säulen des Islam: Glaubensbekenntnis (wird Neugeborenen ins Ohr geflüstert), Gebet, Fasten, Pilgern, Almosen geben.*
- *Sechs Glaubensweisheiten: der Glaube an Gott, an die Engel, an die Schriften, an die Propheten, an den Jüngsten Tag und an die Vorherbestimmung.*
- *Die Mehrheit der Muslime lehnt Gewalt strikt ab.*
- *Abraham ist Urvater im Islam und Christentum.*
- *Bibel und Koran kennen die Schöpfung der Welt durch Gott.*
- *Jesus kommt im Koran als Prophet vor, nicht als Sohn Gottes und Gekreuzigter.*

Präsentation „Quizduell interreligiös"

Dieses Quiz finden Sie in digitaler Form auf der beigefügten DVD.

Ab der Folie nach der Spielanleitung läuft die Präsentation selbständig durch. Die Folien wechseln circa alle 15 Sekunden. Die Zeit, um eine Frage zu beantworten, ist dadurch begrenzt.

„Quizduell interreligiös"

Spielanleitung

Ziel des Spieles: Durch die richtige Beantwortung der jeweils nur kurz eingeblendeten Fragen möglichst viele Punkte erreichen.

Vorbereitung:
- Die SuS erhalten je eine Kopie des „Quizduell interreligiös" (M6).
- Der Ablauf des Spiels wird erklärt.

Ablauf:
- Start der Präsentation: Sobald die erste Frage angezeigt wird, läuft die Präsentation selbständig weiter. Die Zeit, um eine Frage zu beantworten, ist dadurch begrenzt.
- Spiel: Alle SuS tragen den Buchstaben der jeweils richtigen Antwort auf ihrem Lösungsbogen ein.

Auswertung:
- Alle SuS bekommen zur Ergebnissicherung ein Lösungsblatt (M7).
- Für jede richtige Antwort gibt es einen Punkt. Wer die meisten Punkte hat, hat gewonnen.

Hinweis: Bei Frage fünf sind die Antworten a) und c) richtig.

Viel Spaß!

„Quizduell interreligiös"

Tragen Sie den Buchstaben für die richtige Lösung (a, b, c)
in das Feld neben die Nummer der Frage ein.

1)	17)
2)	18)
3)	19)
4)	20)
5)	21)
6)	22)
7)	23)
8)	24)
9)	25)
10)	26)
11)	27)
12)	28)
13)	29)
14)	30)
15)	31)
16)	32)

„Quizduell interreligiös" – Lösung

(Richtige Antworten sind fett gedruckt)

Die fünf Säulen des Islam		
1.	Wohin soll ein gläubiger Muslim einmal im Leben pilgern?	a) **Nach Mekka** b) Nach Kairo c) Nach Jerusalem
2.	Wie oft muss ein gläubiger Muslim beten?	a) Dreimal täglich b) **Fünfmal täglich** c) Immer mittwochs
3.	Wann fasten Muslime im Ramadan?	a) Von 8 Uhr bis 20 Uhr b) **Von der Morgendämmerung bis zur Abenddämmerung** c) Immer freitags
4.	Muslime sollen an Bedürftige spenden, weil...	a) **sie verpflichtet sind, aus Dankbarkeit von ihrem Reichtum etwas abzugeben** b) Mohammed selbst Bettler war c) Bedürftige nicht betteln dürfen
5.	Was passt nicht zu den fünf Säulen des Islam?	a) **Glaubensbekenntnis, Fasten, Kopfbedeckung** b) Gebet, Armensteuer, Pilgerfahrt c) **Pilgerfahrt, Alkoholverzicht, Fasten**
Glaubensinhalte		
6.	Der Glaube an den Jüngsten Tag beinhaltet, dass...	a) **es eine Auferstehung gibt** b) das Weltende bevorsteht c) alle Menschen ins Paradies kommen
7.	Der Glaube an die Vorherbestimmung bedeutet, dass...	a) Gläubige sich nicht selbst anstrengen sollen b) **Gläubige auch unangenehme Situationen als gottgegeben akzeptieren sollen** c) nur Auserwählte auferstehen
8.	Der Glaube an die Engel beinhaltet, dass...	a) **gute wie böse Taten von Engeln aufgeschrieben werden** b) jeder seinen persönlichen Schutzengel hat c) Verstorbene zu Engeln werden
9.	Welche Aussage passt nicht zu den sechs Glaubenssätzen der Muslime?	a) Der Glaube an die Schriften b) Der Glaube an die Engel c) **Der Glaube an die Vorfahren**
Muslimisches Leben in Deutschland		
10.	Türkische Migranten kamen nach Deutschland überwiegend als ...	a) Asylsuchende b) **Gastarbeiter** c) Touristen
11.	In Deutschland geborene Kinder von Eltern mit Migrationshintergrund ...	a) **können unter bestimmten Bedingungen zwei Staatsbürgerschaften haben** b) müssen sich für eine Staatsbürgerschaft entscheiden c) haben automatisch nur die deutsche Staatsbürgerschaft
12.	Ist folgende Aussage richtig oder falsch? „Heutzutage sind bei Muslimen in Deutschland religionsgemischte Ehen die Regel."	a) Richtig b) **Falsch (Heutzutage leben ca. 20% der Muslime in einer religionsgemischten Ehe in Deutschland)**

13.	Ist folgende Aussage richtig oder falsch? „Bei den Muslimen in Deutschland gibt es analog zu den christlichen Kirchen Vereinigungen für die jeweiligen Bundesländer."	a) Richtig b) **Falsch (Im deutschen Islam gibt es keine mit den christlichen Kirchen vergleichbaren Vereinigungen für die jeweiligen Bundesländer)**
14.	Ist folgende Aussage richtig oder falsch? „Eine Studie des deutschen Innenministeriums (2012) ergab, dass die Mehrheit der Muslime Gewalt befürwortet."	a) Richtig b) **Falsch (Eine Studie des deutschen Innenministeriums (2012) ergab, dass die Mehrheit der Muslime Gewalt scharf ablehnt)**
	Muslimisches Leben in Prozent	
15.	Wie viel Prozent der Bevölkerung in Deutschland sind muslimisch?	a) Ca. 25% b) **Ca. 5%** c) Ca. 15%
16.	Wie viel Prozent der Muslime in Deutschland geben an, dass sie täglich beten?	a) **30%** b) 90% c) 3%
17.	Wie viel Prozent der muslimischen Frauen in Deutschland tragen Kopftuch?	a) 90% b) **25%** c) 10%
18.	Wie viel Prozent der Muslime in Deutschland verzichten aus religiösen Gründen auf bestimmte Speisen und Getränke?	a) Mehr als 30% b) Mehr als 50% c) **Mehr als 80%**
	Islam und Christentum	
19.	Christen glauben, dass…	a) Jesus in Nazareth geboren wurde b) Jesus in Jerusalem begraben ist c) **Jesus gekreuzigt wurde**
20.	Muslime glauben, dass…	a) Jesus Gottes Sohn war b) **Jesus Marias Sohn war** c) Jesus gekreuzigt wurde
21.	Wer bzw. was wird sowohl in der Bibel als auch im Koran erwähnt?	a) **Jesus, Abraham, Schöpfung** b) Maria, Jesus, Apostel Paulus c) Abraham, Moses, Schöpfung
22.	Wie wird man Muslim/a?	a) Durch Heirat mit einer Muslima/einem Muslim b) Durch die Mitgliedschaft in einer Moscheegemeinde c) **Durch das Aussprechen des muslimischen Glaubensbekenntnisses (Es lautet: *Ich bezeuge, dass es keine Gottheit außer Gott gibt und dass Mohammed der Gesandte Gottes ist*)**
23.	Welche interreligiösen Ehen sind im Islam erlaubt?	a) Alle; Religion spielt für die Ehe keine Rolle b) Keine: Interreligiöse Ehen sind im Islam verboten c) **Ehen zwischen einem Muslim und einer Jüdin oder Christin**

Religionen und Gewalt		
24.	Ist folgende Aussage richtig oder falsch? „In der Bibel gibt es Texte, die Gewalt darstellen und diese nicht verurteilen."	a) **Richtig (vgl. M4)** b) Falsch
25.	Wann wurde der Koran niedergeschrieben?	a) Etwa zeitgleich zur Bibel b) **Im 7. Jahrhundert** c) Im Hochmittelalter
26.	Ist folgende Aussage richtig oder falsch? „Der Koran ruft zur Gewalt gegen alle Nichtmuslime auf."	a) Richtig b) **Falsch (vgl. M5)**
27.	Ist folgende Aussage richtig oder falsch? „Im christlichen Glauben wird Gewalt verurteilt."	a) **Richtig** b) Falsch
28.	Wie kann man mit widersprüchlichen Aussagen in Bibel oder Koran umgehen?	a) Man berücksichtigt, welche Aussage dem eigenen Glauben entspricht b) **Man berücksichtigt den Zusammenhang** c) Man berücksichtigt, was heute stimmiger ist
29.	Inwiefern spielen Religionen eine Rolle für 9/11 und die darauffolgenden Kriege?	a) **Die Attentäter verstanden sich selbst als Kämpfer für ihren Glauben** b) Bei den Kriegen kämpfte die christlich-jüdische Welt gegen islamische Länder c) Die Regierung der USA begründete die Kriege als christliche Mission
30.	Warum kam es zu den Kreuzzügen?	a) Christliche Pilger, die nicht mehr nach Jerusalem konnten, bewaffneten sich spontan b) Jerusalem war schon immer eine christliche Stadt. Als Muslime sie eroberten, schickte der Papst seine Armee c) **Papst Urban rief zu den Kreuzzügen auf, um das Byzantinische Reich gegen die Seldschuken zu unterstützen und Jerusalem zu erobern**
31.	Welche Gruppierungen stießen in Nordirland am Bloody Sunday aufeinander?	a) **Demonstranten und Soldaten** b) Katholiken und Protestanten c) Irische und britische Demonstranten
32.	Wie begann die Gewalt im Nahost-Konflikt?	a) Palästinensische Selbstmordattentäter verübten einen Anschlag auf Israel b) **Arabische Staaten akzeptierten den Teilungsplan der UN nicht und griffen Israel an** c) Die israelische Armee griff palästinensische Orte an

5. Stunde: Rollenübernahme (Phase: Sicherung, Übung)

Zeit	Unterrichtssequenz	Inhalt, Ablauf, Methoden	Sozialformen	Medien
25'	Einstieg und Übung 1	Übung „JA oder NEIN" (vgl. Übungsanleitung auf L8)	Klasse	L8: Übungsanleitung „JA oder NEIN" M8: Übung „JA oder NEIN"
20'	Übung 2	Übung „Rollenübernahme" Die SuS werden in zwei Gruppen eingeteilt und erhalten je M9a o-der M9b (Tina, Christin, oder Merve, Muslimin). Nun werden sie in dieser Rolle einer Gläubigen mit dem Gewalt-Vorwurf gegen ihre Religion konfrontiert und sollen aus ihrer Rolle eine Antwort auf den Vorwurf formulieren. *Bei dieser Aufgabe geht es ausdrücklich darum, aus der Rolle der Gläubigen einer bestimmten Religion (Christentum oder Islam) zu antworten, also aus der Perspektive einer bestimmten Religion zu argumentieren.* Austausch über erarbeitete Antworten im Plenum; ggf. Korrektur durch L. Ergebnissicherung: L notiert/diktiert gute Aspekte aus den Antwor-ten stichpunktartig; SuS sollen ihre Antworten ggf. ergänzen.	EA UG	M9a+b: Zurück auf der Party → arbeitsteilig

L8
Übungsanleitung „JA oder NEIN"

JA oder NEIN – wo stehen Sie? Übung mit verteilten Rollen

Ziel dieser Übung ist es, dass sich die SuS in andere Personen hineinversetzen. Dazu sind sechs fiktive Personen („Rollen") skizziert. Die SuS werden deshalb in sechs Gruppen eingeteilt. Jeder Gruppe wird eine der Rollen (1-6) zugewiesen. Die SuS finden diese Rollen auf M8.

1)	Ein evangelischer Schüler, der in der Jugendarbeit seiner Gemeinde engagiert ist.
2)	Eine katholische Schülerin aus Kroatien, deren Familie jeden Sonntag gemeinsam in die Kirche geht.
3)	Ein Schüler, der christlich getauft ist, aber nicht in den Religionsunterricht geht, weil er Ethik neutraler und interessanter findet.
4)	Eine muslimische Schülerin, die von al-Qaida fasziniert ist.
5)	Ein muslimischer Schüler, der in der Türkei geboren wurde und in dessen Familie der Islam (z.B. durch die Gebete, den Moscheebesuch, den Ramadan) eine wichtige Rolle spielt.
6)	Eine Schülerin, die nicht an Gott glaubt und Religionen für eine menschengemachte Sache hält.

Vorbereitung:

- Die SuS setzen sich in Gruppenarbeit mit ihrer Rolle auseinander. Die Rollen sind nur skizziert, deshalb müssen die SuS selbst **überlegen, welche Haltung die beschriebene Person wohl haben würde**.
- Jede Gruppe bestimmt einen **Gruppensprecher**.
- Auf die **linke Tafelseite wird „JA"**, auf die **rechte Tafelseite „NEIN"** geschrieben.

Spiel:

- Die sechs Gruppensprecher stellen sich in Tafelmitte mit dem Rücken zur Tafel hin auf.
- Die Aussagen werden einzeln vorgelesen. Die sechs Gruppensprecher beantworten diese mit „ja" oder „nein", indem sie sich kommentarlos zur rechten oder linken Tafelseite bewegen. Zusätzlich notieren sie ihre Antwort auf der Tabelle des ausgeteilten Arbeitsblattes.
- Nicht immer gibt es eine eindeutig „richtige" Antwort. Trotzdem sollen die SuS **sich immer für „ja" oder „nein" entscheiden**; ein unentschiedenes „jein" ist nicht möglich.
- Die beobachtenden SuS notieren, wie sie selbst geantwortet hätten und wie derjenige, der ihre Rolle vorne vertritt, geantwortet hat.

Auswertung: Im Anschluss erfolgt eine Auswertung der Ergebnisse mit den Impulsen:

- Fiel es mir schwer, mich in die Rolle hineinzuversetzen? Warum (nicht)?
- Welches waren die richtigen Antworten? (Waren für unterschiedliche Rollen unterschiedliche Antworten „richtig"?)
- Haben die Gruppenmitglieder einheitlich oder unterschiedlich geantwortet? Warum?

Aussagen über den Glauben und zu Gewalt in den Religionen:

1.	Ich glaube an Gott.
2.	Ich bete einmal pro Woche oder öfter.
3.	Ich freue mich auf den gemeinsamen Schuljahresabschlussgottesdienst.
4.	Ich kann es gut verstehen, wenn Frauen aus religiösen Gründen ein Kopftuch tragen.
5.	Mich stört es, wenn in meinem Klassenzimmer ein Kreuz hängt.
6.	Sagt jemand zu mir „Du Ungläubige(r)!", ist das für mich eine Beleidigung.
7.	In meiner Religion gibt es eine Heilige Schrift, in der auch Gewalt vorkommt.
8.	Ein friedliches Zusammenleben in Deutschland und auf der ganzen Welt ist mir wichtig.
9.	Es gibt Situationen, die Gewalt rechtfertigen. Das lässt sich auch religiös begründen.
10.	Dass Menschen aus religiösen Gründen schlagen, töten oder Krieg führen, kann ich verstehen. Ich finde das richtig.

JA oder NEIN – Wo stehen Sie?
Übung mit verteilten Rollen

Sechs unterschiedliche Rollen:

1)	Ein evangelischer Schüler, der in der Jugendarbeit seiner Gemeinde engagiert ist.
2)	Eine katholische Schülerin aus Kroatien, deren Familie jeden Sonntag gemeinsam in die Kirche geht.
3)	Ein Schüler, der christlich getauft ist, aber nicht in den Religionsunterricht geht, weil er Ethik neutraler und interessanter findet.
4)	Eine muslimische Schülerin, die von al-Qaida fasziniert ist.
5)	Ein muslimischer Schüler, der in der Türkei geboren wurde und in dessen Familie der Islam (z.B. durch die Gebete, den Moscheebesuch, den Ramadan) eine wichtige Rolle spielt.
6)	Eine Schülerin, die nicht an Gott glaubt und Religionen für eine menschengemachte Sache hält.

Aufgaben:

(4) Ihrer Gruppe ist eine der sechs Rollen zugeordnet. Machen Sie sich gemeinsam ein Bild von dieser Rolle. Beschreiben Sie, was diese Person ausmacht und was ihr wichtig ist.

(5) Wählen Sie in Ihrer Gruppe eine Person aus, die die Rolle vor dem Plenum vertritt. Diese Person wird mit Aussagen konfrontiert, zu denen sie dann mit „Ja" oder „Nein" Stellung nehmen muss, indem sie sich kommentarlos auf das entsprechende Feld vor die Tafel stellt.

(6) Alle Gruppenmitglieder (auch der Gruppenvertreter) notieren auf der Tabelle, ob sie sich bei dieser Aussage für „Ja" oder „Nein" entscheiden. Die beobachtenden Gruppenmitglieder notieren zusätzlich die Antworten ihres Vertreters/ihrer Vertreterin.

	Meine Entscheidung in dieser Rolle		Entscheidung des Gruppensprechers in dieser Rolle	
Frage	JA	NEIN	JA	NEIN
1.				
2.				
3.				
4.				
5.				
6.				
7.				
8.				
9.				
10.				

Zurück auf der Party – Tina fragt Merve…

Bildquelle: Bachgasse | Büro für Gestaltung, Tübingen, www. bachgasse-bfg.de.

Langsam ergibt sich auf der Party eine heiße Diskussion über die Religionen Islam und Christentum. Tina sagt aufgebracht zu Merve:

Im Koran stehen doch lauter Sätze, die zur Gewalt auffordern! Wie kannst du nur so einer Religion angehören?

…

Aufgabe:

Formulieren Sie eine Antwort auf diesen Vorwurf aus der Sicht von Merve.

Zurück auf der Party – Merve fragt Tina…

Bildquelle: Bachgasse | Büro für Gestaltung, Tübingen, www. bachgasse-bfg.de.

Langsam ergibt sich auf der Party eine heiße Diskussion über die Religionen Islam und Christentum. Merve sagt aufgebracht zu Tina:

Die Christen halten sich ja nicht an die Maßstäbe von Jesus. Gewalt geht ja auch von Christen aus. Das sieht man nicht nur in der Vergangenheit, sondern auch aktuell in Nordirland und den Kriegen, in die die USA gezogen sind.

…

Aufgabe:

Formulieren Sie eine Antwort auf diesen Vorwurf aus der Sicht von Tina.

Merve könnte sagen:

> Das stimmt nicht, Tina. Du hast zwar Recht, dass im Koran Stellen vorhanden sind, die zu Gewalt auffordern, aber es gibt eben auch Suren, die das Gegenteil tun. So steht zum Beispiel im Koran, dass wir einander helfen sollen, rechtschaffen zu sein. Und dass der, der einen Menschen tötet, die ganze Menschheit tötet, wer aber einem Menschen hilft, der ganzen Menschheit geholfen hat (beides Sure 5). Wir werden im Koran also zu Gewaltlosigkeit und Frieden aufgefordert. Das ist mir sehr wichtig.

Tina könnte sagen:

> Moment mal, Merve. Ich finde, dass du hier jetzt zwei unterschiedliche Dinge miteinander vermischst. Das eine ist ein Problem, das durchaus vorhanden ist. Nämlich, dass es eben auch fundamentalistische Christen gibt, die leider zu Gewalt bereit sind. Allerdings hat das nichts mit dem eigentlich vorherrschenden Verständnis der Christen zu tun.
>
> Dass und wie die USA Krieg führen, hat politische Gründe; mit dem christlichen Glauben lässt sich das nicht legitimieren.
>
> Denn Jesus ruft uns in der Bergpredigt nicht nur zu Gewaltlosigkeit, sondern sogar zu Feindesliebe auf. Und auch die Gewalt beinhaltenden Stellen im Alten Testament können nicht einfach als Aufforderung zu Gewalt missverstanden werden. Meist geht es in den Texten darum, dass Gott denen hilft, die an ihn glauben und seine Gesetze befolgen.

6. Stunde: Glaubensbekenntnis auf dem Rücken – ein Schritt zu gewaltfreiem Umgang auf Grundlage von Religionen (Phase: Sicherung, Übung, Rückkehr zur Einstiegssituation)

Zeit	Unter-richtsse-quenz	Inhalt, Ablauf, Methoden	Sozialfor-men	Medien
20'	Erarbeitung und Austausch	In dieser Stunde soll zusammengetragen werden, was in den letzten Stunden gelernt wurde. Die SuS sollen deshalb im ersten Schritt versuchen, die Einstiegssituation der Unterrichtseinheit – das Gespräch zwischen Merve und Tina – zu lösen. Während es in der vorangehenden Stunde um die Perspektive einer bestimmten Religion ging, geht es nun um den pauschalen Vorwurf an Religionen allgemein, sie brächten Gewalt. Bearbeitung von M10 in EA. Verschiedene SuS stellen ihre Antwortvorschläge vor und bekommen ggf. Rückmeldungen aus der Klasse und von L. Sammlung wichtiger Aspekte in den Antworten an der Tafel/auf Folie; SuS sollen ihren Aufschrieb ggf. ergänzen.	EA / UG	M10: Antwort Tafel/OHP
20'	Transfer	Im zweiten Schritt geht es um eine kreative Weiterführung des Gelernten: In EA, PA oder GA (je nachdem, was passend erscheint) sollen die SuS ausgehend vom Beispiel des muslimischen De-signers Slogans zu gewaltfreiem Umgang miteinander auf religiöser Grundlage entwickeln.	EA/PA/GA	L9: Slogan → auf Folie weiße Blätter (dazu evtl. Stifte zum Zeichnen/Malen) [alternativ: PCs und Dru-cker]
5'	Ergebnis-präsenta-tion	Vorstellung einzelner Slogans/Vernissage aller in der Klasse. *Fakultativ:* Überlegung, wo die Slogans einen Platz (im Schulhaus, auf einer Homepage, auf Ge-genständen etc.) erhalten könnten.	Klasse	Klebeband/Nadeln zum Aufhängen der Slogans

Bringen Religionen Gewalt in die Welt?

Zur Erinnerung – Tina sagte:

Also, dann kann man ja wohl nur sagen, dass die beiden Religionen Christentum und Islam wohl schon immer Gewalt in die Welt gebracht haben und Gewalt eher fördern, oder?

Aufgabe:
Antworten Sie auf diese Äußerung. Berücksichtigen Sie in Ihrer Antwort die Arbeitsergebnisse der letzten Unterrichtsstunden.

Bildquelle: Bachgasse | Büro für Gestaltung, Tübingen, www. bachgasse-bfg.de.

Bringen Religionen Gewalt in die Welt?

Zur Erinnerung – Tina sagte:

Also, dann kann man ja wohl nur sagen, dass die beiden Religionen Christentum und Islam wohl schon immer Gewalt in die Welt gebracht haben und Gewalt eher fördern, oder?

Aufgabe:

Antworten Sie auf diese Äußerung. Berücksichtigen Sie in Ihrer Antwort die Arbeitsergebnisse der letzten Unterrichtsstunden.

Wenn man die Bibel und den Koran betrachtet, sieht man, dass in beiden Schriften Texte vorhanden sind, die Menschen zu Gewalt aufrufen. Aber es gibt eben sowohl im Koran als auch in der Bibel Texte, die zu friedlichem Zusammenleben und gegenseitiger Hilfe auffordern und Gewalt verurteilen.

Wenn man die verschiedenen Konflikte, die es gibt, ansieht, kann man sehen, dass aus beiden Religionen heraus Gruppierungen entstanden sind, die in Gewalt eine Lösung sehen und die Gewalt mit ihrem Glauben rechtfertigen. Aber weder die Bibel noch der Koran rechtfertigen Gewalt so einfach.

Zudem haben vermeintlich religiöse Konflikte meist weltliche Hintergründe (z.B. soziale, ökonomische). [Das zeigt sich auch im aktuellen Konflikt ...]

Wenn Menschen mit unterschiedlichen religiösen Überzeugungen aufeinandertreffen, dann kann es natürlich immer zu Meinungsverschiedenheiten oder Auseinandersetzungen kommen. Aber der Islam und das Christentum sowie auch andere Religionen fordern dazu auf, Konflikte ohne Gewalt zu lösen!

„Terrorism has no religion" – Entwickeln Sie einen Slogan!

---

*Das im Unterricht eingesetzte Bild wird hier aus
urheberrechtlichen Gründen nicht wiedergegeben.
Es zeigt eine Person, deren Pullover auf dem Rücken
die Aufschrift zeigt: „Terrorism has no religion".*

Beispiel für einen Slogan (© Styleislam)
Bildquelle: http://cizer.wordpress.com/2008/11/04/onyargilara-karsi-cizi-mesajlar-bir-basari-hikayesi-styleislam-
com/terrorism_has_no_religion/; 21.02.2017

Arbeitsauftrag

- Überlegen Sie sich einen Slogan für einen gewaltfreien Umgang miteinander, der auf Grundlage der Religionen basiert und gegen Gewalt im Namen von Religionen spricht.

- Berücksichtigen Sie hierbei, was Sie in den in den letzten Unterrichtsstunden erarbeitet haben.

- Gestalten Sie den Slogan grafisch so, dass er auf Kleidungsstücke, Accessoires oder anderes gedruckt werden könnte.

Beispiele für Slogans

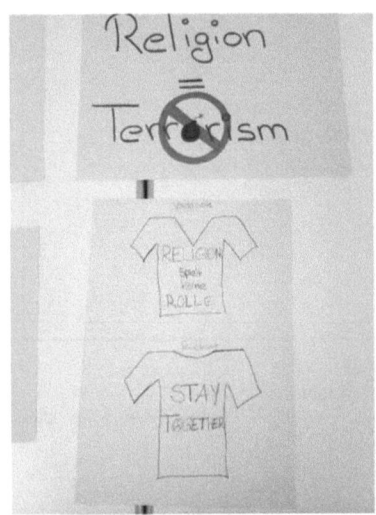

Anhang B. Fragebogen zur Erfassung von religionsbezogenen Einstellungen, religionsbezogenem Wissen und religionsbezogener Perspektivenübernahme.[1]

Liebe Schülerin, lieber Schüler,

mit diesem Fragebogen möchten wir erfahren, was Sie über Christentum und Islam wissen und wie Sie über diese Religionen denken.

Bitte lesen Sie die Fragen sorgfältig durch und beantworten Sie die Fragen alleine. Beantworten Sie alle Fragen und lassen Sie keine aus, auch wenn die Fragen ähnlich sind oder in Ihrem Unterricht nicht behandelt wurden! Wichtig ist, dass die Antworten Ihre persönliche Sicht der Dinge zeigen und Ihren derzeitigen Kenntnisstand wiedergeben. Sollten Sie bei einer Antwortmöglichkeit keine für Sie zutreffende Antwort finden, dann wählen Sie bitte die Möglichkeit, die Ihrer Einstellung am nächsten kommt.

Das Ausfüllen des Fragebogens ist freiwillig.

Noch ein Hinweis: Bezeichnungen wie „Muslime" oder „Christen" stehen der Einfachheit halber in der Regel für weibliche und männliche Personen.

Schon einmal vielen Dank fürs Antworten!

Teil 1: Was wissen Sie über Christentum und Islam?

1. Wie heißt das Heilige Buch des Islam?
Kreuzen Sie bitte die zutreffende Antwort an.

Thora	Bibel	Evangelium	Koran
☐	☐	☐	☐

2. Der Islam entstand zeitlich gesehen ...
Kreuzen Sie bitte die zutreffende Antwort an.

... nach dem Christentum.	... vor dem Christentum.	... parallel zum Christentum.
☐	☐	☐

3. Was trifft zu?
Bitte entscheiden Sie für jede der beiden Aussagen, ob sie zutrifft oder nicht (in jeder Zeile ein Kreuz).

		stimmt	stimmt eher	stimmt eher nicht	stimmt nicht
3.1	Im Koran wird von Jesus erzählt.	☐	☐	☐	☐
3.2	In der Bibel wird von Mohammed erzählt.	☐	☐	☐	☐

---

[1] Die Instruktionen auf der ersten Seite des Fragebogens sind hier leicht gekürzt abgedruckt. Nicht wiedergegeben sind Teilnehmerinformationen und Anweisungen, die sich im Wesentlichen auf die Wahrung der Anonymität sowie die Angabe eines persönlichen, anonymisierten Codes beziehen, welcher die Zuordnung der Fragebögen über die Messzeitpunkte hinweg ermöglicht.

4. Welche Aussagen treffen auf welche Religion zu?

Bitte entscheiden Sie für jede der Aussagen, ob sie zutrifft oder nicht (in jeder Zeile ein Kreuz).

		nur im Christentum	nur im Islam	im Christentum und Islam	trifft auf keine zu
4.1	Die Heilige Schrift dieser Religion enthält Aussagen zum gewaltlosen Umgang miteinander.	☐	☐	☐	☐
4.2	In der Heiligen Schrift dieser Religion kommt Gewalt vor.	☐	☐	☐	☐

5. Mohammed lehrte, …

Sind die folgenden Aussagen richtig? Bitte setzen Sie in jeder Zeile ein Kreuz.

		stimmt	stimmt eher	stimmt eher nicht	stimmt nicht
5.1	… dass es ein Leben nach dem Tod gibt.	☐	☐	☐	☐
5.2	… dass keiner sich um seine Mitmenschen kümmern muss, weil Allah sich um sie kümmert.	☐	☐	☐	☐
5.3	… dass Jesus Christus Gottes Sohn war.	☐	☐	☐	☐

6. Entscheiden Sie, welche der folgenden Aussagen zu den sechs Glaubensgrundsätzen des Islam gehören. Der Glaube …

Bitte geben Sie für jedes Element an, ob es Ihrer Meinung nach dazu gehört (in jeder Zeile ein Kreuz).

		gehört dazu	gehört eher dazu	gehört eher nicht dazu	gehört nicht dazu
6.1	… an das Gute im Menschen.	☐	☐	☐	☐
6.2	… an Allahs Bücher.	☐	☐	☐	☐
6.3	… an die Wiedergeburt.	☐	☐	☐	☐

7. Entscheiden Sie, welche der folgenden Elemente zu den fünf Säulen des Islam gehören.

Bitte geben Sie für jedes Element an, ob es Ihrer Meinung nach dazu gehört (in jeder Zeile ein Kreuz).

		gehört dazu	gehört eher dazu	gehört eher nicht dazu	gehört nicht dazu
7.1	Kopftuch	☐	☐	☐	☐
7.2	Koranstudium	☐	☐	☐	☐
7.3	Heiliger Krieg	☐	☐	☐	☐
7.4	Glaubensbekenntnis	☐	☐	☐	☐
7.5	Armensteuer	☐	☐	☐	☐

8. Sind die folgenden Aussagen richtig? *Bitte setzen Sie in jeder Zeile ein Kreuz.*

		stimmt	stimmt eher	stimmt eher nicht	stimmt nicht
8.1	Die Mehrheit der türkischstämmigen Menschen in Deutschland sind deutsche Staatsangehörige.	☐	☐	☐	☐
8.2	Die Mehrheit der Musliminnen in Deutschland trägt in der Öffentlichkeit kein Kopftuch.	☐	☐	☐	☐
8.3	Die Mehrheit der Muslime in Deutschland kann sich vorstellen, einen Partner mit anderer Religionszugehörigkeit zu heiraten.	☐	☐	☐	☐
8.4	Die Mehrheit der Muslime in Deutschland lehnt Gewalt ab.	☐	☐	☐	☐
8.5	Dem Koran zufolge ist die Ehe zwischen einem Muslim und einer Christin verboten.	☐	☐	☐	☐

9. In welcher Schrift wird das Zinsverbot erwähnt?
Sind die folgenden Aussagen richtig? Bitte setzen Sie in jeder Zeile ein Kreuz.

		stimmt	stimmt eher	stimmt eher nicht	stimmt nicht
9.1	Im Alten Testament.	☐	☐	☐	☐
9.2	Im Neuen Testament.	☐	☐	☐	☐
9.3	Im Koran.	☐	☐	☐	☐

10. Banken, die sich nach christlichen Grundsätzen richten, ist bei ihrer Tätigkeit wichtig:
Sind die folgenden Aussagen richtig? Bitte setzen Sie in jeder Zeile ein Kreuz.

		stimmt	stimmt eher	stimmt eher nicht	stimmt nicht
10.1	Gewinnmaximierung als oberstes Kriterium.	☐	☐	☐	☐
10.2	Spekulative Finanzprodukte entwickeln.	☐	☐	☐	☐
10.3	Mit Kundengeldern ethisch wirtschaften.	☐	☐	☐	☐

11. Banken, die sich nach muslimischen Grundsätzen richten, bieten Finanzprodukte an, die ohne Darlehens- und Guthabenzinsen auskommen. Sie unterscheiden sich dadurch von anderen Banken. Wie ist dieser Unterschied zu erklären?

Sind die folgenden Aussagen richtig? Bitte setzen Sie in jeder Zeile ein Kreuz.

		stimmt	stimmt eher	stimmt eher nicht	stimmt nicht
11.1	In anderen Religionen wird der Glaube nicht so ernst genommen.	☐	☐	☐	☐
11.2	Im Christentum wird das Zinsverbot als Wucherverbot interpretiert.	☐	☐	☐	☐
11.3	Muslime leiten das Zinsverbot aus dem Koran ab.	☐	☐	☐	☐
11.4	Islam-Banken erheben Gebühren statt Zinsen.	☐	☐	☐	☐

12. Die Kreuzzüge als ein Beispiel für Gewalt im Namen der Religionen …
Kreuzen Sie bitte die zutreffende Antwort an.

… hatten ausschließlich einen religiösen Hintergrund.	… hatten ausschließlich einen politischen Hintergrund.	… hatten einen politischen und einen religiösen Hintergrund.
☐	☐	☐

Teil 2: Was meinen Sie dazu?

13. Meinen Sie, dass Deutschland zukünftig mehr, genauso viel oder weniger Zuwanderer als bisher aufnehmen sollte?
Kreuzen Sie bitte die zutreffende Antwort an.

mehr als bisher	weniger als bisher	wie bisher
☐	☐	☐

14. Kreuzen Sie an, inwieweit Sie den folgenden Aussagen zustimmen oder nicht.
Bitte machen Sie in jeder Zeile ein Kreuz.

		Ich stimme voll und ganz zu.				Ich stimme überhaupt nicht zu.
14.1	Ich finde es spannend, mich mit anderen Kulturen zu beschäftigen.	☐	☐	☐	☐	☐
14.2	Menschen aus anderen Kulturen finde ich spannend.	☐	☐	☐	☐	☐
14.3	Ich versuche, Mitschüler einer anderen Religion kennen zu lernen.	☐	☐	☐	☐	☐
14.4	Mich interessiert, was Menschen in anderen Ländern denken.	☐	☐	☐	☐	☐
14.5	Menschen aus anderen Kulturen sind offener.	☐	☐	☐	☐	☐
14.6	Familien anderer Kulturen haben einen stärkeren Zusammenhalt.	☐	☐	☐	☐	☐
14.7	Über Glauben zu diskutieren lohnt sich nicht, weil sowieso jeder glauben soll, was er will.	☐	☐	☐	☐	☐
14.8	Mir ist egal, woran jemand glaubt.	☐	☐	☐	☐	☐
14.9	Es gibt nur einen wahren Glauben.	☐	☐	☐	☐	☐

15. Es ist wichtig für mich …
Bitte entscheiden Sie für jede Aussage, inwieweit Sie zustimmen oder nicht (in jeder Zeile ein Kreuz).

		sehr wichtig				überhaupt nicht wichtig
15.1	… Vertrauen in die Heimat zu haben.	☐	☐	☐	☐	☐
15.2	… stolz auf die eigene Nation zu sein.	☐	☐	☐	☐	☐
15.3	… die eigenen Nationalmannschaften bei Wettkämpfen zu unterstützen.	☐	☐	☐	☐	☐
15.4	… die heimische Wirtschaft gegenüber der globalen Konkurrenz zu unterstützen.	☐	☐	☐	☐	☐
15.5	… die Nationalhymne zu kennen.	☐	☐	☐	☐	☐

16. Fänden Sie es gut, wäre es Ihnen egal oder fänden Sie es nicht so gut, wenn in die Wohnung nebenan folgende Menschen einziehen würden?
Bitte entscheiden Sie für jeden Fall, wie Sie einen Einzug fänden (in jeder Zeile ein Kreuz).

		fände ich gut	wäre mir egal	fände ich nicht so gut
16.1	ein homosexuelles Paar (Schwule, Lesben)	☐	☐	☐
16.2	eine Aussiedlerfamilie aus Russland	☐	☐	☐
16.3	eine deutsche Familie mit vielen Kindern	☐	☐	☐
16.4	eine Wohngemeinschaft mit mehreren Studenten	☐	☐	☐
16.5	ein altes Rentnerehepaar	☐	☐	☐
16.6	eine deutsche Familie, die von Sozialhilfe lebt	☐	☐	☐
16.7	eine Familie aus Afrika mit dunkler Hautfarbe	☐	☐	☐
16.8	eine türkische Familie	☐	☐	☐

Teil 3: Textaufgaben zum Ankreuzen

17. Am letzten Schultag vor den Weihnachtsferien findet in Ihrer Schule traditionell ein Weihnachtsgottesdienst statt. Meryem, eine muslimische Schülerin, hat für sich beschlossen, dass sie nicht daran teilnehmen möchte.

Welche Gründe könnten zu dieser Entscheidung geführt haben?
Sie möchte nicht daran teilnehmen, weil …
Bitte machen Sie in jeder Zeile ein Kreuz.

		stimmt	stimmt eher	stimmt eher nicht	stimmt nicht
17.1	… zu Gott gebetet wird.	☐	☐	☐	☐
17.2	… die Geburt Jesu als Gottes Sohn gefeiert wird.	☐	☐	☐	☐

18. Eine evangelische Kirchengemeinde braucht Geld für die Renovierung ihres Gemeindezentrums.

Kann sie sich an eine Islam-Bank wenden, um dort einen Kredit aufzunehmen?
Sind die folgenden Aussagen richtig? Bitte setzen Sie in jeder Zeile ein Kreuz.

		stimmt	stimmt eher	stimmt eher nicht	stimmt nicht
18.1	Nein, weil Islam-Banken keine Kredite an die evangelische Kirche geben.	☐	☐	☐	☐
18.2	Nein, weil Islam-Banken generell keine Kredite vergeben.	☐	☐	☐	☐
18.3	Ja, weil der Bau eines christlichen Gemeindezentrums nicht gegen die religiösen Werte von Islam-Banken verstößt.	☐	☐	☐	☐

19. Im Jahr 1095 rief Papst Urban II. zum ersten Kreuzzug auf. Daraufhin nahm 1099 ein Kreuzfahrerheer Jerusalem ein.

Welche Aussagen stimmen?
Sind die folgenden Aussagen richtig? Bitte setzen Sie in jeder Zeile ein Kreuz.

		stimmt	stimmt eher	stimmt eher nicht	stimmt nicht
19.1	Papst Urban II. wollte seine irdische Macht festigen.	☐	☐	☐	☐
19.2	Die Teilnehmer am Kreuzzug versprachen sich Seelenheil.	☐	☐	☐	☐
19.3	Papst Urban II. meinte, die Christen sollten keinen Krieg führen, sondern die orientalische Kultur kennenlernen.	☐	☐	☐	☐
19.4	Weil die Bevölkerungszahl in Europa im Mittelalter abnahm, wollten die Christen Muslime nach Europa holen.	☐	☐	☐	☐

20. Nach einem Terroranschlag, für den Islamisten die Verantwortung übernommen haben, gibt es in den Sanitärräumen Ihres Betriebs über mehrere Wochen hinweg antiislamische Schmierereien wie „Islam = Terror". Die Stimmung unter den muslimischen Mitarbeitern ist deshalb schlecht.

Wie könnte die Geschäftsführung geeignet auf die Situation reagieren?
Bitte machen Sie in jeder Zeile ein Kreuz.

		geeignet			nicht geeignet
20.1	Die Betriebsleitung sollte klarmachen, dass auf religiöse Gefühle am Arbeitsplatz keine Rücksicht genommen werden kann.	☐	☐	☐	☐
20.2	Es reicht aus, wenn die Betriebsleitung die Schmierereien sofort entfernen lässt.	☐	☐	☐	☐
20.3	Die Betriebsleitung sollte solche Schmierereien offiziell verbieten. Solche Schmierereien verletzen die Gefühle von Gläubigen.	☐	☐	☐	☐

21. Ertan arbeitet als Industriemechaniker in einem produzierenden Unternehmen. Er besucht regelmäßig die Moschee und würde gerne seiner täglichen Gebetspflicht auch im Betriebsalltag nachkommen. Eines Tages vertraut Ertan seinem Freund und Kollegen Marcel an, dass er unglücklich damit ist, dass er während der Arbeit nicht beten kann. Andere Arbeitskollegen bekommen dies mit und diskutieren Ertans Anliegen untereinander.

Folgende Äußerungen werden gemacht. Welche ist im Blick auf Ertan geeignet?
Bitte machen Sie in jeder Zeile ein Kreuz.

		geeignet			nicht geeignet
21.1	Ertan hätte sich in der Firma erst gar nicht bewerben sollen.	☐	☐	☐	☐
21.2	Die Teamleitung soll versuchen, eine Lösung zu finden, die den Betriebsablauf nicht stört.	☐	☐	☐	☐
21.3	Am besten wechselt Ertan seine Stelle.	☐	☐	☐	☐
21.4	Ertan soll prüfen, ob er Möglichkeiten hat, sein Gebet in den Arbeitsablauf zu integrieren oder nachzuholen.	☐	☐	☐	☐
21.5	Ertan soll am Wochenende beten.	☐	☐	☐	☐

22. Sie sind Anlageberater einer großen Bank, deren Kundenstamm zunehmend aus Familien mit Migrationshintergrund besteht. Diese kommen aus Südeuropa, der Türkei oder dem Nahen Osten. Heute beraten Sie ein Ehepaar aus dem Nahen Osten, das erst seit kurzem in Deutschland lebt und noch nicht Kunde Ihrer Bank ist. Vom äußeren Erscheinungsbild her lässt sich nicht erkennen, welcher Religion das Ehepaar angehört.
Sie wissen, dass die lukrativsten Anlagefonds Ihrer Bank eng vernetzt mit Rüstungsbetrieben sind. Ihre Bank verdient gut daran und Sie erhalten beim Verkauf dieser Fonds eine Provision.

Welche Reaktion ist in dieser Situation für Sie als KundenberaterIn geeignet?
Bitte machen Sie in jeder Zeile ein Kreuz.

		geeignet			nicht geeignet
22.1	In diesem Beratungsgespräch halte ich es für zulässig, nach der Religionszugehörigkeit zu fragen.	☐	☐	☐	☐
22.2	Ich verschweige, dass unser lukrativster Aktienfond an Rüstungsgeschäften beteiligt ist.	☐	☐	☐	☐
22.3	Ich biete einen Fond an, der nur in geringem Ausmaß mit Rüstungsgütern zu tun hat.	☐	☐	☐	☐

23. Der muslimische Auszubildende Ahmed geht zum Mittagessen in die betriebseigene Kantine. Es gibt Maultaschen. Ahmed zögert, diese zu bestellen. Vanessa, Praktikantin an der Essensausgabe, möchte ihm helfen.

a) **Was kann Vanessa sagen, um Ahmed zu helfen?**
Bitte machen Sie in jeder Zeile ein Kreuz.

		geeignet			nicht geeignet
23.1	Die Maultaschen sind von Markenqualität.	☐	☐	☐	☐
23.2	Die Maultaschen sind vegetarisch.	☐	☐	☐	☐
23.3	Probieren Sie doch einfach mal.	☐	☐	☐	☐

b) **Was muss Ahmed bedenken, wenn er den Vorschriften des Korans gerecht werden will?**
Bitte machen Sie in jeder Zeile ein Kreuz.

		stimmt			stimmt nicht
23.4	Ahmed muss bedenken, ob die Maultaschen „bio" sind.	☐	☐	☐	☐
23.5	Ahmed muss bedenken, ob die Maultaschen hausgemacht sind.	☐	☐	☐	☐
23.6	Ahmed muss bedenken, mit was die Maultaschen gefüllt sind.	☐	☐	☐	☐

24. Susanne liest in der Zeitung von einem Angriff auf eine Kirche in Ägypten und der Ermordung zahlreicher Muslime in Zentralafrika. Daraufhin distanziert sie sich von zwei ihrer religiösen Mitschüler. Auf Nachfrage sagt sie, dass sie nur noch ungern Zeit mit religiösen Menschen verbringen will, da diese zu Gewalt gegenüber Andersgläubigen neigen. Es kommt zu einer heftigen Diskussion zwischen Susanne und ihren religiösen Mitschülern.

Welche Aussagen der Mitschüler sind geeignet, um bei Susanne Verständnis für religiöse Menschen zu wecken?
Bitte machen Sie in jeder Zeile ein Kreuz.

		geeignet			nicht geeignet
24.1	Menschen, die Gewalt im Namen von Christentum oder Islam ausüben, verteidigen ihre Religion. Wenn niemand sie angreift, kämpfen sie auch nicht.	☐	☐	☐	☐
24.2	Du kannst das nicht verstehen, weil du nicht religiös bist.	☐	☐	☐	☐
24.3	Es gibt verschiedene Religionen und auch innerhalb einer Religion haben Menschen unterschiedliche Überzeugungen. Wenn es Gewalt im Namen von Religion gibt, bedeutet das nicht, dass alle religiösen Menschen gewalttätig sind.	☐	☐	☐	☐
24.4	In den Schriften und Glaubenssätzen von Christentum und Islam wird zwar Gewalt geschildert, aber auch zu Frieden aufgerufen. Religionen sind also auch gegen Gewalt.	☐	☐	☐	☐
24.5	Religiöse Menschen glauben an Gott. Weil Gott gegen Gewalt ist, sind wirklich religiöse Menschen immer gegen Gewalt.	☐	☐	☐	☐

25. Ayse ist die 20-jährige Tochter religiös engagierter muslimischer Eltern, die aus der Türkei stammen. Sie möchte Malte, einen 25-jährigen Büroangestellten, Sohn bewusst evangelischer, deutscher Eltern heiraten. Jetzt denkt sie nach, wie die Eltern wohl reagieren werden, wenn sie sich auf den Koran bzw. die Bibel berufen.

a) **Wie könnten Ayses Eltern reagieren, wenn sie sich auf den Koran berufen?**
Bitte entscheiden Sie für jede der Aussagen, ob sie zutrifft oder nicht (in jeder Zeile ein Kreuz).

		stimmt			stimmt nicht
25.1	Ayses Eltern werden jede türkisch-deutsche Ehe ablehnen.	☐	☐	☐	☐
25.2	Ayses Eltern werden einwenden, dass der Mann die Frau zum Religionswechsel zwingen kann.	☐	☐	☐	☐
25.3	Ayses Eltern lehnen muslimisch-christliche Ehen generell ab.	☐	☐	☐	☐

b) **Wie könnten Maltes Eltern reagieren, wenn sie sich auf die Bibel berufen?**
Bitte entscheiden Sie für jede der Aussagen, ob sie zutrifft oder nicht (in jeder Zeile ein Kreuz).

		stimmt			stimmt nicht
25.4	Maltes Eltern werden jede türkisch-deutsche Ehe ablehnen.	☐	☐	☐	☐
25.5	Maltes Eltern lehnen muslimisch-christliche Ehen generell ab.	☐	☐	☐	☐
25.6	Maltes Eltern sehen keine Gründe, die gegen die geplante Eheschließung sprechen.	☐	☐	☐	☐

26. Paul ist katholischer Christ und arbeitet als Auszubildender in einem Kleinbetrieb. In der Mittagspause fragt er seinen muslimischen Kollegen Cem, ob er mit in die Kantine kommt. Cem sagt, dass er heute nichts isst und daher auch nicht mitkommt. In der Kantine verzichtet Paul auf den Schweinebraten, den er sonst gerne isst und bestellt die vegetarische Alternative.

a) **Aus welchen religiösen Gründen könnte Paul auf den Schweinebraten verzichten?**
Bitte machen Sie in jeder Zeile ein Kreuz.

		stimmt			stimmt nicht
26.1	Christen sollen nach der Bibel kein Fleisch essen.	☐	☐	☐	☐
26.2	Er möchte in der Zeit vor Ostern kein Fleisch essen.	☐	☐	☐	☐
26.3	Christen dürfen im Frühjahr kein Fleisch essen.	☐	☐	☐	☐

b) **Aus welchen religiösen Gründen könnte Cem auf das Mittagsessen verzichten?**
Bitte machen Sie in jeder Zeile ein Kreuz.

		stimmt			stimmt nicht
26.4	Muslime sollten so selten wie möglich gemeinsam mit Christen essen.	☐	☐	☐	☐
26.5	Cem verzichtet, um seine Seele zu reinigen.	☐	☐	☐	☐
26.6	Cem verzichtet, um seiner religiösen Pflicht nachzukommen.	☐	☐	☐	☐

27. In einem Online-Nachrichtendienst lesen Sie folgenden Beitrag:

Hochzeit endet mit heftiger Prügelei

Kurze Feier: Für etwa 600 Gäste endete am Sonnabend eine muslimische Hochzeit in der Kreisstadt mit dem Eintreffen der Polizei. Am Ende mussten mehrere Gäste mit Platz- und Schürfwunden behandelt werden.

Warum die Feier in eine Prügelei umgeschlagen war, ist nicht bekannt. Eine Augenzeugin erzählte, dass die Gäste ausgelassen im Kreis getanzt hätten, als plötzlich Stühle und Flaschen geflogen seien. Passanten machten darauf aufmerksam, dass dies nicht der erste Zwischenfall dieser Art bei einer muslimischen Hochzeit gewesen sei. Andere meinten, dass sich hier wieder einmal eine Tendenz zur Gewalt im Islam zeige. Etliche Hochzeitsgäste reagierten auf diese Äußerungen empört.

Durch welche Aussagen in diesem Artikel könnten sich Muslime verletzt fühlen?
Sie könnten sich angegriffen fühlen, ...
Bitte machen Sie in jeder Zeile ein Kreuz.

		stimmt			stimmt nicht
27.1	... weil über eine Familienfeier in der Zeitung berichtet wird.	☐	☐	☐	☐
27.2	... weil behauptet wird, dass der Islam eine Tendenz zur Gewalt hat.	☐	☐	☐	☐

Teil 4: Angaben zu Ihrer Person

Zuletzt noch ein paar Fragen zu Ihrer Person. Wir erinnern nochmals daran: Alle Ihre Angaben bleiben anonym!

28. Geschlecht: ☐ männlich ☐ weiblich

29. Alter: .... Jahre

30. Ausbildungsberuf: ....

31. Welche Noten hatten Sie im letzten Zeugnis?
Bitte tragen Sie die jeweilige Note (in etwa) ein.

		Note
31.1	im Fach Deutsch	....
31.2	im Fach Religion bzw. Ethik	....
31.3	insgesamt in der Schule	....

32. Welchen höchsten allgemein bildenden Schulabschluss haben Sie?
Bitte kreuzen Sie die zutreffende Antwort an (nur ein Kreuz insgesamt!).

Schule beendet ohne Abschluss.	☐
Volks-/Hauptschulabschluss bzw. POS mit Abschluss 8. oder 9. Klasse	☐
Mittlere Reife, Realschulabschluss bzw. POS mit Abschluss 10. Klasse	☐
Fachhochschulreife, Fachoberschulabschluss	☐
Abitur bzw. EOS mit Abschluss 12. Klasse, Hochschulreife	☐
Sonstiges:	☐

33. In welchem Land sind Sie und Ihre Eltern geboren?
Bitte kreuzen Sie an, bzw. tragen Sie das Land ein (jede Zeile einzeln).

	in Deutschland	in einem anderen Land, nämlich:	weiß nicht
33.1 Ich selbst	☐	....	☐
33.2 Meine Mutter	☐	....	☐
33.3 Mein Vater	☐	....	☐

34. Welches Land würden Sie am ehesten als Ihr Heimatland bezeichnen?

....

35. Wie häufig beten Sie?
Bitte kreuzen Sie die zutreffende Antwort an.

mehrmals am Tag	einmal am Tag	mehr als einmal in der Woche	einmal in der Woche	ein- bis dreimal im Monat	mehrmals im Jahr	einmal im Jahr	nie
☐	☐	☐	☐	☐	☐	☐	☐

36. Alles in allem: Als wie religiös würden Sie sich selbst bezeichnen?
Bitte kreuzen Sie die zutreffende Antwort an.

sehr religiös	eher religiös	eher nicht religiös	nicht religiös
☐	☐	☐	☐

37. Was meinen Sie zu folgenden Aussagen?
Bitte kreuzen Sie bei jeder Aussage an, inwieweit Sie Ihrer Meinung nach zutrifft (in jeder Zeile ein Kreuz).

		stimmt				stimmt nicht
37.1	Die Welt ist von Gott erschaffen.	☐	☐	☐	☐	☐
37.2	Gott liebt jeden Menschen und kümmert sich um uns.	☐	☐	☐	☐	☐
37.3	Jesus ist auferstanden.	☐	☐	☐	☐	☐
37.4	In schwierigen Situationen hilft mir mein Glaube an Gott.	☐	☐	☐	☐	☐
37.5	Ich glaube an Gott.	☐	☐	☐	☐	☐

38. Wie häufig nehmen Sie am Gottesdienst teil?
Bitte kreuzen Sie die zutreffende Antwort an.

einmal in der Woche	mehrmals pro Jahr	einmal pro Jahr	nie
☐	☐	☐	☐

39. Wie ist Ihre Religionszugehörigkeit?
Bitte kreuzen Sie die zutreffende Antwort an.

römisch-katholisch	☐
evangelisch	☐
christlich-orthodox	☐
jüdisch	☐
muslimisch	☐
ohne Religionszugehörigkeit	☐
Ich gehöre folgender anderen religiösen Gemeinschaft an:	☐

40. Wie religiös wurden Sie erzogen?
Bitte kreuzen Sie die zutreffende Antwort an.

sehr religiös	eher religiös	eher nicht religiös	nicht religiös
☐	☐	☐	☐

41. Bitte versuchen Sie abzuschätzen, wie lange Sie für das Ausfüllen des Fragebogens insgesamt gebraucht haben:

Etwa .... Minuten.

42. Nicht alle Menschen füllen Fragebögen ja immer ernsthaft und ehrlich aus. Verraten Sie uns, wie Sie es bei diesem Fragebogen gemacht haben?
Bitte kreuzen Sie die zutreffende Antwort an.

Ich habe mir nur bei manchen Fragen Mühe gegeben, andere eher zufällig angekreuzt.	☐
Ich habe mich bei allen Fragen bemüht, die beste und für mich passende Antwort zu finden.	☐
Ich habe den Fragebogen nicht wirklich ernst genommen und halt irgendetwas angekreuzt.	☐

Geschafft! Vielen Dank fürs Mitmachen!

Anhang C.
Qualitative Auswertung der Lehrer- und Schülergruppeninterviews

Magda Bräuer

(1) Interesse

Die Kategorie „Interesse" umfasst Aussagen, welche sich darauf beziehen, ob die Schülerinnen und Schüler aus eigener Sicht sowie nach Einschätzung der Lehrpersonen an der Unterrichtseinheit interessiert waren und wenn ja, welche Inhalte besonders von Interesse waren.

Im Rahmen des Treatments „Islamic Banking" wurde diese Kategorie in Interviews von zwei der drei teilnehmenden Lehrpersonen kodiert. In beiden Fällen weisen die Aussagen darauf hin, dass die intrinsische Motivation der Schülerinnen und Schüler geringer ausfiel, als dies von den Lehrpersonen bei diesem Unterrichtsthema erwartet wurde. Es scheint jedoch zumindest phasenweise ein Interesse auf Seiten der Schülerinnen und Schüler vorhanden gewesen zu sein, was insbesondere mit dem abwechslungsreichen Aufbau der Unterrichtseinheit begründet wurde.

Auch die Schülergruppeninterviews weisen auf ein vorhandenes Interesse hin, das vor allem dadurch begründet wurde, dass man zwar schon von dem Thema „Islamic Banking" gehört habe, jedoch kein genaueres Wissen dazu vorhanden sei. Außerdem scheint die berufsbezogene Ausrichtung für den Religionsunterricht neu gewesen zu sein. Laut Aussage einzelner Schülerinnen und Schüler waren insbesondere das Zinsverbot sowie die ethischen Ausschlusskriterien interessant. Aber auch die Inhalte zum islamischen Leben in Deutschland wurden als sehr interessant hervorgehoben. Zudem scheint sich auch hier die Methodenvielfalt positiv auf die Motivation der Schülerinnen und Schüler ausgewirkt zu haben. Weitergehendes Interesse wurde insbesondere hinsichtlich des Einbezugs anderer Religionen (Buddhismus und Judentum) sowie bezüglich der Umsetzung des islamischen Bankwesens in der Praxis geäußert.

Im Zusammenhang mit dem Treatment „Religionen und Gewalt" wurde die Kategorie „Interesse" ebenfalls in Interviews von zwei der drei Lehrpersonen kodiert. Insbesondere eine Lehrperson betonte das starke Interesse der Schülerinnen und Schüler. Dies sei einerseits auf das interessant gestaltete Unterrichtmaterial zurückzuführen, andererseits sei jedoch auch das Thema für die Schülerinnen und Schüler sehr ansprechend gewesen, und es enthielt offenbar Aspekte, die in der Schule noch wenig bearbeitet wurden. Laut Aussage der Lehrperson basiert die positive Einschätzung durch die Klasse zudem auf deren grundsätzlichem Interesse an gesellschaftspolitisch relevanten Themen. Die zweite Lehrperson, die sich zu dieser Kategorie äußerte und die gleich mit zwei Klassen die Unterrichtseinheit „Religionen und Gewalt" durchführte, wies ebenfalls darauf hin, dass die Thematik für die Schülerinnen und Schüler von Interesse war.

Auch laut den Schülergruppeninterviews scheint ein hohes Interesse vorhanden gewesen zu sein. Dieses scheint sich insbesondere auf das Kennenlernen religiöser Konflikte bezogen zu haben. Hierbei wurde vor allem der Nordirlandkonflikt mehrfach genannt, welcher in der Schule als bis dahin wenig behandelt beschrieben wurde. Die Schülerinnen und Schüler scheinen es außerdem interessant gefunden zu haben, mehr über das Christentum und den Islam zu erfahren und sich in die verschiedenen Perspektiven hineinzuversetzen. Sie äußerten zudem das Interesse daran, andere Religionen und deren Haltungen zu Gewalt kennenzulernen sowie die religiösen und politischen Hintergründe aktueller Konflikte zu bearbeiten.

(2) Beteiligung

Die Kategorie „Beteiligung" bezieht sich auf die subjektiven Einschätzungen darüber, ob sich die Schülerinnen und Schüler am Unterrichtsgeschehen beteiligt haben und wie diese Beteiligung im Vergleich zum regulären Religionsunterricht ausgefallen ist.

Die Interviews der Lehrpersonen, welche die Unterrichtseinheit „Islamic Banking" durchführten, zeigen insgesamt, dass sich die Schülerinnen und Schüler engagiert am Unterricht beteiligten. Ein wichtiger Grund hierfür wurde in der abwechslungsreich gestalteten Unterrichtskonzeption bzw. der Methodenvielfalt gesehen. Insbesondere beim Quiz und bei der Übung zur religionsbezogenen Perspektivenübernahme „Schritt für Schritt" scheinen sich die Schülerinnen und Schüler mit Freude beteiligt zu haben. Es wird außerdem ersichtlich, dass die Beteiligung mit der des regulären Religionsunterrichts vergleichbar sei. Eine Lehrperson wies aber auch darauf hin, dass sich die Qualität der Motivation von der des regulären Religionsunterrichts unterschieden habe, da „Islamic Banking" kein Wahlthema gewesen sei und die Schülerinnen und Schüler daher eher der Lehrperson zuliebe mitgearbeitet hätten. Sie deutete jedoch auch an, dass sich dies gegen Ende der Unterrichtseinheit verändert habe, die Klasse mit mehr Interesse mitgearbeitet hätte und die Beteiligung sogar überdurchschnittlich hoch gewesen sei.

Die Schülergruppeninterviews weisen ebenfalls auf eine engagierte Mitarbeit hin. So bewerteten die Schülerinnen und Schüler insbesondere die Gruppenarbeiten und die eingesetzten Methoden als sehr motivationsfördernd, da sie selbständig arbeiten konnten und ihnen auch Möglichkeiten zum Diskutieren geboten wurden. Insgesamt scheinen sich die Schülerinnen und Schüler selbst sehr gerne beteiligt zu haben.

Auch die Lehrpersonen, welche die Unterrichtseinheit „Religionen und Gewalt" unterrichteten, bewerteten die Beteiligung ihrer Schülerinnen und Schüler überwiegend positiv. Diese scheint ebenfalls mit der des regulären Religionsunterrichts vergleichbar gewesen zu sein. Als Gründe für die gute Mitarbeit nannten die Lehrpersonen den interessanten Themenbereich, den – gerade noch angemessenen – hohen Anforderungscharakter, die guten Unterrichtsmaterialien sowie den hohen Anteil an intendierter Schüleraktivität. So wird auch hier wieder eine besonders gute Beteiligung bei der Übung „Schritt für Schritt" ersichtlich. Zwei der drei Lehrpersonen wiesen jedoch darauf hin, dass die mündliche Mitarbeit durch geeignet eingesetzte

Diskussionen bzw. durch mehr eingeplante Diskussionszeit hätte gesteigert werden können.

Anhand der Interviews mit den Schülerinnen und Schülern lässt sich sagen, dass diese ihre eigene Mitarbeit sehr positiv bewerteten und sie sich sehr gerne am Unterricht beteiligten. Im Gegensatz zum regulären Religionsunterricht scheinen sogar Schülerinnen und Schüler engagiert mitgearbeitet zu haben, die sonst eher passiv dabei seien. Positiv hervorgehoben wurden insbesondere die Gruppenarbeiten, wodurch vieles selbständig erarbeitet werden konnte, sowie die kontroversen Diskussionen mit den Klassenkameraden.

(3) Kritik

Bei der Analyse war außerdem von Interesse, ob die Schülerinnen und Schüler Kritik gegenüber inhaltlichen Aspekten der Unterrichtseinheiten zeigten. Auch diesbezüglich waren wieder sowohl die Einschätzungen der Lehrpersonen als auch die eigenen Aussagen der Schülerinnen und Schüler bedeutsam.

Im Kontext von „Islamic Banking" wurde die Kategorie „Kritik" bei den Interviews von zwei der drei Lehrpersonen kodiert. Beide Lehrpersonen betonten, dass die Schülerinnen und Schüler kritisierten, dass es keinen Unterschied zwischen den Zinsen des westlichen Bankwesens und den Gebühren beim islamischen Banksystem gibt. Des Weiteren sei auch die Aktualität und somit die Aussagekraft des einführenden Films zum islamischen Bankwesen hinterfragt worden. Die Schülerinnen und Schüler einer Klasse schienen sich nach Einschätzung der Lehrperson außerdem in ihrer Rolle als Banker angegriffen gefühlt zu haben, da der Eindruck entstanden sei, dass das westliche Bankensystem durch die Hervorhebung des islamischen Bankwesens abgewertet wurde. Dies hätte sich darin gezeigt, dass die Schülerinnen und Schüler zu Beginn der Einheit eine Abwehrhaltung einnahmen und sich sehr kritisch gegenüber dem islamischen Banksystem äußerten.

Hierauf weisen auch die Schülergruppeninterviews von zwei der drei teilnehmenden Klassen hin. So schienen sich die Schülerinnen und Schüler beispielsweise nicht mit dem Thema identifizieren zu können, da ihrer Ansicht nach das islamischen Bankwesen einige Schwierigkeiten aufweise. Als Beispiel kann das Erheben von Gebühren anstelle von Zinsen oder die Finanzierung der islamischen Banken gesehen werden. Die Schülerinnen und Schüler kritisierten zudem, dass keine Fakten dargestellt wurden, welche den Vorteil des islamischen Bankwesens aus betriebswirtschaftlicher Sicht belegen könnten. Außerdem zeigten die Gruppeninterviews, dass sich die Schülerinnen und Schüler teilweise durch die positive Darstellung des islamischen Bankwesens angegriffen fühlten. Einer Klasse scheint zudem der Praxisbezug zu gering gewesen zu sein. Dementsprechend betonten die Schülerinnen und Schüler dieser Klasse, dass sie gerne erfahren hätten, wie das islamische Bankensystem in der Praxis umgesetzt wird. Hierfür wäre ihrer Meinung nach der Besuch eines Experten hilfreich gewesen. Des Weiteren wurde die Eingrenzung auf die beiden Religionen Christentum und Islam kritisiert.

Bei den Lehrerinterviews zur Unterrichtseinheit „Religionen und Gewalt" wurde
Kritik, wie sie im Rahmen dieser Kategorie verstanden wird, nicht kodiert. Laut Aussage einer Lehrperson äußerten sich die Schülerinnen und Schüler nur kritisch gegenüber dem Fragebogen. Dies wird unten unter der Kategorie „Einfluss der Studie" aufgenommen. Auch innerhalb der Schülergruppeninterviews wurden nur Kritikpunkte
ersichtlich, welche sich nicht direkt auf inhaltliche, sondern eher auf methodische
Aspekte oder den Aufbau der Unterrichtseinheit beziehen. So wurde von den Schülerinnen und Schülern beispielsweise geäußert, dass sie gerne mehr Bibelstellen und
Suren sowie die Hintergründe aktueller Konflikte behandelt hätten. Ebenso wie im
Zusammenhang mit der Einheit „Islamic Banking" wurde jedoch auch kritisiert, dass
nur das Christentum und der Islam und nicht noch weitere Religionen einbezogen
wurden.

(4) Einstellungen

Aufgrund der theoretischen Annahme, dass auch individuelle Einstellungen, Haltungen und Überzeugungen im Rahmen von interreligiösen Lernprozessen eine wichtige
Rolle einnehmen, wurden die Interviews auch hinsichtlich dieses Merkmals analysiert. Hierbei waren insbesondere Einstellungen und Haltungen von Interesse, welche
sich allgemein auf religiöse Aspekte und auf die behandelten Inhalte beziehen.

Im Zusammenhang mit der Unterrichtseinheit „Islamic Banking" weisen die Äußerungen der Lehrpersonen darauf hin, dass sich die meisten Schülerinnen und Schüler vor der Durchführung der Einheit nicht darüber klar waren, welche Rolle Religion
in ihrem beruflichen Alltag spielt. Dies könne, nach Einschätzung einer Lehrperson,
dadurch begründet werden, dass Banken Religion oftmals als Privatangelegenheit
ansehen und die Auszubildenden die Vorgabe haben, Religion nicht in Beratungsge-
sprächen anzusprechen. Durch die Auseinandersetzung mit der Thematik schienen
die Schülerinnen und Schüler sich jedoch darüber bewusst geworden zu sein, dass
Menschen mit anderen kulturellen oder religiösen Hintergründen andere Vorstellungen vom Bankwesen haben können und dass diese berücksichtigt werden sollten.
Zwei Lehrpersonen betonten aber auch, dass ihrer Einschätzung nach das alternative
Bankwesen für die meisten Schülerinnen und Schüler selbst nicht in Frage kommen
würde und sie die religiös motivierten ethischen Standards nicht auf die eigenen Banken oder das eigene Leben anwenden würden. Dies begründeten sie dadurch, dass
die Schülerinnen und Schüler stark im kapitalistischen Denken verwurzelt seien.
Insgesamt weisen die Lehrerinterviews darauf hin, dass durch die Unterrichtseinheit
keine Einstellungsänderungen hervorgerufen werden konnten. Es scheint jedoch ein
erster Ansatz geschaffen worden zu sein, auf welchem aufgebaut werden könne und
sollte. Was die Schülerinnen und Schüler im Einzelnen mitgenommen haben, scheint
außerdem vom individuellen Interesse abhängig gewesen zu sein.

Entsprechend der Vermutungen der Lehrpersonen weisen die Schülergruppeninterviews darauf hin, dass die Schülerinnen und Schüler selbst nicht zu einer alternativen
Bank gehen würden. Die Vorschriften bezüglich des Spekulationsverbotes wurden

zwar überwiegend positiv betrachtet, insgesamt wurden die Beschränkungen jedoch als sehr kompliziert bewertet, und es wurden keine Vorteile im islamischen Banksystem gesehen. Des Weiteren wurde deutlich, dass die Schülerinnen und Schüler sich das islamische Wirtschaftswesen nicht als Alternative für das westliche System vorstellen könnten, da die Umsetzung zu kompliziert sei und einen zu großen Einschnitt für die Wirtschaft bedeuten würde. Es wurde jedoch mehrmals der Vorschlag gemacht, die Vorschriften bezüglich des Spekulationsverbots mehr zu beachten. Obwohl vereinzelt geäußert wurde, dass Religion in der Wirtschaft keine Rolle spielen sollte, scheinen die Schülerinnen und Schüler der Beachtung religiöser Bedürfnisse innerhalb des Bankwesens mehrheitlich positiv gegenüberzustehen. Insgesamt scheint die Unterrichtseinheit als ein sinnvoller Gedankenanstoß, auch hinsichtlich eigener betriebswirtschaftlicher Entscheidungen, wie dem Anlegen von Geld in soziale Produkte, betrachtet worden zu sein.

Auch im Zusammenhang mit dem Treatment „Religionen und Gewalt" scheinen sich nach Aussagen der Lehrpersonen keine Einstellungsänderungen ergeben zu haben. Es scheint jedoch ebenfalls eine Sensibilisierung stattgefunden zu haben. Als Hinderungsgrund einer Einstellungsänderung wurde genannt, dass die Unterrichtseinheit sehr stark kognitiv ausgerichtet sei und nur einen kurzen Zeitraum umfasse. Die Übungen, bei welchen verschiedene Rollen eingenommen werden mussten, scheinen aber mit Sicherheit etwas in den Schülerinnen und Schülern bewirkt zu haben, ohne dass dieses jedoch konkret verbalisiert werden könne. Am Ende der Einheit schienen die Schülerinnen und Schüler außerdem differenzierter mit den verschiedenen Religionen umgehen zu können, wobei dies nicht unbedingt auf eine Einstellungsänderung zurückzuführen sei, sondern vielmehr auf einen Wissenszuwachs. Auch wenn die Lehrpersonen davon ausgingen, dass sich die Einstellungen durch die Unterrichtseinheit nicht verändern ließen, hofften sie dennoch, dass die Schülerinnen und Schüler zum Nachdenken angeregt wurden und „falsche" Einsichten geradegerückt werden konnten. So scheinen auch alle Schülerinnen und Schüler am Ende der Einheit dazu in der Lage gewesen zu sein, kompetent auf die Behauptung „Religionen führen zu Gewalt" reagieren zu können. Unklar blieb jedoch, inwieweit sie selbst davon überzeugt waren.

Alle Schülergruppeninterviews verweisen auf eine interreligiös offene und tolerante Einstellung der Schülerinnen und Schüler, die sich beispielsweise dadurch zeigt, dass das Zusammenleben von Menschen mit unterschiedlicher Religionszugehörigkeit als vollkommen normal angesehen wird. Außerdem scheint Wert auf einen respektvollen Umgang miteinander und den Abbau von Vorurteilen gelegt zu werden. Da die Schülerinnen und Schüler der Ansicht waren, dass hierfür das Verständnis der Religionen wichtig ist, wurde die Behandlung des Unterrichtsthemas als sehr sinnvoll und hilfreich bewertet. Sie scheinen zudem davon überzeugt zu sein, dass Religion häufig als Grund für Gewaltausübungen vorgeschoben wird und somit nicht die Religion an sich zu Gewalt führt.

(5) Religionsbezogene Perspektivenübernahme

Da im Rahmen der Studie die religionsbezogene Perspektivenübernahme als zentrale
Komponente interreligiöser Kompetenz angesehen wird, war bei der Analyse der Interviews von Interesse, ob es den Schülerinnen und Schülern aus Sicht der Lehrpersonen gelungen ist, eine andere Perspektive einzunehmen, und welche Faktoren hierbei
von Bedeutung waren.

Im Kontext der Unterrichtseinheit „Islamic Banking" äußerten sich die Lehrpersonen insgesamt positiv hinsichtlich der Perspektivenübernahmefähigkeit ihrer
Schülerinnen und Schüler. So haben, nach Einschätzungen der Lehrpersonen, die im
Unterricht durchgeführten Übungen zur Perspektivenübernahme gut funktioniert. Insbesondere schienen die Schülerinnen und Schüler gelernt zu haben, worauf sie achten
müssen, um sich in jemand anderes hineinzuversetzen. Die Lehrpersonen waren außerdem der Meinung, dass die Schülerinnen und Schüler die Relevanz der Perspektivenübernahme erkannt haben. Unklar blieb für die Lehrpersonen jedoch, inwieweit
die Schülerinnen und Schüler sich in ihrem Alltag darauf einlassen würden und das
Gelernte umsetzen können. Hierfür scheint, neben der Fähigkeit zur Perspektivenübernahme, insbesondere auch die Bereitschaft dazu, entscheidend zu sein. Ob diese
tatsächlich vorhanden ist, wurde von den Lehrpersonen eher kritisch eingeschätzt.
Eine Sensibilisierung schien jedoch auf jeden Fall stattgefunden zu haben.

Die Schülergruppeninterviews weisen darauf hin, dass es den Schülerinnen und
Schülern unterschiedlich schwer gefallen ist, sich in die verschiedenen Rollen in
den Übungen im Unterricht hineinzuversetzen. Dies trifft insbesondere auf das Beratungsgespräch zwischen einer Bankangestellten und einem muslimischen Kunden
zu. Hierzu wurde unter anderem geäußert, dass es schwer sei, sich in einen Muslim
hineinzuversetzen, da man selbst nicht religiös sei und nicht das nötige Hintergrundwissen dazu habe. Aus Angst davor, den Kunden zu verletzen und einen Fehler zu
machen, scheint es aber auch nicht einfach gewesen zu sein, die Rolle der Bankberaterin einzunehmen. In diesem Zusammenhang wurde vorgeschlagen, dass hierfür
in der Praxis am ehesten muslimische Bankberaterinnen oder Bankberater eingesetzt
werden sollten. Gleichzeitig wurde die Übung aber positiv bewertet, da es interessant
und wichtig sei, sich darüber Gedanken zu machen. Da ein Teil der Schülerinnen
und Schüler schon im Rahmen ihrer Ausbildung mit Rollenspielen Erfahrungen
sammeln konnten, um Beratungsgespräche einzuüben, scheint es diesen zumindest
leichter gefallen zu sein, die Rolle der Bankberaterin einzunehmen. Schwierigkeiten
scheinen jedoch dahingehend bestanden zu haben, wie das sensible Thema Religion
angesprochen werden sollte, da im Rahmen der Ausbildung immer gelernt wurde,
dass Religion im Beratungsgespräch nicht angesprochen werden sollte. Ob sich die
Schülerinnen und Schüler nach der Unterrichtseinheit besser als davor in jemand anderes hineinversetzen können, kann aus den Interviews nicht geschlossen werden.
Im Blick auf ein interreligiöses Beratungsgespräch scheinen sie jedoch an Sicherheit
dazugewonnen zu haben.

Die Lehrpersonen, welche die Einheit „Religionen und Gewalt" unterrichteten,
äußerten sich im Zusammenhang mit der Frage, ob die Schülerinnen und Schüler

ihrer Einschätzung nach gelernt haben, andere Perspektiven einzunehmen, eher kritisch. Die Übungen zur Rollenübernahme seien den Schülerinnen und Schülern zwar gelungen, laut Ansicht der Lehrpersonen benötige es hierfür jedoch keine direkte Perspektivenübernahmefähigkeit, sondern eher ein Wissen über verschiedene Religionen und einen differenzierten Umgang mit diesen. Insgesamt scheinen die Schülerinnen und Schüler jedoch gelernt zu haben, andere Perspektiven zu berücksichtigen und aus diesen heraus zu reagieren. Es wurde aber auch darauf hingewiesen, dass dies nicht auf jeden einzelnen zuträfe, da zum Teil die Bereitschaft hierfür fehlen würde. Nach Aussagen der Schülerinnen und Schüler in den Gruppeninterviews scheint es diesen unterschiedlich schwer gefallen zu sein, sich im Rahmen der Übungen in die verschiedenen Rollen hineinzuversetzen. Einerseits schien es leicht gewesen zu sein, da der Islam und das Christentum gleich zum Thema Gewalt stehen würden und sich die verschiedenen Perspektiven daher nicht sehr unterscheiden. Andererseits sei es schwer gewesen, da Hintergrundwissen gefehlt hätte und bestimmte Dinge nicht verallgemeinert werden könnten. Außerdem scheint es zum Teil auch schwer zu sein, wirklich aus der Rolle heraus zu argumentieren, ohne die eigene Meinung einfließen zu lassen. Gleichzeitig schienen die Übungen jedoch auch Spaß gemacht zu haben, interessant und, aufgrund des in den Unterrichtsstunden angeeigneten Wissens, zum Teil auch leicht gewesen zu sein.

(6) Wissenszuwachs

Da religionsbezogenes Wissen als eine wichtige Komponente interreligiöser Kompetenz angesehen wird, wurde auch bei der qualitativen Analyse speziell danach gefragt, wie der Wissenszuwachs der Schülerinnen und Schüler aus Sicht der Beteiligten eingeschätzt wurde. Diesbezüglich lag das Interesse insbesondere darauf, zu erfahren, ob, und wenn ja, in welchen Bereichen Wissen dazugewonnen wurde und welche Faktoren hierfür relevant erschienen.

Bezüglich der Unterrichtseinheit „Islamic Banking" weisen die Lehrerinterviews darauf hin, dass die Schülerinnen und Schüler vermutlich vor allem auf der Sachebene Wissen dazugewonnen haben. So wird ersichtlich, dass die Thematik der Unterrichtseinheit für einen Großteil der Schülerinnen und Schüler unbekannt war und sie kein bzw. nur geringes Vorwissen diesbezüglich mitbrachten. Eine Lehrperson kritisierte zwar, dass ein detaillierter Wissenszuwachs aufgrund von Informationsüberflutungen verhindert wurde, sie betonte jedoch auch, dass die Schülerinnen und Schüler insgesamt einen guten Überblick bekommen hätten und somit eine breite Wissensbasis geschaffen wurde, auf der aufgebaut werden könne. Die Lehrpersonen verwiesen außerdem darauf, dass eine Sensibilisierung hinsichtlich der Bedeutung von Rücksichtnahme auf Religionen im Bankbereich stattgefunden habe. Es wurde jedoch auch betont, dass die individuellen Wissenszuwächse, insbesondere im Blick auf deren Nachhaltigkeit von verschiedenen Faktoren, wie zum Beispiel dem individuellen Interesse, den Einstellungen oder dem Betrieb, in welchem die Schülerinnen und Schüler arbeiten, abhängig seien.

Die Schülergruppeninterviews weisen ebenfalls darauf hin, dass die Schülerinnen und Schüler so gut wie kein Vorwissen zum islamischen oder alternativen Bankwesen mitbrachten. Sie scheinen zwar vereinzelt schon einmal etwas über die Existenz des „Islamic Banking" oder das Spekulationsverbot gehört zu haben, konkretes Wissen schien jedoch nur allgemein über den Islam vorhanden gewesen zu sein. Laut Selbstaussage der interviewten Schülerinnen und Schüler kann ein konkreter Wissenszuwachs insbesondere in folgenden Punkten gesehen werden: Unterschiede zwischen den Banksystemen, Zinsverbot, Wucherverbot, Spekulationsverbot und religiöse Vorschriften. Die Interviews weisen außerdem auf die Relevanz des erworbenen Wissens für den beruflichen Alltag hin, da die Schülerinnen und Schüler größtenteils selbst äußerten, sich bezüglich des Umgangs mit religiösen Kunden sicherer zu fühlen. Die Interviews deuten jedoch auch an, dass durch die Behandlung der Thematik Fragen entstanden sind, welche im Rahmen der Einheit nicht beantwortet werden konnten. Diese scheinen sich insbesondere auf betriebswirtschaftliche Aspekte, wie zum Beispiel die eigene Finanzierung islamischer Banken, zu beziehen.

Die Einschätzungen der Lehrpersonen, welche die Einheit „Religionen und Gewalt" unterrichteten, fielen deutlich unterschiedlicher aus. So wird ersichtlich, dass zwar von allen drei Lehrpersonen vermutet wurde, dass das zentrale Lernziel erreicht wurde und eine Sensibilisierung stattgefunden hat, hinsichtlich detaillierter Wissensinhalte gehen die Meinungen jedoch stark auseinander. Ein entscheidender Faktor für die Aneignung von Wissen wurde insbesondere in dem Vorwissen der Schülerinnen und Schüler gesehen, welches in den teilnehmenden Klassen sehr unterschiedlich ausgeprägt zu sein schien. So betonte eine Lehrperson, dass durch die Unterrichtseinheit bereits vorhandenes Wissen aktiviert und durch den hohen Anforderungscharakter der Einheit erweitert werden konnte. Eine andere Lehrperson kritisierte hingegen, dass die Anforderungen für die Schülerinnen und Schüler zu hoch gewesen seien, da ihnen entsprechendes Grundwissen fehlte und somit ein Wissenszuwachs verhindert wurde. Auch bei den Klassen der dritten Lehrperson schien Vorwissen eher begrenzt vorhanden gewesen zu sein. Des Weiteren weisen die Äußerungen darauf hin, dass auch die Informationsdichte der Unterrichtseinheit den Wissenszuwachs beeinflusste. So vermuteten zwei Lehrpersonen, dass aufgrund zu vieler Informationen der Zuwachs des Detailwissens eher gering ausgefallen sei. Als förderlich für die Wissensaneignung wurden hingegen das interessante Unterrichtsthema sowie die Methodenvielfalt, welche für jede Schülerin und jeden Schüler einen Lernzugang bot, gesehen.

Die unterschiedliche Ausprägung des Vorwissens der teilnehmenden Klassen, aber auch der einzelnen Schülerinnen und Schüler wurde auch innerhalb der Schülergruppeninterviews deutlich. Breites Vorwissen scheint insbesondere zum Islam und zum Teil auch zu den Konflikten, die im Rahmen der Einheit behandelt wurden, vorhanden gewesen zu sein. Eine Ausnahme stellte hierbei jedoch der Nordirlandkonflikt dar, welcher anscheinend den meisten Schülerinnen und Schüler unbekannt war. Außerdem scheinen auch die ausgewählten Texte der Heiligen Schriften, deren Bearbeitung teilweise als sehr herausfordernd beschrieben wurde, größtenteils neu gewesen zu sein. In diesem Zusammenhang wurde aber deutlich, dass die Schülerinnen und Schüler erkannt haben, welche Rolle die Interpretation für das Verständnis der Heiligen Schriften spielt und wie Fehlinterpretationen entstehen können. Insgesamt scheinen die Schülerinnen und Schüler außerdem gelernt zu haben, die Hintergründe von Konflikten kritisch zu beleuchten. Laut Aussage der interviewten Schülerinnen und Schüler seien dabei vor allem die Gruppenarbeiten und der Austausch mit Klassenkameraden sehr lernförderlich gewesen. Es wurde zudem betont, wie wichtig es sei, bereits vorhandenes Wissen wiederholt zu bearbeiten, da hierbei immer etwas Neues gelernt werde, insbesondere wenn der selbe Gegenstand aus verschiedenen Perspektiven betrachtet wird.

(7) Einfluss der Studie

Unter der Kategorie „Einfluss der Studie" wurden Aussagen kodiert, welche Aufschluss darüber bieten, ob sich die Tatsache, dass die Unterrichtseinheiten im Rahmen einer Studie durchgeführt wurden, auf das Verhalten oder den Lernprozess der Schülerinnen und Schüler auswirkte.

Im Kontext „Islamic Banking" äußerten sich zwei der drei Lehrpersonen zu diesem Aspekt. Laut einer der Lehrpersonen scheint keine Beeinflussung durch die Studienteilnahme erkennbar gewesen zu sein. Die andere Lehrperson gab an, dass die Studienteilnahme einen Einfluss auf die Motivation der Schülerinnen und Schüler gehabt habe. Da das behandelte Thema kein Wahlthema gewesen sei, schien die Motivation von außen gekommen zu sein. Ansonsten wäre die Schülerbeteiligung bei einem nicht selbst gewählten Thema vermutlich geringer gewesen.

Im Rahmen der Schülergruppeninterviews der Klassen, in welchen „Islamic Banking" unterrichtet wurden, wurden keine Äußerungen zum Einfluss der Studienteilnahme kodiert.

Im Zusammenhang mit der Unterrichtseinheit „Religionen und Gewalt" wiesen zwei Lehrpersonen darauf hin, dass der Fragebogen, welchen die Schülerinnen und Schüler vor Beginn der Einheit ausfüllten, einen Einfluss gehabt hätte. So betonte eine Lehrperson, dass durch diesen bereits Wissen vermittelt wurde. Nach Einschätzung der anderen Lehrperson könnte sich der Fragebogen negativ auf die Motivation der Schülerinnen und Schüler ausgewirkt haben, da diesen nach eigenen Angaben das Wissen dazu gefehlt habe, die Fragen richtig zu beantworten.

Die negative Bewertung des Fragebogens zeigt sich auch anhand der Schülergruppeninterviews von zwei Klassen. Diesbezüglich kritisierten die Schülerinnen und Schüler folgende Punkte: Länge des Fragebogens, Schwerpunkt des Fragebogens auf den Islam, Schwierigkeit der Items und Darstellung von Vorurteilen im Rahmen der Einstellungsitems. Hinsichtlich der Videografie der Unterrichtsstunden wurde von den Schülerinnen und Schülern einer Klasse betont, dass sie die Kamera schon nach kurzer Zeit nicht mehr wahrgenommen hätten, woraus geschlossen werden könnte, dass die Videoaufzeichnung keinen Einfluss auf die Lernprozesse der Schülerinnen und Schüler gehabt hatte.

Anhang D.
Ergebnisse der Faktorenanalysen

Tabelle 33: Ladungsmatrix (Pattern-Matrix) der Faktorenanalyse für Wissen und Perspektivenübernahme. Fett markiert sind Ladungen mit Absolutwert größer als .30, die zur Bildung der Skalen herangezogen wurden.

Aufgabe	1	2	3	4	5	6	7	8	Kommunalität
F3.1	.00	-.08	**.50**	.12	-.02	.02	-.06	.03	.26
F5.2	.10	-.03	**.33**	.08	.12	-.11	.06	-.03	.24
F7.1	-.05	-.11	**.65**	.01	.09	.04	.02	.00	.45
F7.2	-.14	.03	**.49**	-.21	-.03	.07	.14	.10	.25
F7.3	.00	-.09	**.62**	.01	.06	-.01	-.02	-.02	.37
F7.4	.02	-.13	**.50**	-.05	.00	.09	.06	.02	.26
F7.5	-.08	-.09	**.73**	.02	-.16	.16	-.11	.02	.45
F8.5	.05	.15	**.45**	.03	.08	-.09	-.03	-.13	.33
F9.3	-.04	.08	.11	-.10	.00	**.68**	.18	.08	.53
F10.1	-.08	-.04	-.01	.06	**.84**	-.01	.05	.01	.71
F10.2	-.09	.00	.04	.01	**.85**	.09	-.05	.04	.72
F10.3	.14	-.06	-.10	.05	**.53**	.23	-.05	-.05	.40
F11.2	-.08	.08	.06	.20	-.03	**.31**	.07	-.08	.23
F11.3	-.05	.10	.13	-.05	.11	**.74**	-.02	-.02	.63
F17.1	-.02	.13	**.42**	.09	-.08	.03	-.04	.09	.24
F19.1	.00	-.01	-.04	**.67**	-.09	.13	.08	-.04	.50
F19.2	.11	-.04	-.03	**.61**	-.09	.18	-.06	-.02	.47
F19.3	-.03	-.05	.00	**.80**	.13	-.10	.01	.04	.66
F19.4	-.18	.08	.08	**.83**	.05	-.19	-.03	.17	.63
F20.1	**.44**	.02	.11	.05	-.05	-.09	-.05	.16	.28
F20.3	**.53**	.01	-.03	-.12	.11	.02	-.17	.23	.40
F21.1	.05	-.15	.00	-.08	-.08	.22	**.52**	.01	.25
F21.2	.27	-.07	-.08	-.08	.02	.08	**.53**	**.31**	.36
F21.3	-.09	.04	-.01	.07	.00	-.05	**.58**	.29	.32
F22.1	**.82**	.01	-.09	-.14	-.02	-.04	.05	.07	.61
F22.2	**.82**	-.14	-.07	.05	-.12	.08	.06	-.15	.56
F22.3	**.71**	.01	.02	-.02	-.03	-.12	.11	.10	.55
F22.4	**.65**	-.02	-.10	.01	-.03	.08	.00	-.09	.38
F22.5	**.56**	-.05	.12	.01	.01	-.10	.17	.04	.44
F23.3	**.51**	-.01	.06	.07	.00	.05	-.19	.07	.34
F23.4	**.40**	.13	.05	.12	-.02	.08	-.20	.10	.32
F23.5	-.10	.07	-.15	.21	.01	-.07	**.34**	.04	.16
F24.1	.15	**.51**	.09	-.01	.11	-.01	.16	-.16	.62

Aufgabe	1	2	3	4	5	6	7	8	Kommu-nalität
F24.3	.23	**.56**	.08	-.05	.04	-.16	.09	**-.35**	.71
F24.4	-.10	**.99**	-.18	.03	.01	.11	.00	.14	.89
F24.5	-.07	**.97**	-.08	.00	-.07	.06	-.05	.03	.78
F24.6	-.01	**.65**	.00	-.06	-.04	.12	-.06	.03	.39
F26.1	.16	.13	.02	.04	.04	.01	**.33**	**.49**	.43
F26.3	.18	.04	.05	.12	.01	-.01	**.32**	**.55**	.48
Summe der quadrierten Ladungen	3.75	3.03	2.66	2.38	1.88	1.55	1.31	1.00	
Varianzanteil	0.10	0.08	0.07	0.06	0.05	0.04	0.03	0.03	Σ 0.45

Tabelle 34: Ladungsmatrix (Pattern-Matrix) der Faktorenanalyse für Einstellungen. Fett markiert sind Ladungen mit Absolutwert größer als .30, die zur Bildung der Skalen herangezogen wurden.

Aufgabe	1	2	3	4	5	Kommunalität
F14.1	**.89**	-.04	-.05	-.02	-.01	.75
F14.2	**.90**	-.04	-.03	.04	.04	.81
F14.3	**.62**	.04	.10	-.06	-.06	.42
F14.4	**.67**	.02	.01	.00	.09	.52
F14.5	09	-.01	-.03	-.01	**.66**	.48
F14.6	-.01	.02	-.04	.07	**.69**	.44
F14.7	-.13	.04	.04	**.61**	.02	.39
F14.8	.05	.04	.00	**.87**	.03	.75
F14.9	.16	-.10	-.05	**.44**	-.12	.22
F15.1	.15	**.54**	-.03	-.09	-.06	.32
F15.2	.01	**.77**	-.01	-.01	-.02	.60
F15.3	-.13	**.71**	.05	.07	.06	.50
F15.4	.06	**.56**	-.03	.02	-.03	.32
F15.5	-.07	**.70**	.03	.04	.01	.49
F16.2	.06	-.07	**.51**	.02	.02	.33
F16.6	.01	.03	**.37**	-.06	-.01	.14
F16.7	.00	.00	**.56**	.03	.05	.33
F16.8	-.05	.02	**.99**	.00	-.04	.91
Summe der quadrierten Ladungen	2.55	2.20	1.68	1.34	0.95	
Varianzanteil	0.14	0.12	0.09	0.07	0.05	Σ 0.48

Tabellen- und Abbildungsverzeichnis

Tabellenverzeichnis

Abbildungsverzeichnis

Autorinnen und Autoren

Albert Biesinger, Dr. theol. Dipl.-Päd., ist Professor em. für Religionspädagogik an der Katholisch-Theologischen Fakultät der Universität Tübingen sowie ehemaliger Leiter des Katholischen Instituts für berufsorientierte Religionspädagogik.

Reinhold Boschki, Dr. theol. Dipl. Päd., ist Professor für Religionspädagogik an der Katholisch-Theologischen Fakultät der Universität Tübingen und Leiter des Katholischen Instituts für berufsorientierte Religionspädagogik.

Magda Bräuer, M.A., ist wissenschaftliche Mitarbeiterin am Evangelischen und Katholischen Institut für berufsorientierte Religionspädagogik.

Matthias Gronover, StD Dr. theol. Lic. theol., ist Co-Leiter des Katholischen Instituts für berufsorientierte Religionspädagogik.

Simone Hiller, StR'in, war wissenschaftliche Mitarbeiterin am Katholischen Institut für berufsorientierte Religionspädagogik und ist Lehrerin an einer berufsbildenden Schule.

Martin Losert, M.Sc., ist wissenschaftlicher Mitarbeiter am Evangelischen Institut für berufsorientierte Religionspädagogik.

Hanne Schnabel-Henke, Dr. phil., Dipl.-Hdl. OStR'in, ist Geschäftsführerin des Evangelischen Instituts für berufsorientierte Religionspädagogik.

Friedrich Schweitzer, Dr. rer. soc., ist Professor für Religionspädagogik/Praktische Theologie an der Evangelisch-Theologischen Fakultät der Universität Tübingen und Leiter des Evangelischen Instituts für berufsorientierte Religionspädagogik.